习艺与求道

一个老编辑的出版探索与思考

翟德芳 著

上海三联书店

目　录

自　序

　　到 2023 年 5 月，笔者从三联书店总编辑的岗位上退休已经整整 4 年了！我出生于 1958 年 5 月，到 2018 年满 60 岁，由于幼年患耳疾没有得到及时治疗，所以早年左耳失聪，随年纪渐长，右耳的听力也日趋下降。为了不影响工作，我早就下定决心，到了退休年龄就要立刻退下来，所以，在 2018 年初，我就向中国出版集团党组提交了退休申请。集团很体谅我的心情，答应及时做出安排，但由于各种原因，我真正实现退休的心愿，已经是 2019 年的 4 月中旬了。也正是因为身体原因，我退休之后，主动将自己作为出版界的"槛外人"，不再从事出版活动，除了友情帮助若干机构审一点书稿外，便是每天读书，有时发发微信微博，日子颇为自在。

　　但好景不长，从 2020 年初开始，一场长达三年的新冠疫情禁锢了中华大地。由于各种限制，不能出门，我坐在家里，读书之余，也不能不回想自己 60 多年的人生历程，尤其是踏入出版行业的点点滴滴。

　　我是 1982 年大学毕业后被分配到中国大百科全书出版社、进入出版行业的。我出生在辽东农村，大学读的是考古专业，在此之前根本不知道还有"编辑"这个职业，但进了出版社的大门，自己就要了解这个行业，熟悉其业务内涵。当时，《中国大百科全书》第一版的编辑工作正如火如荼，我到出版社报到后不久，就进入考古学卷编辑组，投身于第一版百科全书的编辑工作。从1982年到1985年，我从最基本的取送稿件开始，逐步摸索学习，直到参加学科审稿会、编辑条目、标注参见索引、看校样，跟着老编辑，学会如何看出稿件中的问题、如何修改、如何发现排字工的误植、如何改动一字而增行或减行，从而打下了坚实的编辑业务基础。

1985年，《中国大百科全书·考古学》完成后，我又参加了外国历史和中国历史卷的编辑工作。在完成中国历史卷由我负责的"明史"分支的工作后，1987年夏，我被任命为中国大百科全书出版社的副牌社——知识出版社的编辑部副主任，开始从事一般图书的编辑工作。此后几年又担任知识出版社的副总编辑、总编辑、社长兼总编辑。知识出版社是在百科社独立经营的部门，它的出版事务，从选题约稿，到编辑三审，到印刷发行都是独立运作的，所以在这里我掌握了图书出版各个环节的工作内容。20世纪90年代初，中国大百科全书出版社开始实行事业管理、自收自支的财政政策，因为国家拨款不敷开支，必须自己创收。为此，在社长单基夫同志的提议下，中国大百科全书出版社在内部建立了多个编印发"一条龙"的编辑体，其运营方式颇类似于今天的出版社分社，目的就是创收，其中知识出版社就是最大的"一条龙"，无论发行码洋，还是年终利润，知识出版社都是百科社内部最大的经营单位。

在知识出版社前后工作了13年，到2001年，我受组织选派，作为内派干部到香港工作，加入香港联合出版集团，开始了境外出版生涯。到香港后，集团任命我担任中华书局（香港）有限公司的董事、执行总编辑，主管其出版业务。当时香港中华书局经营极其困难，已经连续亏损，人才缺乏、资金短缺、资源匮乏，加上香港的市场很小，让初次了解到这种现实的我简直头大如斗。但也没有办法，只好一边熟悉情况，一边开展业务。为节约成本费用以恢复出版业务，我在深圳成立工作室，以节约人力成本；又同相关印刷厂商谈，降低印刷成本；之后根据香港回归后的现实，扩大中国主题的图书出版，想办法扩大销售。经过一年的努力，就使书局的新书出版，从上一年的5种，增加到40多种，出版业务实现了一年翻身，产生盈利，所以我在次年就被任命为中华书局（香港）有限公司董事、总编辑。2005年，集团又任命我担任总经理兼总编辑，这样我就要统管书局的书店业务。书局在香港有5家门市，但一直亏损，在我上任前后，联合出版集团对集团内的物流和零售采购业务进行了统合，使属下各公司节约了不少成本。乘着这股东风，我引进人才，将油麻地分局改造为人文图书专门店，同店员一起选书、布置上架、改进陈列、组织活动，又加强所有门市的运营管理，使书局的书店业务在两年后扭亏为盈，同时也令中华书局（香港）有限公司整体在亏损多年后，于2008年实现盈利，为进一步发展打下了基础。

2010年初，我结束了在香港的内派干部的使命，回到内地。此时我原来工作的中国大百科全书出版社已经成为中国出版集团的成员，集团任命我担任生活·读书·新知三联书店的副总经理兼副总编辑。三联书店是一个有光荣历史和巨大影响力的出版社，创办者包括邹韬奋、胡愈之、徐伯昕、李公朴、黄洛峰、华应申等令人景仰的出版前辈，建国后的掌舵人如范用、沈昌文、董秀玉等也都是我极为敬佩的出版大腕，2010年时的三联书店在新任总经理樊希安的带领下，正在步入一个新的发展时期。同传统的出版社不同，三联书店不仅有出版业务，还有《读书》《三联生活周刊》《爱乐》等杂志，更有北京三联韬奋书店的书店业务。加入这样一个集体，让我很是兴奋，觉得在这里，自己有更大的学习和提高的空间。

我是在2010年春节后正式上班的，上班伊始，樊总同我商量：现在班子成员分工已经确定，不好立刻重新分工，但北京三联韬奋书店因为原来分管的总经理助理退休，没有人分管，你是否可暂时先分管一下？同时樊总也告诉我，由于这个书店长期亏损，店里已经同集团商定，由集团出资收购大部分股份，进而由集团经营，在此之前，只要我维持稳定，将经营不善的两个临时售书点撤回即可。

北京三联韬奋书店成立于1996年。由于其浓郁的学术文化气息，已成为北京的文化地标，被誉为"知识分子的精神家园"。进入21世纪后，书店的经营日渐困难，连年亏损，到2009年已累计亏损达2000多万元，三联书店觉得靠自己的力量难以解决其经营中的问题，遂有交中国出版集团经营的方案。我领受了任务以后，深入到书店内部，同员工交流，并考察书店的各种经营运转情况，认为症结在于管理不善、人浮于事，故此在进货和销售方面都出现了很大的问题，导致巨大的亏损。这家书店是三联书店的脸面，也寄托了老一辈三联人的期望，如果将其交出去，可能会给三联员工和老一代三联人的心理带来很负面的影响。因此我同樊总商量，能否不交出去、靠我们自己的力量解决问题？樊总支持了我的想法。在三联书店领导班子的协调和支持下，2010年，北京三联韬奋书店改制为股份有限公司，在内部实施深度改革，人员精简掉三分之二，各个岗位都实行聘任制，又改进了进货方式，将难以销售的图书做退货处理。经过一年的努力，2011年实现扭亏为盈（2010年当年因为要支付辞退员工的赔偿金，略有亏损）。

也是在2011年，三联书店领导班子做了新的分工，我除了分管两个编辑部以外，还分管出版部和美编室以及校对工作，由此便接触了更多的编辑业务以及生产环节。由此开始，直到2014年，我担任三联书店总编辑，如何规划出版社选题方向、选题结构、出版精品，以及出书节奏、生产周期等就成为我主要的工作内容。当然，作为一个出版社的总编辑，导向问题、编校质量问题始终是我工作的重中之重。在这个时期，我注意到，即使是三联书店这样一个优秀的出版社，按时代和读者的要求，在选题和出版工作中，仍有某些不尽如人意之处，所以在这一时期，我从选题规划、选题论证、重点图书、出版节奏、工作效率等方面，屡屡结合工作实际、指出不足、提出意见和建议，希望引起大家注意。因为三联书店向来是以出版品位著称，在某些时段，我的呼吁就显得比较孤独。但可喜的是，我十多年前开始的呼吁，后来日渐成为大家的共识，并在实际工作中得到了切实的关注，到我离任之年，当初提出的问题已经得到了切实的解决。

在中国文化中，始终有这样的两元结构，就是"道"和"艺"。中国人立人的最高境界，就是以道统艺，以艺臻道。在编辑业务方面其实也存在着"道"和"艺"的问题。那么，什么是编辑工作的道和艺呢？在我看来，编辑的艺，就是其基本的编辑业务基础、改稿水平、编辑能力和文字技巧；编辑的道，就是出版的宗旨和规律。用韬奋先生的话说，出版工作要"竭诚为读者服务"，这就是最大的道，是最终的依归。将此分解，出版的各个环节，又可以有选题之道、经营之道、生产之道等。结合我自己近 40 年的出版经历，我认为，一个在书稿加工方面表现优秀的编辑只能说是在"艺"的层面达到了要求，只有那些能够持续地出产精品、并能够规划出自己或者本部门的长短期的高质量的选题计划的编辑，才可以说他开始进入"道"的层次。

编辑工作由"艺"入"道"，是一个长期的过程，不可能一蹴而就。就我自己而言，实际上差不多有一半的时间是在"艺"的领域摸索，到香港工作以后才逐步触摸到"道"的边缘，是三联书店为我提供了足够大的天地，使我可以在"道"的指导下，去实践、提炼，形成自己的思路和想法。担任三联书店总编辑的六年里，我没有做什么宏观的出版理论探讨，除了几本重要的主题出版物以外，自己出面找作者谈选题也不多，在我想来，如果能够在一个关键时期，理顺一个出版社的选题程序、形成这个出版社的选题方向、帮助编辑解决选题过程中的主攻方向，再加上从体制机制上保证其在导向、编校质量、出版效率方面始终不出问题，就已经足够我付出全部精力了。

回望过去，不免要检视旧箧，看看自己当年都说过些什么。检视之下，我吃惊地发现，在三联书店工作的近十年间，我出于各种目的，形成的文字竟然有 40 多万字，其中有半数以上是同编辑业务相关的。敝帚自珍，也为了供后来者批评参考，我将其中与编辑业务有关的文章合成一辑，并题之以"习艺与求道"，意在说明编辑成长的路径与方向。蒙上海三联书店黄韬总不弃，承诺予以付梓，真是何幸如之！为此而写出上面的话，就是为了对全书的缘起和意旨做一交代。必须要说的是，文中内容和观点只是个人的体会与思考，很可能极不成熟，期待得到大家的批评和指正。

瞿德芳

2023 年高考之日

编辑实务

漫议一般图书的编辑问题

所谓一般图书，在中国大百科全书出版社，是指除百科全书以外的一般性工具书、学术性图书、知识性图书乃至少儿读物、各种题集、连环画之类。

一般图书与百科全书在编辑方面有许多不同，择要者列出来，如：第一，多卷本的百科全书有较严密的总体设计和体例要求，而一般图书则不存在这一总的规范，每开始一部书稿的编辑，就踏入了一条新的河流；即使是一套丛书，其各个单独的书种之间往往也存在体例上的不同。第二，百科全书的有关工序，如文字编辑、美术编辑、资料核实、名词统一往往都有专人负责，各司其职，互相配合；而一般性图书往往没有这样的"阵容"，责任编辑要对一本书的所有问题负责。第三，百科全书使用规范的"百科八股"式的辞书语言，编辑只要照此要求去做，称为"削足适履"亦无不可；而一般图书要求有各自的语言风格，这也对编辑工作提出了新的要求。第四，百科全书的编辑一般是编辑本专业和相近专业的学科卷，而一般图书往往不可能完全做到这一点，一个学中文的编辑，可能今天编的是一部文艺理论图书，明天就要接手一部军事读物的书稿，后天又要编一部以少儿为读者对象的科普类图书。第五，百科全书的上马与出版，一般都有精心策划，扎实准备，周期较长；而一般图书周期较短，选题与成书、编辑与出版往往交错进行。尤其在市场经济条件下，一部书稿的编辑周期更是非要尽力缩短不可，否则，不仅可能损失经济效益，还可能因失去市场而失去社会效益。

二者的不同还可举出一些，但仅从以上几点出发，也足可说明，即使我们已经是"身经百战"的百科编辑，在进入一般图书的编辑工作之时，仍应有一番学习或"充电"的过程。尤其在国家出版管理机关加强图书质量管理的今天，一般图书的编辑艺术更有探讨的必要。

未得编辑业务个中三昧的人，改起稿来往往有两种表现。一是不及。这样的人编辑的书稿常常满目是错：字词错、句子错、常识错、引文错，更有甚者，是观点错、立场错。二是过度。有些编辑自己想当然，大刀阔斧，信手涂鸦；有些编辑不尊重原作者的语言风格和书写习惯，强把自己的思维特点、语言习惯加给作者，直到把一部书稿改得尽如己意才算罢休，而此时那部书稿已经是一片花脸、惨不忍睹了。

在道理上，恐怕没有人不承认应把好质量关，应尊重作者的劳动，可改可不改的不应改动等；但实际上，或者限于业务水平，或者囿于工作经验，或者出于个人意气，各种"不及"和"过度"可说是屡见不鲜。

笔者曾三审过一部名为《服饰史话》的书稿。这部书稿经过一审、二审后，还有很多问题，这里摘录部分笔者当时的审读意见。

本书在体系安排上存在着较大的问题，主要包括以下几点：

1. 作为一本介绍服饰的读物，本书应该有一个前言，介绍一下全书的主旨，兼及打算提及哪些内容，对书名的含义作些规定。由于没有这个前言，就使人对下面的内容产生疑问：a. 名为"服饰"，为何只介绍"服"，而没有"饰"？b. 各章均有发型的介绍，它与服饰有何关系？叙述重点不明确，无统一布局，是本书一大不足。

2. 本书名为《服饰史话》，实际只介绍到清代，从时间上遗漏了中华民国以后的一段重要的时期，而众所周知，中国人的服饰发生重大变化，恰是在本世纪近百年中。缺少了这一段，是很不妥当的。如果只能这样处理，那书名就应该叫作"中国古代服饰史话"。

3. 本书有一半的篇幅讲的是历代的官服，而对中国境内的各民族的服装介绍得不够。即使不可能再细，历史上几个重大的不同服装的系列还是应该有所涉及的，比如春秋战国时期的楚地服装，北方的胡服，魏晋时期的南北之别，隋唐时代的吐蕃、回纥装，宋元时代的西夏装等等，应该说，本书这方面是有很大不足的。

4. 本书名为《服饰史话》，却只介绍了"服"，而没有介绍"饰"。"饰"不仅包括衣饰，还有头饰、手饰等，缺了这个，不妥。

本书有不少观点有欠周详，有些甚至同历史不符，比如：

1. 校样第5页，讲披发"是人类进入文明时代初期的发型"。此论不妥。首先，中国的新石器时代还没有进入文明时代，甘肃大地湾的年代约为公元前4800年，离文明的门槛还有千年之遥，怎么可以说是文明时代呢？书中几处提到的"文明时代"其实都不符合"文明时代"的科学定义，足见作者对"文明时代"的理解是有问题的。

2. 第9页，"人类经过100多万年的努力和摸索，到了商代，已经知道将重要的事件用文字……"此论不妥。人类以文字记载事情早在商代之前就开始了，如两河流域的楔形文字、埃及的象形文字、古爱琴文明的线形文字等，其出现的时间都早于商代。即使就中国而言，已可肯定在商代之前就有了文字。并且商代的甲骨文是用于占卜的，记事的功能是第二位的。

3. 第48页，"这使得居住在黄河流域的广大汉、匈奴、羌、鲜卑、乌桓等民族的人民……"也有误。这里提到的诸民族，真不知从何说起。说汉人居住在黄河流域固然不错，说羌、鲜卑也不勉强，但说乌桓也住在黄河流域就让人不知所云了。稍具常识的人都知道，乌桓从来只在中国的东北活动，怎么可能在三国时期跑到黄河流域了呢？

4. 第42页提到"山谷巾"，作者认为是"以高山大谷命名"，此说十分轻率！"以高山大谷命名"怎么会叫"山谷巾"呢？为什么不叫"泰山巾""衡山巾"呢？这个解释极为不通！其实"山谷巾"系得名于人名，和"东坡巾"一样。这种头巾首先是由黄庭坚所戴。黄庭坚号山谷道人，他也自制服装，他的外衣人称"山谷褐"，头巾自然称"山谷巾"了。作者望文生义，一至如此！

其他的文字错误和行文不通的，就不罗列了，但是大的缺陷和错误就有这么多，可见编辑在一审中工作缺位到何种程度！

抛开选题能力与组织能力不谈，一个好的编辑的职责就是发现原稿的疏漏，改正错误，提高书稿质量。一篇原稿，经过编辑的精心修改润色，可使璞石成玉，可使锦上添花。那么究竟怎样做，才能达到这一境界呢？

依笔者看来，对一部已经决定出版的书稿进行编辑加工，重点应该从以下几点去审读：a.政治倾向和学术水平。b.知识性。c.逻辑与文字。d.行文、译名、数字写法的前后一致与照应。e.对于大型丛书和工具书而言，还有一个总体体例问题。

无论一个人水平有多高，他是不可能将这些问题一览之下就笼而统之地解决掉的。我们在实际工作中可以采取"分而治之"的办法。笔者以为，要担任一部书稿的责任编辑，起码应该将原稿审读三遍。这三遍审读应是有所侧重的。第一遍可粗读，重点在于发现原稿中可能存在的政治或学术性问题，熟悉作者的行文特色和语言风格，发现一些较明显的错误。第二遍审读是工作的重点，目的在于发现原稿中的知识表述是否正确，逻辑关系是否成立，文字表达是否通畅，叙事议论是否简洁，字词标点是否妥切，译名是否规范，数字写法是否一致等。较小的、明显的疏漏编辑应随手改正；而对带有普遍性的问题，以及牵涉书稿总体、学术见解方面的问题，则不应随手乱改，要一一记录下来，提交作者处理，或与作者协商处理。当然，错字、病句是必须改正的。经过这两次审读，书稿质量应该已有很大提高。在此基础上，还应再通读一篇，对文字加以润色，发现并处理之前可能的疏漏。经此三遍，大体就可以办理发稿了。

以上所谈的，只是一些编辑技巧性的问题，比技巧更重要的，是以下几方面的问题。

一是编辑书稿应以"认真"为第一要义。所谓认真，是指认真审读、严肃核实、费心斟酌、慎重修改。如果有人学庞统做耒阳县令，也来个口中聊天、耳听音乐、左手剥瓜子、右手改文稿，他是一定要失败的。对我们的编辑来说，沉下心来，认真改几部书稿，积累我们的经验，是十分必要的。须知编辑一支笔，下笔有千钧。有高度的责任心，有敏锐的职业感，你的笔就可能"化平常为神奇"；而如果漫不经心，信手删改，就不能不是错误百出，或是吃力不讨好。

二是应该去编辑那些自己熟悉或比较熟悉的书稿。只有审读你比较熟悉的学科领域的书稿，你才可能较易于发现其中的问题，对新编辑尤其如此。即使你编辑的是一部少儿类的书稿，也应该慎重行事。须知"隔行如隔山"。来者不拒，十八般兵器件件皆能，勇气固然可嘉，但如果弥缝无术，就难免贻笑大方，甚或误人子弟。

三是要尊重作者的写作风格，防止把自己的思维特点、语言习惯强加给作者。作品的完整性不单指作者的立论，还包括其行文的风格特点和语言的组织技巧。著作权法虽然把文字性修改权赋予了编辑，但行使这项权力仍要十分慎重。当"一字师"是需要有深厚功底的，否则也许会化神奇为庸俗，看似妥当周密，实则平庸至极。作者总希望自己的作品有鲜明的特色，而读者也愿意读到风格各异的文章。如果文章都让编辑改成自己喜爱的口味，即使再好，多了也会使人腻烦。笔者记忆犹新的是，在编百科时，以"必须合乎百科体例"为名，常常是推翻条目原作，另起炉灶，自己吃尽苦头，作者心中也不舒服，只是不好说出口罢了。以那种方式来改一般图书的书稿，恐怕改十个就有十个要栽跟头。

四是对内容的修改一定要尊重作者的意见，切忌擅自改动。作者对所著述的内容通常比编辑更熟悉、更内行，编辑对此不应过多地"指手画脚"，特别是对一些尚无定论的学术见解，作者的看法即使尚欠完善，也应作为一家之言，予以保留。对于作者的一些确切无误的疏漏和笔误，即使编辑通过分析、核查等方式能够加以改正，也最好先同作者商量，不要自作主张。

五是编辑应做到手勤、口勤、笔勤。手勤就是要经常翻书，勤于查核校勘。口勤就是要不耻请教。"事事留心皆学问"，勤于吸收他人之长，才可使自己日就月将。笔勤就是要经常写一些东西，这样可以提高自己的文法修辞能力，对提高编辑业务能力大有裨益。

在日常工作中，有些人捧着一部很普通的书稿，孜孜矻矻，辛苦万分，结果改出的稿子仍不能通过二审、三审，反复几次亦不能有实质性的提高，最后只好由二三审代庖了事；而有的人善于处理各类书稿，高也来得，低也来得，审稿快捷，改动妥帖，经他们的手改过的书稿，不仅可顺利通过二三审，即令作者也是心悦诚服，誉之为"一字之师"。这一霄壤之别，根源在哪里呢？在于各人的学识积累和业务造诣的不同。俗话说，"打铁先要本身硬。"要改动别人的稿子，你自己一定要有相当的知识积累，要对你所审读的内容"了于心而敏于手"。要达到此一境界，则非读书不可。这种读书又可分为平日积累和急时查阅两种。平日积累得多，用时不必急就，自然是又快又好；而急时查阅也是好编辑的一项绝技，书稿中有史实、数据、引文需要核实，知道该找什么书，到哪里找这本书，找到书之后一翻即到，都是本领。当然，这也需要平日多看多记。

笔者不揣鄙陋，对编辑工作拉拉杂杂地说了以上许多。但讲老实话，其中提到的要求有些自己亦未能做到，比如因为需突击出版的书稿，就未能坚持审读三遍，以至于只好在校样上补读一遍。文章千古事。对我们这样的出版社而言，出版高质量的精品图书，应是全体人员的共识，而要把"精品"由原稿变成图书，就需要靠各人的修行和"造化"了。

（1997 年）

编辑定位与编辑角色

随着电子出版的日益繁荣，编辑在图书出版中的作用的问题又被提了出来；并且由于今天更加强调出版内容的选择，编辑的重要性也被更多的机构所认识。前些日子有网站开展了好编辑评选活动，这也诱发了自己想就此说点什么的冲动，但又不愿意去报刊上凑热闹，故此，借店务通讯之一角，与店内同事讨论。

一家出版机构，其特色和效益主要是由编辑来实现的。中少总社社长李学谦认为："在信息时代，人们面临海量信息，更需要选择，更需要管家式的信息服务。系统地阅读经过编辑选择加工的东西，比碎片化的阅读更有价值；系统化的知识传播，还得由编辑和出版社来承担。""好编辑是天生为出版而存在的。好编辑特别热衷于好内容的传播，他有一种强烈的冲动，希望把自己认为好的东西、自己发现的好作品更为广泛地传播出去。他坚信自己传播的东西，可以影响读者，可以让读者获得新知，为读者提供有价值的服务。"这一说明是很到位的。

编辑的工作如此重要，我们的编辑准备好了吗？

提出这个问题，是想说明，编辑，尤其是那些入行不久的新编辑，如何完成自身的定位，如何理解自己的角色，对于实现编辑的功能、对于成为一个好编辑是至关重要的。

那么，什么是定位呢？编辑如何实现自己的定位呢？

按《现代汉语词典》的解释，定位是确定某一事物在一定环境中的位置。**定位反映方向和目标，不仅包含今后一定时期要做的事，还包含今后一定时期把事情做到什么程度。**在实际工作中，我们常会提到出版的定位问题。出版定位就是出版企业通过分析未来的目标市场，制定自己的出版战略，并把针对目标市场细分开发出的图书及其他产品通过沟通传达给读者知道，进而完成销售，以达到自己的战略目标的过程。

不仅机构需要定位，个人也存在定位的问题。试想，当你从事某一行业，跻身于某一机构，外部面对浩茫市场、亿万读者，内部面临业绩考核、人事竞争，自己还要考虑增加收入、未来发展，你对自己的业务方向没有一个清晰的定位，行吗？

出版人的定位源于愿景，就是你到底希望做什么。大的方面来说，我们的愿景当然是做文化，尤其是三联书店的编辑，更要坚持文化理想，更要牢记韬奋先生的遗训，"竭诚为读者服务"。坚持文化理想重于经营，也就是赚钱，这是我们必须重申的要义。在坚持文化理想方面，无论是品牌，还是产品内容，三联书店已经为每个编辑提供了坚实的基础。除此之外，编辑人员考虑自身的定位，还要明确的是，你能做什么？

这一点要从企业内外两个方面去考虑。

所谓外部，是指市场发展空间和细分市场的情况。

市场发展空间，就是要分析自己所从事的企业的目标市场的空间和全景。市场空间大，企业发展的可能性就大，自身的发展也会有更广阔的空间。

细分市场就是按消费需求的不同特征而把整个市场细分为不同的子市场，以发现未满足和未充分满足的需求。一个编辑适应特定市场群体的需求开发出独具特色的选题，建立差异化的竞争优势，就会获得大的成功。

在市场竞争如此激烈的今天，强调编辑人员要了解、分析市场，是所有出版机构对编辑的基本要求。试想，你就算是一位学识渊博的博士，如果你对图书市场一无所知，对于你所编图书的读者对象一无所知，实际工作中你也只能是一事无成。

所谓内部，这里包括出版社的历史积淀，有形的或无形的资产；个人的作者资源；所在部门的内部人才构成；个人的专业背景和发展的考虑等。出版社的历史积淀对于个人的发展定位有意义吗？大有意义！比如三联书店经过长期建设，在学术图书的出版方面，有极佳的社会声誉，一本学术图书，在其他出版社出版，可能只销售一两千册，而在三联出版，却可销售五六千册，这就足可令以出版学术图书为个人选题目标的编辑大有用武之地。

如何才能更好地完成对自己的定位呢？这里也是有策略的。以下的几种定位策略可供参考。

首先是**避强定位**。就是在一个部门里面，根据自身的条件和相对优势，避开那些编辑能力很强的同事所从事的领域，别开生面，满足潜在的市场需求。这种策略的要点，在于从机构的薄弱处下功夫，因此比较容易出成绩。

其次是**对抗性定位**。就是以强对强，与竞争者争夺同一目标市场。比如在一个文学出版机构中，其他的编辑正在出版陈忠实、格非、马原，你加入后，也要在当代文学方面分一杯羹，充分开发你的人脉，去出版阎连科，以至莫言，这就是以强对强。这种策略有风险，但能够产生轰动效应。

三是**创新定位**。就是充分研究市场，从个人的能力和作者资源出发，开发新的出版领域、新的生产线、新的图书板块，丰富本机构的出版内容，进而填补市场空缺，出版市场上没有的东西。这种策略有很大的风险，实施这种定位的时候，应充分考虑到自己有无可能创新，有无可能实现出版的社会和经济效益。就以三联而言，我们在金融和经管方面的图书出版基本是空白，也迫盼有编辑在这方面能站出来有所作为，但作为编辑，则要考虑自己是否具有相应的资源，是否能够真正形成生产力。

综上，编辑定位的关键，在于研究市场和竞争者。**不了解市场需求，不清楚竞争者的优势和动向的定位，只能是盲目的定位。**

只有明确了自身的出版定位，才能谈到编辑角色问题。

编辑在出版工作中的角色，似可定位于文化商人。其含义有二：一是**文人的品位**；二是**商人的要求**。

文人的品位，是指 a.与时俱进的能力。b.选题策划的前瞻力。c.编辑业务现代化的能力。

提出文人的品位，本质就是**要做文化，要有文化见解，而不是要使编辑成为学者。**编辑可以不是社会学家，但应该是冷静的社会观察者；可以不是思想家，但应该对社会现实有自己的思考。能把自己对于社会的观察和思考的成果体现在出版实践之中，进而获得好的社会效益和经济效益，这样的编辑就是成功的编辑。

我们说，编辑在出版中的作用，一是发现，二是发掘，三是创造。

发现，就是编辑寻找优秀作品的能力，寻找优秀作者的能力，寻找优秀选题的能力，是编辑的工作能力、实践能力、学识能力以及个人素养的集中体现，也是编辑的基本功、核心价值的基础。

发掘，一方面是编辑挖掘作品价值的能力、激发作者潜力的能力、实现选题意图的能力，另一方面是编辑整理、整合出版资源的能力。整理与整合出版资源的能力是编辑实现文化传承的集中体现。发掘能力是编辑的立身之本，也最能体现编辑本身的功力。拥有好的发掘能力的条件，是编辑要不局限于某一特定领域，而是要具备不同的领域、至少是较相近的某些领域的知识和技能，能横纵联系、左右互证。

创造，一方面是编辑的创新能力，包括内容的创新、出版形式的创新、表达与呈现方式的创新、不同组合方式的创新等等。另一方面是编辑的创意能力，编辑通过个人的创意与宏观策划，去引领未来，引领学术的发展方向，引领理论、文化、艺术的方向，引领出版的方向。尤其在数字出版快速发展的今天，创新与创意已经成为编辑的必备能力和基本要求。

发现、发掘、创造都关乎文人的品位。但与此同时，我们又要求编辑具有市场意识，要求**编辑通过自己的工作实现作**

者、出版公司、读者的效益最大化，这就是商人的要求。做文化也要讲效益。在这方面，才学固然重要，经营能力也不可或缺。可以说，成为具文人品位的商人也不是那么容易的。

编辑的角色，影响着出版两端的作者和读者，进而也影响社会的学术风气和市场动态。**成为一个成功的编辑，关键就在于能在精准的核算和高效的出版活动中发现文化创造的惊喜。**

然而编辑的角色也是在变化中的。相对于有专业能力、善于同作者交朋友、认识很多作者的传统型的编辑，今天的编辑更重视整合能力、协调能力、参与能力。当代编辑的角色，已经由书稿编辑进而变为策划编辑、策划人，以至策划经理人；编辑的能力要求已由专业型转变为综合型；编辑同作者的关系已经由服从型、被动型转变为参谋型、主动型；编辑在图书生产中的作用已经由制作型、单兵式转变为经营型、协作式；编辑同市场的关系已经由适应型转变为推广引领型。这一连串的改变，乍看起来眼花缭乱，细想一下，就会理清其相对的脉络。

可以这样认为，今天的编辑，**看稿是基本功，组稿是必修课，策划是大趋势。**能使自己处于何种阶段，是对一个编辑的编辑力的考验。

如果说传统出版基本属于作者主导的话，发展到今天，已经越来越强调编辑的整合、协调与参与，也就逐渐过渡到编辑主导。尤其是大众出版、流行文学出版、图文书出版、工具书出版等领域，已经基本是编辑主导的局面。

在这些领域，编辑主导体现在哪些方面呢？主要体现在制定选题，寻找合适的作者；制定编写体例和要求；检查样稿和样图，确定基本内容；审定书稿内容，确保达到编写要求；制定设计方案、宣传文案和推广方案，以求得最好的市场效果。

在以上的工作中，编辑通过编辑选择、编辑规范、编辑整合、编辑推广等工作，充分地体现着自己的角色。编辑选择包括主题选择、作者选择、内容选择、营销方式选择、投入产出选择。编辑整合包括出版资源整合、思路与主题整合、谋篇布局整合、详略整合、论据整合、逻辑整合、风格整合。编辑规范包括语言规范、符号规范、数字规范、行文规范、著录格式规范。编辑推广包括设计创意、推广方案、封面文案等内容。这些工作内容大家一看即知，无需再做解释。它们既考验着一个编辑的文化学术水准，也考验着他的经营和计算能力。

编辑要做到在出版中很好地实现角色的存在，一些事情是必须做的，包括对相关领域的知识有比较全面的了解；充分的市场调研，准确的读者把握；找对合适的作者；读不同的书，为自己的选题找对合适的切入点和印装；其他如坚持原则，保证质量等就不必提了。

希望有更多的好编辑涌现，为三联的事业繁荣贡献力量。

（2011 年）

改什么？怎么改？

为了令图书的质量有所提高，编辑对作者的原稿做适当的加工不仅是应该的，而且是必须的。在这里，如何把握好加工的"度"是一个很具水准的问题。我们往往会听到这样的说法，就是"该改的地方一定要改，可改可不改的一定不要改"。不言而喻的是，判断哪些是错的，哪些是可改的，如何改才能使经手加工的书稿有切实的提高，仍然是颇为棘手的，而且是值得正视的。

半年多以来，自己分管两个编辑部的工作，前后也终审了七八十部书稿。工作中可以看出，三联的编辑是有很高水平的，确实可以让别人感受到，一部书稿在经过他们的加工后，文字和内容有了明显提高，解决政治等敏感问题很到位。但同时我们也应看到，近年来三联也增加了许多的新鲜血液，由于各方面原因，这些新编辑还不能有如老编辑那样，可以准确地把握当改不当改的界限，因此有时候他们的修改就常常出现"过"和"不及"的问题。所谓"不及"，就是编辑加工不到位，应该处理的问题没有处理，应该改正的错误没有改正；所谓"过"，就是不当改的改了，做了多余的加工。去除水平能力的原因（不能发现错误），前者的根源在于责任心不强，后者的根源在于主观随意性过强。近些天，我终审了几部书稿，从中发现了几处编辑或复审改稿的疏失。这些疏失不属于单纯的语法修辞和错字病句，往往带点文化内涵，且大多属于"过"的范畴，因此颇具普遍意义，故写在这里，同大家一起探讨。为避免行文过长，在此只提出有关词句，不引全句。

a."欧西各国"，编辑改为"西欧各国"。"欧西"是缩略语，是"欧洲、西方"的减省，如果改成"西欧"，所指范围大大缩小。

b."勤苦力学"，编辑改为"勤苦励学"。"力学"乃"努力向学"之意，改成"励"，原意已失。

c."行不数武"，编辑改为"行不数步"。这一改动，尽管不能说错，但是减弱了原文的古雅色彩。"武"本义为"脚印"，引申为脚步。《诗·大雅·下武》就有"昭兹来许，绳其祖武"的诗句。这是一个很古雅的字，改成"步"，古意顿失。

d."三阅月"，编辑改为"阅三月"。这是出于不了解古文的误改。"阅月""三阅月"是古代汉语中常用的句式，意思是经过一个月或经过三个月，从《左传》开始，"阅月"的说法不绝于文史之书，如宋代黄由《还吴江》"归来三阅月，无事一关心"的诗句。

e."防闲"，编辑改为"防备"。"防闲"是指两种防御设施，防为江河的堤坝，闲为牲畜的圈栏。改成"防备"，是把名词变成动词了，也伤害了原文的雅意。

f."中国人是一个又贫安、又任性的民族"，这里的"又贫安"肯定是有问题的。编辑也看到了，于是改为"又平安"。这一改动是有疑义的，"又平安、又任性"是一种什么民族性？细味原文，"贫安"应该是"贪安"之误，早年使用铅字排版，"贫""贪"两字字形相近，因此才导致手民误植。贪安、任性，才是对一种民族性的概括。

g. 在一篇文章中，作者引用了"萧朱结绶，王贡弹冠"的典故，说明"二人之中一个人做官，另外一个也一定进入仕途"的现象，但其下说这里的"萧"是指萧咸。这里的前后改动很有意思。一审认为不应指萧咸，而是指萧育；复审则查到原文，认为一审改动有误，萧是指"萧、咸"二人。究竟怎样才是正确的呢？我们不妨也看一下原文。此典语出《汉书·萧育传》："〔育〕少与陈咸、朱博为友，著闻当世。往者有王阳、贡公，故长安语曰：'萧朱结绶，王贡弹冠'，言其相荐达也。"分析文意，我觉得一审的改动是正确的。因为萧育同陈咸、朱博是好朋友，故可以说，萧育同朱博、王阳同贡公对举是成立的；而萧咸，即萧育、陈咸，再加朱博，与王贡弹冠并不对称。况且，这里出现的四个人都是以姓氏代指，没有理由单单陈咸用名字代指。即使从原作者的行文看，也是"二人"之中，一人做官，另外一人入仕，现在出现三个人，不是逻辑不通吗？

上面举出的几例，往往不是简单的对错问题。不少作者，尤其是中国古典文学造诣比较深厚的作者，在写作中多力求文字雅驯，通过用典或文言句式来表达己意，作为后学的我们，如果不慎重对待，信手改去，往往顿成蛇足。

由此还要重申加工书稿时的几个原则，尽管这已经属于老生常谈。

首先，还是要强调，编辑应加强自己文史方面的知识素养，尤其是像三联这样的以文化学术为出版主体的出版社，为编辑者更应该从平时的点滴开始，积累自己的古代文化、历史掌故、典章制度、文学艺术、人事名物知识，如此，在碰到相关的编辑内容时，才可以从容把握。相反，平时不做功课，遇有古雅一些的内容，便会有丈二金刚摸不着头脑的尴尬。强要做去，出错便难免。

其次，下笔要慎重，改稿应有据。我们提倡加工书稿最起码要阅读三遍，就是希望编辑要认真揣摩文意、文气，弄清到底何处是真的错了，应该怎样改才妥帖。改稿最忌随手。有人或迫于时间紧，或觉得内容简单，或自视甚高，拿来稿子，展卷便改，不分青红皂白，改得合于己意方休。这不是好的编辑态度，极容易令原稿误伤于编辑的刀斧之下。假使你认为原作错了，也一定要查资料，辞典也好，古籍也好，专论也好，以确凿的证据表明其真的错了，然后再去考虑如何改动才是最稳妥的。前述的几个误改往往是这方面注意不够。

第三，要尊重原作的风格。尊重作者风格的原则应该贯穿于编辑工作的始终。与原文比较，改动后没有本质性的提高，这样的改动宁可不做；对原文过分生僻的用典和句式，假如自己并不理解，甚至请教了专家、查了工具书也不理解，又无法找作者核对，则宁肯保持原样，也不要按己意修改。有些人对原作品或原文根本没有深刻的理解，仅凭一孔之见便擅加改动，很容易导致对的改错了，文的改白了，雅的改俗了。这样的编辑行为谓之佛头着粪，是一点也不为过的。

（2012 年）

书稿编辑中的敏感问题及处理

图书内容中的敏感问题，是编辑绕不开躲不过的一道坎儿。因为过去因图书中的敏感问题处理不到位而引发的群体事件和相关的外部抗议屡见不鲜。这个问题处理不好，会给一个出版社带来灾难性的打击，轻者会被通报批评，领导作出检讨；重者会被停业整顿，甚至吊销执照。

长期从事编辑工作的人，会结合工作实际，对相关敏感问题的处理形成一套自己行之有效的工作模式，而新加入编辑队伍的人，则可能对这些问题茫然不知所措，定时炸弹就在自己的眼皮底下，还以为是相当平常的东西，轻易地将其放了过去，从而酿成事故。

实际上，对于相关的敏感问题，有关机构已经规定了一些比较到位的处理方法和表述方式。为了让大家在今后的工作中，更加方便地处理这一类的问题，我在这里把有关的敏感问题作一归类，厘定其敏感程度，并顺便提供比较稳妥的表述方式，供大家参考。

我们的书稿中涉及的敏感问题主要有以下几类：民族宗教类；领土、主权及涉港、澳、台类；国际关系类；现实社会生活类。下面加以分别详述。

一、民族宗教类

民族与宗教问题基本上都是十分敏感的问题，处理不好，就容易发生问题，前些年国内发生的几次大的群体性事件都是因为这方面的原因。宗教方面，在当前世界的几大宗教中，佛教和基督教、印度教基本没有需要特别加以注意的敏感问题，最需注意的是伊斯兰教的相关问题；民族方面，主要是与伊斯兰教相关的少数民族，但涉及其他民族也有需要注意的问题。具体地说，包括以下各方面。

1. 国内各民族的称呼，不能使用旧社会的轻侮性名称，如"回回""蛮子"；也不得随意简称，如蒙古族不能简称为"蒙族"，维吾尔族不能简称为"维族"，哈萨克族不能简称为"哈萨"。

2. 禁止使用口头语言和专业用语中含有民族名称的侮辱性说法，如不能用"蒙古大夫"来形容庸医，不能用"蒙古人"来形容先天愚型的人。

3. 国内少数民族的支系、部落，不能径直称为民族，只能称为"某某人"。如摩梭人、撒尼人便不能称为"摩梭族""撒尼族"。

4. 不要把古代民族与后代的民族相混淆，如"高句丽"不能称为"高丽"，哈萨克、乌兹别克也不能简单称为"突厥人""突厥族"。

5. "穆斯林"是对伊斯兰教信徒的通称，表述上不可以把宗教和民族混为一谈，不能说回族就是伊斯兰教，伊斯兰教就是回族。"阿拉伯人"也不能改为笼统的"穆斯林"。

6. 涉及伊斯兰教，以及信奉伊斯兰教诸民族的内容，应严格注意，绝对不能提一切与"猪"有关的词汇与内容。

7. 在描述多个伊斯兰国家的时候，不用"穆斯林国家"或"穆斯林世界"，应该用"伊斯兰世界"。

8. 一般不使用"伊斯兰原教旨主义""伊斯兰原教旨主义者"的说法，可使用"宗教激进主义""宗教激进派""宗教激进组织"；必须使用时，可使用"伊斯兰激进组织""伊斯兰激进分子"，不用"激进伊斯兰组织""激进伊斯兰分子"的说法。

9. 伊斯兰教是没有偶像崇拜的，伊斯兰教的先知、真主、创始人等，都没有形象，凡出现人物形象的，必须加以密切关注。对伊斯兰教的先知、真主、创始人等有任何不敬、歪曲，都必须加以避免。

10. 与新疆、西藏有关的文字，应该密切注意相关的文字表述，以免误入"疆独""藏独"的陷阱，与此有关的还有达赖喇嘛、"西藏流亡政府"等的表述，都应慎重处理。

11. 当代世界宗教派别的介绍也要慎重，比如有关基督教的各个支派、伊斯兰教的各个派别，其教义和仪式有各种不同，需要审慎核实，不能混淆。还有一些宗教派别，打着基督教的旗号，实际上是邪教，比如前些年美国的"太阳圣殿教"、日本的"奥姆真理教"等，更要加以鉴别。有些宗教在国外很有势力，但我国迄今没有承认，比如巴哈伊教，都需要加以处理。

二、领土、主权及涉港、澳、台类

在这方面需要重点注意的是台湾问题、台港澳与内地（大陆）的关系问题、中印领土争端问题、中日领土争端问题、南海争端问题等，因为涉及领土和主权，所以都比较重要。在这里，比较容易疏漏的是有关台湾的问题，搞不好，就会弄成"两个中国""一中一台"，因此需要重点注意。

1. 香港、澳门是中华人民共和国的特别行政区，台湾是中国的一个省。在任何文词中，都应严格注意不得将之表述为国家。在多个国家和地区连用时，一定不要漏写"国家和地区"。

2. 1949 年中华人民共和国成立、国民党政权撤退到台湾后，一概不用"中华民国"之称，台湾的领导人也不用"总统"之称，具体应视不同情况，加以处理。台湾的政权系统和其他机构名称，无法回避时应加引号。如"立法院""行政院""监察院""选委会"。一般不得出现"中央""国立"的字样，必须出现时要加引号，如"中央银行""中华台北奥委会"。其他应加引号的还包括政府职务、特定机构等，如"行政院长""立法院长""立法委员""国立故宫博物院"等。

3. 台湾的法律系统，应表述为"台湾地区的有关规定"；涉及对台事务，一般不使用"文书验证""司法协助""引渡"等国际法用语。

4. 不得将港、澳、台与中国并列提及，如"中港""中台"，

26

也不称"两岸三地",应使用"内地与香港""大陆与台湾"或"京港""沪港""闽台"等表述方式。原则上,是台湾与"祖国大陆"对应,港澳与"内地"对应。

5.不能说"港澳台游客来华旅游"以及诸如此类的说法,应为"来大陆""来内地"旅游。

6.涉及台湾独立、台独等必须加引号,为"台湾独立""台独"。台湾的社会团体,名称中有"中国""中华"字样的也必须加引号,如"台湾中华道教文化团体联合总会""中华两岸婚姻协调促进会"。

7.不得将台湾称为"福摩萨"。在翻译或需要转述时,要加引号或括注正名。

8.南沙群岛不能写作"斯普拉特利群岛";钓鱼岛不能写作"尖阁群岛"。

9.严禁称新疆为"东突厥斯坦"。

10.涉及金门、马祖二岛时,不能简单称之为"台湾金门""台湾马祖",而应该称为"福建省金门县""福建省连江县马祖岛"。

11.关于西藏地区的介绍,尤其应该注意藏南地区的相关问题。藏南地区的印占部分,即麦克马洪线以南的部分,印度的名称为"阿鲁纳恰尔邦"。在国内作者编著的著述中,应严格注意不出现"阿鲁纳恰尔邦"之名;翻译作品中,不能回避的,要括注"中国称藏南地区"字样。

三、国际关系类

国际关系方面有不少复杂的关系，如巴勒斯坦问题、印巴争端问题、朝鲜半岛问题、希土有关塞浦路斯争端问题、阿拉伯世界教派问题、原苏联各国解体后的关系问题、北爱尔兰问题、英阿马岛争端问题等，也有某些国家内部的纷争，比如俄罗斯的车臣问题、西班牙的巴斯克分离主义问题和加泰罗尼亚独立问题、刚果冲突、秘鲁的"光辉道路"问题、南亚北非各国的宗教纷争问题等，以上问题固然应该慎重处理，但除个别的以外，一般的客观介绍和评论，尚不至于酿成出版上的重大责任事故。在这方面要注意的主要是以下几点。

1. 不得使用"北朝鲜""北韩"（North Korea）之类的称呼，而应用"朝鲜民主主义人民共和国"，也可直接简称"朝鲜"。

2. 有些国际组织既包含国家，也包含地区，此时不得称"成员国"，应称"成员""成员方"，如"世界贸易组织成员""亚太经合组织成员方"。

3. 按我国的互相尊重主权和领土完整、互不侵犯、互不干涉内政、平等互利、和平共处的"外交五项基本原则"，我们的出版物应注意尽量不去讥评别国的领导人、内政和外交政策与行动，尤其是周边国家和不发达国家的内部事务；确实需要评价的，也应该以客观的态度讲清事实。

四、现实社会生活类

这方面最大的问题是政治方面的，比如对马克思主义和共产主义的评价、对中国共产党和有关领导人的评价、有关人物在历次运动中言行的叙述和评价之类。对于以上的重大问题的认识与处理，过去有关人士已经多次讲过，大家也有比较清楚的认识，尤其是在学术著作中，哪些是应该送审的、编辑的尺度如何掌握，我们的编辑还是比较到位的。问题的关键，是在一些文化读物、大众读物中，往往不期然地出现信口开河，调侃出了界，对有关的人、地区、行业造成侵害，这是应该重点注意的。

1. 对中华人民共和国成立以来的历次运动的描述和评价，这方面的具体尺度须参照中央的有关规定执行。在叙述中，原则上这些运动的名称都应加引号，如"三反五反""反右""四清运动""文化大革命""十年动乱"等。

2. 称呼身体或智力有残疾的人士，不使用"残废人""瞎子""聋子""呆子""弱智"等，应使用"残疾人""盲人""听障人士""智障人士"等。

3. 涉及对具体的人物、地区、行业的负面评价的，一定要慎重处理，一定要有确凿的根据，不宜大而化之。

4. 对于当代国内改革中伴生的问题，如腐败问题、贫富差距扩大问题、强拆问题、环境污染问题、食品安全问题、社会保障问题等也应该慎重处理，把握好界限。

图书中的敏感问题，既具有复杂性，又具有隐蔽性。说复杂，是因为许多的敏感问题是和学术问题混杂在一起的，处理的尺度比较难以把握，尤其是一些比较新锐的学术研究，往往也会伴随着政治上的敏感问题；说隐蔽，是由于许多的敏感问题在书稿中都是个别的存在，是散见于字里行间的只言片语，编辑稍不留神，就会放过。以上敏感问题的两个特点，要求我们在图书编辑工作中必须高度谨慎，小心翼翼，避免出现遗漏。在具体方法上，可以从以下几点着手：

1. 从选题阶段就要注意敏感问题。涉及高风险的、敏感的、必须送审的题材要慎重选择，对于那些纯粹技术处理难以达到要求的书稿，要懂得放弃。翻译图书和引进版权图书一定要详细阅读原书，清晰了解内容，对将来编辑上要做哪些处理了然于心。

2. 敏感问题的把关一定要在不疑处存疑。责任编辑对自己拿不准的问题可以不做处理，但问题一定要提出，以便在复审和终审中解决。尽管我们希望复审者也能通读书稿，但实际上这是不大容易办到的；终审更是不可能去把所有书稿通读一遍，因此责任编辑的初审就更其重要。责任编辑一定要站在出版社的立场上，把握政治导向，发现和处理敏感问题。

3. 编辑一定要多读书，加速自己的知识更新，了解学术研究的最新动态，明晰当前的热点问题和热点背后的敏感问题，娴熟地掌握发现和处理敏感问题的原则和方法。

（2013 年）

编校质量：问题与对策[①]

三联书店图书的编校质量，关系到三联在读者中的声誉，更关系到我店品牌产品年的顺利开展。为提升我店图书的编校质量，店领导班子决定结合新入职员工的培训，开展新一轮的编校质量总结培训。这次培训的重心是编校质量方面的问题，希望全体编校人员一定要加以重视。言者谆谆，听者藐藐，过后照常，既是对自己的不负责任，也于工作有害。

我今天做第一讲，既是动员，也是从总体上向大家通报我们的图书编校质量状况、存在问题、解决办法，以及未来我们加强质量管理的一些举措，希望在这些方面能同大家达成共识。

一、今天为什么要大力强调编校质量？

今天提出这个问题，既是由于国家出版管理机关的要求严了，也由于我们自己的质量检查结果不乐观。

关于管理机构的要求，新闻出版署 2004 年发布的《图书质量管理规定》有以下规定：

---

① 本文是三联书店讲座内容的整理，提法和要求有个别调整。

第十六条　对出版编校质量不合格图书的出版单位，由省级以上新闻出版行政部门予以警告，可以根据情节并处 3 万元以下罚款。

第十七条　经检查属编校质量不合格的图书，差错率在万分之一以上万分之五以下的，出版单位必须自检查结果公布之日起 30 天内全部收回，改正重印后可以继续发行；差错率在万分之五以上的，出版单位必须自检查结果公布之日起 30 天内全部收回。

出版单位违反本规定继续发行编校质量不合格图书的，由省级以上新闻出版行政部门按照《中华人民共和国产品质量法》第五十条的规定处理。

第十九条　一年内造成三种以上图书不合格或者连续两年造成图书不合格的直接责任者，由省、自治区、直辖市新闻出版行政部门注销其出版专业技术人员职业资格，三年之内不得从事出版编辑工作。

2016 年，新闻出版广电总局又发出通知，除了重申以前的规定："一年内造成三种以上出版物不合格或者连续两年造成出版物不合格的直接责任者，注销其出版专业技术人员职业资格，三年内不得从事出版编辑工作。"还规定"连续两年出版物质量检查不合格的单位不得参与中国出版政府奖的评选"。这后一个规定很厉害。通知还说，对去年检查不合格的出版社，今年还要再检查。

我店编校质量的现实如何呢？

应该说我们的图书总体质量是好的，尤其是一些学术图书和重点品牌图书，质量是上乘的。我们在社会上，质量的口碑是好的，大家都认为三联图书的编校质量是过硬的。但回顾一年多以来的出版工作，我们的确存在薄弱环节，在编校质量方面存在隐患。2014 年，我们已经有两本书因为严重质量问题收回重印。2015 年上半年，我们有一本书在新闻出版广电总局的质量检查中被认定为不合格。2015 年全年印前审读 325 部书稿，不合格 18 部，达 6%。这还不是问题的全部。我们去年规定，抽检字数是每本书的 10%～20%，有一些错误内容完全可能没有审读到；为照顾大家情绪，一些在合格不合格边缘的书稿是被审读放过去了；还有几本书稿是几次审读不合格的。今年前三个月，我们加强了审读的力度，要求审读全覆盖，结果是审读 44 部，已经有至少 7 部不合格，比例上升到 16%！成品质检方面，检查去年新书 17 部，3 部十分危险，1 部两次审读不合格、出版后错误仍在万分之 0.7 以上；当然，也有优秀的 2 部，《制造汉武帝》和《三个胡安在海边》。

不合格的图书涉及的责任人，既有新编辑，也有老编辑，更有资深老编辑；既有一般编辑，也有主任或者分社负责人。如果计入三联国际，我们有十个出书部门，没有沦陷的只有几个部门而已。

我自己负责的三审和印前抽查，也发现不少书稿有敏感问题处理不到位和各种错误。不完全统计，去年以来，我负责三审的书稿，因为敏感问题处理不到位不能发稿的 1 种，图书结构、内容存在严重问题、退作者修改的 1 种，根本达不到出版要求、退稿处理的 1 种，因为一审工作不到位、退责任编辑重新加工的至少 6 种。在我做印前检查的书稿中，也有至少 4 种因为存在各种问题，退责任编辑重新审稿。

可见，编校质量问题，在三联并不是一个虚无缥缈的伪问题！不是我们在小题大做、杞人忧天；不是本来一片晴空，我们非要说成是暴雨将至。我们在肯定大多数编辑的工作成绩的同时，也要指出确实有部分部门、部分编辑，或者因为水平，或者因为态度，在编校质量上存在比较严重的不足。

我很理解，在市场竞争如此激烈的背景下，我们每年的经营指标都要增长，在没有特级畅销书的情况下，势必导致图书品种的增长，也对大家的工作形成了很大的压力。但与此同时也要指出，近年国家的管理尺度和标准也在收紧，相形之下，我们的同志在思维上有一些跟不上，还在按照老的标准和心态在看稿。在这里我要说，国家的规定是刚性的。去年我们有"前科"，今年和以后我们必须克服一切困难，保证我们的图书质量。我们要充分认识到，强化编校质量管理是"竭诚为读者服务"的店训的体现，不仅是出版精品的要求，也是对读者的负责；不仅是保护书店，也是在保护大家自己。

二、我们的编校质量存在哪些问题？

首先是导向问题、政治敏感性问题。

这些问题包括台湾问题，"文革"问题，马克思主义和社会主义前途问题，新疆、西藏问题，调侃式议论领袖问题，等等。

应该说，经过几年来的不懈叮嘱，我们的编辑总体上可以比较到位地处理这些问题，但也时而有人注意不到，处理不到位，主要表现在该加引号的地方没加引号，以及对于一些言语的尺度把握不准。

第二是知识性错误。

先看这样一些句子：

"黄岩，浙江沿海的一个县，始建于唐代，初名永宁。"——古代的设县置郡，只能用"设"，不能用"建"。建只能用于"建元""建国"。

"父亲被打成右派以后，就被发送到那里养牛。"——"发送"本意是指将死者埋葬之前的一系列活动，今天也用此词表明运送东西，如"发送邮件"。这里应该用"发配"或"打发"。

"严蕊，南宋女词人，有多首诗作收入《全宋词》。"——"诗作"应为"词作"。

"人们会在（水井）周围修筑排水沟，并在沟内浇上水泥。"——"沟内浇上水泥"还如何排水？应是"沟壁浇上水泥"。

"虽说小叔从事体力劳动，与家父关系很好，对我母亲也相当敬重。"——"家父"使用不当，与下文的"我母亲"也不协调。

"工总司大兴土木，建造了宏伟的烈士陵园，墓碑上有名字的阵亡者就达千人。"——武斗死亡不应该称为"阵亡"，其墓地也不能称"烈士陵园"，如果只能用这个名称，也要加引号。

"在美国的萨拉纳克湖畔，有一座医生的墓庐，里面安卧着特鲁多大夫。"——"墓庐"是中国习俗，指儿子和学生在父母和师长墓旁所盖的守墓的草屋。美国不会有此习俗，死者更不可能"安卧在"墓庐中。

"200年前，西方医学与宗教结伴入华时，曾倡导'疗身'与'疗灵'的结合。"——西方的基督教入华的最早时间为1289年，即使以利玛窦来华时间计，也是1583年，所以"200年"的说法是错误的。

"卫生部与公安部都是国民生命保卫部，但卫生部的诉求是保健（健康与亢进）。"——"亢进"是指人体机能不正常的兴奋，说卫生部的诉求是亢进，显然有误。

还有一本书，称巴丹死亡行军走了100里，其实是100多公里；说二战时期美国的"大黄蜂"号军舰排水量20万吨，其实只有两万吨。

还可以举出一些，但已有的例子已经足够了！我们还看到，知识性错误在古代文化、礼仪、谦敬语方面尤其令人担忧，各类媒体也经常会有这方面的笑话。在这里提醒大家，以下词语，如家父、令爱、豆蔻之年、及笄之年、破瓜之年、摽梅之年、弱冠之年、知命、花甲之年、古稀、耄耋、期颐等有特定含义的语词在使用的时候，都要核对好，不要出现错误。

第三是逻辑错误。

所谓逻辑，既包含广义的逻辑，如思维规律（由浅入深、由近及远）、客观规律（日月轮换、潮涨潮落）、明摆着的道理（一加一等于二），也包括形式逻辑，如归纳推理（我们有两只眼睛，我们是人，人有两只眼睛）、演绎推理（a大于b，b大于c，所以a大于c）。就前者而言，不合常理就是不合逻辑；就后者而言，要求概念、判断、推理都应该是成立的，不成立就是不合逻辑。

看下面的例句：

"每一个小生命的降临均有独特的缘由，我在母亲子宫的孕育也不例外，尤其是在文革前夕那悠悠岁月里。"——"前夕"是短暂，"悠悠"是长远，自我矛盾。

"（1949 年）舅舅到台湾不久，便从军队转业……他的同学中有许多成为国民党的高级将领。"——前文说他的舅舅是一个刚从学校毕业的青年，因此这里说他的同学成为国民党高级将领是不合常理的，应该在"成为"之前加"后来"两个字。

"（天津人早餐）老三样：茶蛋、煎饼、果子、豆浆。"——前面是"三样"，后面列出四种食品。其实天津人吃的是"煎饼夹果子"，这句话要么加"夹"字，要么把顿号去掉。

"2016 年，故宫每年的观光人数就达到了不可思议的 1400 万人。"——前面说 2016 年，后面说"每年"就是矛盾的。

"人字两撇的社会含义：人要相互支持，才能立于天地。"——人字何来两撇?!

这种逻辑错误甚至表现在书名上。我们有一本书是讨论白话文运动的。白话文运动是 20 世纪早期中国文化界中一群受过西方教育（当时称为新式教育）的人发起的一次语言革新运动，为新文化运动的滥觞。这一运动在五四运动前已经基本结束。在这一运动中，陈独秀、胡适、鲁迅等人成为新文化运动的核心人物。首先，讨论这样一个一百年前的运动，在逻辑上应该用"得失"，不应该用"危机"；其次，书中讨论的内容一直持续到现代语文，如果作者没有新的定义，就是文不对题。如果作者坚持讨论当代中国语文的"危机"，书名就应该调整。

第四是语词错误。

还是先看例子。

"家中老黄牛干不动活儿以后，通常农民会宰割或卖掉。"——"宰割"应为"宰杀"。

"虽是缠小足的农村妇女，却有着不一般的深邃目光。"——"缠小足"用词不当，应是"缠足"或"小脚"；"深邃目光"用在这里也不妥，应是"长远眼光"。

"1968年是世界史上的一个反叛的年代，无论欧洲还是美国都出现了一系列的变故。"——"变故"用词不当，应是"动荡"。

"历史的拉锁并非轻轨熟路。"——"轻轨熟路"系自造成语，正确的应是"轻车熟路"。

"今日医学界每每大而化之，依凭常识，习习相因，不再独立思考。"——"习习相因"亦是自造，应为"陈陈相因"。

"（画画）可站着，也可坐着，甚至跪着、爬着画画，这是实际操作。"——"爬着"应为"趴着"。

语词方面的错误种类多样，举不胜举，要之可以包括成语错误（如习习相因、轻轨熟路）、病句（无主语、主谓宾语搭配不当、句子成分不对）、一般语词错误、"的""地""得"不分、各种复句关联语词不当或者不全、外文错误等。在一个比较复杂的段落中，往往会有很长的复句。我们的编辑经常会搞错其相互关系，或者用错标点。我们需要注意，复句包括并列（既、又；不是、而是）、承接（于是；然后；便）、递进（而且；尚且）、选择（或者、或者；不是、就是；与其、不如）、转折（虽然、但是；然而）、因果（因为、所以；既、就）、假设（如果、就；假如；要是）、条件（只要、就；除非、才；无论、都）、解说、目的（为了；以免；省得）、连锁（越、越；一、就）等前后关系，它们之间往往用如括号中的关联词语表示，用错了或者遗漏了某一个关联词语，这个句子就会成为病句。我们的编辑出自大学的不同专业，除了中学阶段的语文课程之外，少有系统的中文语词知识教育，看来需要自己努力补上这一课。

第五是引文错误。

文中出现的古诗文、经典，责任编辑一定要核实，不能全信作者。例如我们的书里就有把"对此如何不泪垂"错成"垂泪"、把"教育要面向现代化、面向世界、面向未来"错成"面向现代、面向世界、面向未来"的例子。一本新书的插图中，仁丹的广告断句错误，原文是"病人变常常人变强强人更强"，他断成"病人变常常人、变强强人更强"，而其实应该是"病人变常、常人变强、强人更强"。

第六是各种不规范。

这些不规范包括字词、数字、引文形式、标点符号、计量单位、外文等。这个方面因为有专门的老师会讲到，我就省略了。

第七是文字不简洁。

文字不简洁，最常见的是重复、赘余和叠床架屋。这方面有一个极端的例子：

"一个孤僧独自归，关门闭户掩柴扉。夜半三更子时分，杜鹃谢豹子规啼。"——每句诗有三个词同义重复。

举个我们书稿中的例子：

"现代医学发展已经深入到生命奥秘的纵深腹地，正无节制地、过度地侵犯自然的圣境，研究者一路高歌猛进，无法自省、自拔。"——腹地就是腹地了，还"纵深"；"无节制"之后又有"过度"；"自省"足够了，还要"自拔"！

再比如"无不在在地证明了这一点"，"无不"和"在在"意思是重复的。

还有关于"诸"的用法。古汉语中的"诸"本就是"之于""之乎"的连用，因此，用了"诸"，后面就不能加"于"，变成"诸于"。

这种不简洁，尽管不能都说是大错误，但是会给人在阅读上造成不好的印象，因此要尽量避免。这里要特别指出的，就是改动的地方，应该划掉的一定要划掉。应删而未删，这种错很常见，原因是改后通读不细致，错得很冤枉。

第八是前后不一致。

就是同一性质的内容前后表述不统一。前面的改了，后面的没改；文字改了，图注没改；正文改了，参考文献没改。这也不必过多举例了。

三、如何解决？

首先，编辑人员要博览群书，增加自己的知识积累，提高编辑能力。要改正文章中的错误，首先要发现错误，这就需要拓展自己的常识的厚度，提高自己的鉴别能力。要达此目的，读书是第一要义。我们前面指出的那些知识性错误，只要我们读的书多一点，其实不是很难被发现的。

其次，要有严谨的工作态度，以始终一致的存疑心细心看稿，用心改稿，吃不准的一定要查书。古人讲尽信书不如无书，今天我们可以讲，尽信作者就当不了编辑。我们有的图书，从书名到内容，从引文到议论，存在大量问题，我们的编辑没有发现，还加以激赏；一本书作者写自己做了个梦，产生灵感，写出一些既非史诗又非神话的东西，号称是"融合了中华文化、犹太教、基督教、伊斯兰教的智慧"，我们的编辑也照发稿不误，还说这种文字有助于"中华民族核心价值观的建设"，真是天方夜谭！你的编辑鉴别力表现在哪里？今年是三联的品牌产品年，我们要以李克强总理提倡的工匠精神来编稿。工匠精神在德国有充分体现，德国只有 8000 万人，却有 2300 个世界著名品牌。日本的产品质量也是精益求精的工匠精神的反映。遗憾的是，在我们的个别编辑人员身上，看不到这种精神。

第三，学会在实际工作中摸索编辑技巧。

1. 可改可不改坚决不改的态度。只要不是改了以后对原文有切实提高的，坚决不改。只要不是改了之后比原文精练了，坚决不改。我们往往会看到，有的编辑在无关痛痒的地方改了不少，真正要他修改的地方，却漏掉了。

2. 三读改稿的方法。我们改一篇稿子，至少要通读三遍。其中第一次通读是很关键的。我们要在这次通读中，看书稿的体系是否完整，内容是否有重大遗漏；看各部分内容是否协调，相互之间是否重复，是否存在矛盾；看文字风格，是否与主题协调；看篇章布局、文字体例，是否合乎全书主旨；看文图关系，图文是否做到相互补充；看是否妥善处理了导向问题、敏感问题、民族问题；看是否存在学术性知识性错误；看是否存在语病、错字，以及带有作者特色的错误。

按书稿性质的不同，当然可以有不同的侧重点。第一次通读，关键是要总体把握；第二次读才是编辑修改；第三次是改后通读，拾遗补阙，尤其注意前后不一致的、没改干净的地方。

在这里，我想重申出版规定中编辑工作完成的基本要求：

题文相符；结构严谨；符合逻辑；文字简洁；

语言通顺；用词准确；无错别字；标点正确。

要达到这八个方面的要求，编辑在第一次通读的时候，就要有目的地查资料，要随时记录发现的问题；不能达到出版要求的书稿，要坚决退稿或退作者修改，不能在改不胜改的时候再来抱怨稿子质量太差。

改稿，关键要心无旁骛，从一而终，按一个标准一气呵成，不要反复改，或同别的书稿交叉改。有些稿子明显看得出改稿者是前紧后松，到后面错误显著增多；一些人把稿子改成大花脸，还有人抱怨说"我已经改了好多遍，但为何还是有许多遗漏"。我想，这里的关键是对书稿的判断不到位，没有发现主要问题；还有就是每一次改稿的标准不一样，结果是照顾了前面的，丢掉了后面的。

要提醒大家的是，我们在日常编辑工作中，要有效减少差错，翻译图书要特别注意译者的知识面、译文水准，注意核实关键的数据；港台引进版图书要向对方要求电子档案，将繁体字转成简体字后再进行文字加工，不要在繁体字书的原稿上修改、再拿去排版厂排版。

我想特别指出的是，我们要尤其注意文化类图书，包括文化散文、生活情趣、旅行游记、人物传记等的编辑工作，现在看来这类图书的差错率比较高。有些人会以为，学术图书很专，我编不了，文化类的好编，没什么深度。岂不知这一类的图书更需要编辑有比较广博的知识。其原因在于，这一类的书稿或者是作者仓促下笔、功力不够，或者是跨界写作，又要显得深沉，又要总结拔高，出错就是难免的，就需要编辑把关。

我们还要注意个人或多人论文集的编辑。多人文章的合集或一个人不同时期的作品，往往尺度不一（包括政治和语言的尺度），最容易出现不统一、不规范，甚至敏感的问题，比如我们有一本建筑师文集，各自设计的建筑作品的叫法都不一样。

我们有的编辑不仅对于质量问题掉以轻心，对于一些出版纪律、出版规矩也是漠然处之。我在这里要重申两个原则，一是**保密原则**，一是**有重大修改送终审审读原则**。有这样一本书，我们提出修改意见，希望作者修改，结果责任编辑就把我的三审意见原样交给作者；作者修改之后，编辑也没有认真审读就予以发稿。作者在后记中竟然写了这样的话，说是由于人事纠葛等原因，本书出版历经磨难；还说本书修改中由于大家知道的原因删去了什么什么。这些我们的编辑都没有做处理！

第四是培训。

这次我们安排了四个讲座，结合三联的实际，请外面的专家给我们讲课。这次培训之后，我们要组织测验，成绩优异的给予奖励，不合格的要在一段时间后补考，三次测验还不合格的，建议到审校中心去学习半年，或者改换岗位，因为你实在不适合编辑这个工作了。

第五是加强校对和审读。

上个月我们成立了审校中心。审校中心成立伊始，就提出了几项关键性的改革措施：一是实行责任校对制，建立质量追踪体系。二是审读前移，原稿质量太差的退编重审。三是提高校对定额，同时鼓励校对发现原稿错误，对发现硬伤的给予奖励。

这样做的目的，一是保证质量，二是提高效率，三是以实际措施督促编校人员做好本职工作。为了保证质量，我们现在执行的是对不合格产品责任人的罚则，我们希望今后是通过奖励保证质量有功人员来达到目的。其实这也是许多出版社正在执行的措施，因为不论哪个出版社，确实有人或者是水平所限，或者是责任心有关，在这方面做得不够好。另一方面，我们也在借鉴国优产品免检的政策，探讨对全年质检优秀或良好的编辑实行少检或免检的可能，我想，这样可以使优秀的编辑有更大的生产力、更高的效率。与此同时，对于屡有产品不合格的编辑，也要坚决做出处理。处理的尺度我们也在研究，是比国家规定更严呢？还是同样呢？还是应该稍宽呢？这几种想法应该说都各有道理。审校中心的工作到年底有八个月的磨合，这些措施也将逐步研究到位。我们希望在综合考虑各方面意见的基础上，完善各项审校管理措施。

但保证质量的主力军还应该是编辑。编辑要力争在自己的环节解决所有的问题，不要有侥幸之心，希望遗留下的错误靠校对去发现、堵漏。校对的职能是解决编辑偶尔的疏漏。我们希望校对尽可能发现原稿的错误和硬伤。这个硬伤，指的是知识性错误、错别字、语法修辞错误。校对从来不能、也不可能取代编辑的职能。从长远考虑，我们希望培养出三联的名校对，但即使如此，他也不能起到编辑的作用。在保证质量的底线上，校对、审读和编辑岗位的目的是一致的。我们希望这两个方面在工作中能够互相支持，互相理解，既不要放过错误，也能够在非原则问题上平等讨论。

四、需要重点说明的几个问题

首先，如何理解文责自负？

文责自负，不是不要改正错误，也不可以把出现的错误都推给作者。出版质量是由作者和责任编辑共同负责的。即使是名家，也经常会在书稿中出现错误。我们要向作者说明国家的规定，要言之有据地提出对文稿的修改意见，相信作者会理解我们的工作。即使是贾平凹、莫言，也都表示他们的小说中的错字要改。这里确实要分清文学作品和一般学术文化读物的修改尺度，不要乱改。我们的要求是，责任编辑一定要负起责任，解决文稿中的全部问题，发稿时应该就保证差错率，尤其是硬伤低于万分之一。我们鼓励校对发现编辑的硬伤，但我们的编辑应认真负责，让校对拿不到这笔奖励。

其次，应如何认识和处理图书中的地方特色？

文学作品、小说可以全部用方言写成，如贾平凹的陕西方言、《繁花》的上海白话、《流水四韵》的大同方言。学术著作、面向大众的文化读物，包括文化散文，应该尽量使用规范的现代汉语书面语，文中出现的口语、方言、地方名物、少数民族语言，在难懂或容易引起歧义的情况下，应加引号，或作说明，不可以令读者产生阅读障碍，不能在读者或审读提出问题以后，才引用相关资料去解释。我们讲"竭诚为读者服务"，在内容上，就是要创造条件，让读者看书时可以即时理解，哪怕是广东的读者读到新疆的内容也不会有阅读障碍。

第三，如何认识国家语言规范？

对于规范，现在我们有一些编辑很纠结，纠结的内容主要有以下几点：

一是异形词的纠结："异形词表"中的非推荐词是不是错别字？

二是词典正条副条的纠结：用副条行不行？

三是数字用法的纠结：到底要如何使用才对？

四是来自词典未收词的纠结：一些生造词到底能不能用？

五是文学作品或文学性表达中的"病句"的纠结：如"所以过了几天，掌柜又说我干不了这事。幸亏荐头的面子大，辞退不得，便改为专管温酒的一种无聊职务了"（鲁迅语）这样的句子要不要改？

我们到底应该如何认识这些问题？

接下来我们会邀请专家，专门讲异形词以及语词规范问题，听完专家的讲座，对于以上问题，相信大家会有很好的理解。我在这里只想说两点。

首先，国家规范的目的是建立健全图书质量管理机制，规范图书出版秩序，促进图书出版业的繁荣和发展，保护消费者的合法权益。因此我们一定要执行这些要求，要努力使自己改过的稿子更规范。进一步说，规范是对文句、语词、字形、字音、数字写法、计量单位、外文、格式、标点等的统一规定，我们不能只盯着异体字、选用字，纠缠于这一点不放。即以标点符号而言，我们有的编辑似乎很不敏感，错误很多。还要重申，规范并没有限制文体文风、文学创作方面的探索。比如上文所提之第五点鲁迅先生《孔乙己》中的句子，因为是文学语言，就应予以尊重，不必刻意遵守语法规则。关于数字用法，现在基本的要求是不强求使用阿拉伯数字，但应文内一致，尤其是十以下数字。我理解，一般而言，叙述性的文字最好用汉字，统计性的文字最好用阿拉伯数字；学术类的图书要尽量用阿拉伯数字，而文学性的图书用汉字比较合适。

其次，编辑对自己的工作要有"编界"和"罚点"的把握。这里牵涉四个概念：编辑核心、必改差错、瑕疵问题、文学表达。

编辑核心是指书稿的文字风格、文化含量、学术水准，这是最重要的，却是属于非检范围的；必改差错，也就是所谓的硬伤，是质检内容，会扣分或加倍扣分，是我们最应注意的；瑕疵问题，也就是规范范畴内的问题，是质检内容，会被扣分或打折扣分；文学表达，应尊重作者，不套常规。

这四个方面考验编辑的能力。我们的态度是**坚守核心，尊重风格，消灭硬伤，理解瑕疵**。

实际上，在一本书里，涉及规范的问题占的比例并不大，最严重的问题还是各种硬伤。最根本的一点，是文内一致的原则。我们很多的差错，是出在本书中不一致，或者该删掉的东西没有删掉。有一本学术图书，在印后质检中几乎被断为不合格，其中有一半以上是文内不一致和该删掉的没有删掉，十分可惜！

在结束这个交流的时候，我想多说几句。在质量问题方面，我们内部的审读提出来的问题当然是可以讨论的，但在总局的质检中，裁决对错的权威不在个人，也不在三联，而在国家有关管理机构。因此希望大家及早做出改变。这个改变有两个，一是珍惜这次培训的机会，认真参加，认真听讲，获得助益；二是从所讲的例证中举一反三，用于我们的编辑实践。也希望大家在听讲之后，有体会，有收获，在最后的测验中取得好的成绩。

作为三联书店的第一质量责任人，我感觉压力很大。这个压力主要是唯恐在广电出版总局的质量检查中三联被查出不合格产品，影响三联的品牌，甚至给三联的经营造成后果。因此我希望以各种措施来避免最坏的结果。我要说明，这些措施不是针对哪个编辑个人。在店里的措施中，对校对、出版印制都有严格的质量要求，触犯了质量规定，都会受到处罚。在现实工作中，是编辑人员在质量问题上出错多一点，因此显得处罚也更多一点。实际上，审读的同事知道，我们在错误的认定上比国家管理机构是宽的、记错的分值是低的、在处理上也是尽量从轻的。作出起码的、必要的处理，是希望有关人员吸取教训、知耻而后勇，提高编辑水平。

我希望全体编辑和校对人员从爱护自己的和三联的声誉出发，真正认真地做好本职工作，不然出了大问题，三联的经营受到影响，声誉遭到破坏，我个人固然要承担责任，具体责任人的后果会更严重，但即使如此，又能如何呢？损失是无法弥补的。这一点上我希望和大家共诚、共勉。

（2015 年）

谈谈编辑工作中的统一和规范问题

作为一本书的责任编辑，固然要把最大的精力用于把握原稿的政治倾向和学术水平，以及知识性是否到位、逻辑是否正确、文字是否通顺等，但与此同时，目录、行文、注解中的译名、数字与标点符号用法是否规范、是否前后一致，也是十分重要的。有些人对于后者往往注意不够，结果导致所编辑的图书，不规范、不统一的地方比比皆是。质量检查的时候，就算这一类的错误是按万分之 0.1 计算，累加起来也是一个很大的比例，以至于可能直接导致一本很不错的书因此成为不合格的产品。要杜绝这样的危险，对于编辑加工中的规范与统一给予充分的重视是十分必要的。

在这里，统一和规范实际是两种文字处理方式。统一，要求的是在同一本书中，凡遇到同一名词（人名、地名等）及其他涉及定义定性的词，前后的用法应该一致，当然这种一致的前提应是正确的用法。规范，要求的是所有适用于国家标准的内容，都要同国标一致，也即译名、数字、标点的规范化。在我们的具体图书出版工作中，据我几年来的观察，关涉统一的，往往会由于个别编辑的疏忽，做得不够到位；而涉及规范的内容，则由于过去大家对此不够了解或不够重视，显得更要差一些。

在这篇文章里，打算就书稿编辑的一些涉及统一和规范的内容以及需要加以特别重视的部分做些介绍，同大家交流。

一、外文译名的统一和规范

所谓外文译名，主要包括外文的人名、地名、机构名、国家名等。这些名称按国家规定必须是规范的译名。其中的国家名，一般不会出现大的歧义，当然也有可能出现误译，比如把"朝鲜民主主义人民共和国"翻译成"朝鲜人民民主主义共和国"之类。这类错误不难发现，也不难解决。比较复杂的是人名和地名的翻译定名。这方面的问题很多，比如我随便翻开一本我店出版的讲气候变化的书，其中译名不规范的就有：勃艮地（勃艮第）、喀喇昆仑（哈拉和林）、克罗马侬人（克罗马农人）、穆斯特文化（莫斯特文化）、维吾尔（这里讲的是八九世纪时的西北民族，当时应该称回纥，维吾尔这一名称是很晚才出现的）等。我们的另一本讲建筑的书则把很有名的埃及最早的金字塔左塞尔金字塔，翻译成昭塞尔金字塔。

出现这类不规范的译名，主要有几个原因，一是国内的翻译者对相关知识不熟悉，没有遵循翻译规范，简单地音译相关名称。二是港台和海外的作者和译者没有规范译名的意识。这方面，台湾的问题尤其大一些。台湾地区根本没有规范译名的要求，而他们又大量地翻译外国文献，不同的译者根据约定俗成的原则，再加以自己的习惯翻译，因此导致译名甚为混乱。

在这样的情况下，我们的编辑在加工这类书稿时，如果也没有规范译名的意识，就会出现问题。

其实译名是有权威的工具书可资参考的。我国在 20 世纪 90 年代，就组织力量，对于外国人名和地名的译法加以规范。关于地名，具体成果有 1993 年中国地名委员会编《外国地名译名手册》。此外还有中国大百科全书出版社 1984 年编辑出版的《世界地名录》和知识出版社 1988 年编辑出版的《世界地名译名手册》。无现成译名可循的地名，可根据地名委员会的《外国地名汉字译写通则》音译。外国民族名可参考《中国大百科全书·民族》和商务印书馆的《世界民族译名手册》加以核实。外国人名，要优先参照新华通讯社译名室编辑、中国对外翻译出版公司 1993 年出版的《世界人名翻译大辞典》，以及《中国大百科全书》各卷所附的《外国人名译名对照表》。还可参照新华社编辑、商务印书馆出版的针对各个语种的姓名译名手册，如《英语姓名译名手册》《法语姓名译名手册》《德语姓名译名手册》《西班牙语姓名译名手册》《葡萄牙语姓名译名手册》《罗马尼亚语姓名译名手册》《意大利语姓名译名手册》等。上面诸手册均未收录的人名，可根据新华社编辑、商务印书馆出版的《译音表》中相应语言的译音表音译。

外国人名地名的翻译与核实是一个很大的课题，除了译音问题外，还包括以下内容。

1. 姓名拼写规则：如西方人的姓名一般是音译，而日本人、朝鲜人、越南人的姓名则要还原为日本、韩国、越南式的汉字姓名。

2. 名从主人：西方人的姓名，一般是名在前、姓在后，而匈牙利人是例外，必须是姓在前名在后，这大概是因为匈牙利是匈奴人的后代、还保留着东亚式的习惯吧？

3. 人名与相应物名的对应：一般而言，人名与以该人名命名的物名应该统一，但也有例外，比如奔驰汽车的发明人 Carl Benz 应翻译为 C.本茨，他发明的汽车则是约定俗成的谐译奔驰，等等。

这些内容不是这一篇小文所能穷尽的，在这里提出这个问题，是希望大家在思想上重视规范问题，并要求著译者切实注意。不然就会出现不合规矩的翻译，甚至出现笑话，这方面很出名的如把蒋介石译成"常凯申"。其实我们也有类似的笑话，比如我们一本杂志的某篇文章中，就把日本学者福山——就是那位提出"历史终结论"的学者——音译成福库亚马，这是我们必须引以为戒的。

涉及译名问题还应该注意的，是外国组织机构的名称翻译，包括政党、国家和政府机构、军事组织和机构、国际组织机构和会议、学术团体、社会团体、宗教团体、教科文卫组织和机构、商业服务业组织等，十分庞杂。这一类名称的翻译和统一，应注意以下几点：一是通常按所在国文字及语义译出，并遵从各国的习惯用法。比如同样是立法机构，美国称国会（Congress），由参议院（the Senate）和众议院（the House of Representatives）组成；英国称议会（Parliament），由上议院（the House of Lords）和下议院（the House of Commons）组成；法国也称议会（与法文对应的英文是 Assembly），但由参议院（Senate）和国民议会（National Assembly）组成；俄罗斯称联邦会议，由联邦委员会和国家杜马组成。二是同一个组织机构在文中的译名应该统一，且第一次出现时最好括注原文。三是采用中文简称或字母缩写时，应按照通用的原则。

二、数字的统一和规范

我店书刊上数字的用法，应执行《出版物上数字用法的规定》（2011年国家技术监督局发布，2011年实施，GB/T15835-2011）。这个规定的基本原则是，凡是可以使用阿拉伯数字而且又很得体的地方，均应使用阿拉伯数字；特殊情况可以灵活变通，但须相对统一并力求符合一般习惯；重排古籍、出版文学书刊等，仍依照传统体例。我店出版物中数字用法的错误非常普遍，应是我们今后重点注意的问题。

具体而言，出版物上应该使用阿拉伯数字的情况有：①计数的数值，如正负数、小数、分数、百分数、比例数、物理量的量值、计数量词之前的数（如"8个人"）。②公元世纪、年代、年、月、日、时刻。③代号、代码、序号、标号及图表中的数字。

应当使用汉字的情况有：①数字作为词素构成定性的词、词组、成语、惯用语、缩略语，或具有修辞色彩的语句中的数字，如"七上八下""七情六欲""六书""八六三计划"等。②非公元纪年，如干支纪年和夏历日月、中国历史朝代纪年、市制计量单位前的数字，如"五月初五""元和六年""五十亩"

"身高八尺"等。③古籍中的数字。④含有日月简称，表示文件、节日和其他意义的词组，如"五四运动""五一六通知""七七事变"等。⑤概数、约数，如"五六厘米""七八个人""十几岁"等。

有的情况可用汉字，也可用阿拉伯数字，应具体分析、灵活掌握，并力求局部统一：①文学作品中的数字，一般用汉字，也可使用阿拉伯数字，如"1937 年 12 月 13 日日军侵占南京后，对中国军民进行了长达 40 多天的大规模屠杀，杀害无辜市民和已经放下武器的士兵共 30 万人以上"。②竖排的汉字，数字与字母连用且可顺时针转 90°排版时，用阿拉伯数字，其他情况则用汉字。③用"……多""……余"表示的约数，或不精确的整数，一般用汉字，如"一千多年""十余人"，但一组数字中既有约数也有精确数字时，为便于比较和体例一致，可统一为阿拉伯数字，如上述的南京大屠杀的文字，再如"该杂志社有职工 100 余人，其中有高级职称的 25 人，初中级职称的 68 人"。

在数字规范方面，我们的编辑常犯的错误是，该规范的不规范，该统一的不统一。比如，我们有不少的图书，涉及人物生卒年时，括号内的用阿拉伯数字，而行文中却使用汉字，这种习惯不仅不规范，而且本书之内也不统一。要说明的是，假如散文类作品可以视为文学类，在数字使用方面可以放宽尺度，那么文化类和学术类的图书完全应该遵照国家规定，科学严谨地使用数字。在这方面，我们的编辑对自己要有严格要求。

三、标点符号的用法与规范

标点符号的使用，应执行《标点符号用法》（2011 年 12 月国家技术监督局发布，2012 年实施，GB/T15834-2011）。在这个规定中，对所有的标点符号的用法都作了说明，但实际工作中，误用标点符号的事情并不少见，其原因，主要还在于编辑对文字语义和前后关系的把握不到位，缺乏字斟句酌的态度。在这里建议我们的编辑还要认真地学习《标点符号用法》，对其中的规定了然于心。

从我看过的书稿来看，标点符号出错几率最高的，一是引文的标点处理不到位，二是顿号、逗号、分号的关系把握得不好，三是问号、省略号、破折号的使用有缺陷。为此，就这几个问题多说几句。

首先，关于顿号、逗号、分号的使用。

顿号、逗号、分号都是用于句子之间的停顿，但顿号的层次最低，用于词和短语的停顿；逗号次之，用于短句的停顿；分号最高，用于分句之间的停顿。这几个标点的使用，要注意以下几种情况：①数字相连表概数，中间不用顿号。如："我刚要跨过大门，被一个十二三岁的女孩子捉住了。"②集合词语内不用顿号。如："别不分青红皂白，见人就埋怨。"③顿号与连词不能同时使用。如："孩子们给在地里劳动的父母送来了开水、地瓜和煎饼。"所谓同时使用，是指用于一处，起相同作用。例如说成"开水、地瓜、和煎饼"就是不对的。④并列成分后带有语气词不用顿号。如："这里的山啊，水啊，树啊，草啊，都是我从小就很熟悉的。"⑤并列成分出现不同层次，大并列用分号，次之用逗号，小并列用顿号。如："过去、现在、未来，上下、左右，中国、外国，都是互相联系、互相影响、互相制约的。""无论是初期的《蚀》三部曲、《野蔷薇》《虹》，还是左翼文学的标志性巨著《子夜》；无论是绚烂多姿的短篇小说'农村三部曲'及《林家铺子》，还是40年代的杰作《腐蚀》《霜叶红似二月花》等，都代表了茅盾的创作才能。"⑥并列的主语、宾语根据并列成分短长选用顿号或逗号。如："他是我们中国共产党的英明领袖，中华人民共和国的开国元勋。""这翻滚的麦浪，这清清的河水，这鲜艳的山花，使年轻人深深地陶醉了。"⑦并列的定语、状语间一般用顿号。如："年已80岁、无儿无女、重病在身的老王，是个老红军。""他也跟着大摇大摆、若无其事地走进会场。"⑧并列的谓语、补语间一般用逗号。如："我走后，你要不断进步，识字，生产。""这个故事讲得真实，感人。"⑨并列复句的分句间和非并列关系的多重复句的第一个层次间一般用分号。如："惨象，已使我目不忍视了；流言，尤使我耳不忍闻。""这样的人往往经验很多，这是很宝贵的；但是，如果他们就以自己的经验为满足，那也很危险。"在这里辨别多重复句的第一层次位置是关键，也是难点。⑩并列分句中没用逗号，不能径直使用分号。如："虚心使人进步，骄傲使人落后。"这里的逗号就不可换成分号，但只要有一个分句内用了逗号，分句间就可以用分号。此外，分条陈述时，每一条不管是词、短语还是句子，每条内部不管有没有逗号，之间都可用分号。如："农民对一个好的农村干部的要求是：一、办事公道；二、自己不要吃得太饱；三、有经济头脑。"

其次，关于引文及引号的使用。

涉及引文时引号等相关符号使用不当是很常见的问题。我们在使用引号时要注意以下几个问题：①完全引用的，句末点号要放在引号里；不完全引用的，引文后如用点号，要放在引号外。如："爱因斯坦说：'想象力比知识重要。'""徐悲鸿笔下的马，正如有人所评的那样，'形神兼备，充满生机'。"所谓的完全引用，是指引文完整且独立成句；所谓的不完全引用，是指引文不完整或完整不独立。如果感到难以把握，还有一个简单的办法，就是如果引文前用的是冒号，那么就是完全引用，引文最后的句号就要放在引号的里面；如果引文前用逗号，那就是不完全引用，引句之后用引号，引号之后再加或不加其他标点。②意引的情况下可不用引号。如："小姑娘告诉我，她的家就在附近，每天她都会看到月亮湾的珠玑，看到无数采珠宝的客人们。"③引文的范围要准确。如："当太阳完全被月亮的身影遮住时，与神女般若隐若现的'海尔-波普'彗星相比，清晰的水星亮晶晶地伴在被遮黑的太阳旁边，金星、木星也同时出现在天宇。"④"某某说"等提示语如在引文前，要用冒号；如在引文中，要用逗号；在引文后则用句号。如下面的句子，在引文前的：他环视了一下会场说："大桥就要通车了，请大家咬紧牙关，做最后冲刺。"在引文中的："大桥就要通车了，"他环视了一下会场说，"请大家咬紧牙关，做最后冲刺。"在引文后的："大桥就要通车了，请大家咬紧牙关，做最后冲刺。"他环视了一下会场说。

第三，关于问号的使用。

在这方面，存在的问题主要是，对于什么情况下用问号、什么情况下可以不用，有的人把握不好，以至于把叙述性的问句也加上了问号。在这方面，需要注意以下几点：①疑问句和语气不太强烈的反问句末尾要用问号。如："你见过金丝猴吗？""难道你还不了解我吗？"②选择问句一般只在末尾用一个问号。如："你同意呢，还是不同意呢？"在这里，要区分连续问句，如"你是谁？你从哪里来？要到哪里去？"③判断是否用问号要看句子是否有疑问语气，而不应该看是否有疑问形式。如："我也不知道他在哪里。""你问他还来不来。""文件下达后，许多人都非常关心这个艰巨的任务到底交给你，还是交给他。"这种情形往往是带有疑问词语的主谓短语作主语或作宾语。

第四，关于省略号的使用。

省略号看似简单，其使用搞不好就会出现误用。这方面要注意以下问题。①省略号不能和"等"之类的词同时使用。如："新中国的历史上无法抹去这些名字：焦裕禄、王进喜、吴吉昌、杨利伟……。"②省略号前的列举一般不能少于三项。下面的句子就是不规范的："在广州的花市上，牡丹、水仙……春秋冬三季的鲜花都挤在一起啦。"补充一句，如使用"等"，那么"等"之前的列举不能少于两项。

第五，关于破折号的使用。

破折号在一般的出版物中出现相对较少，但使用不当，也会出现错误。破折号的使用，要注意其与其他标点的区别，这里要着重注意以下几点：①要正确区分破折号和括号。破折号之后和括号之内都是说明性、注释性文字，如注释内容较重要，需与正文一起读出来，就用破折号；如注释内容不重要，不需与正文一起读出，就用括号。如："假如我有一首诗——不敢奢望一首以上——能像《唐诗三百首》的任何一首那样，为后世所认可，为子孙所传播，我也就死而无憾了。""每个汉字都凝结着先人对已知世界的渐悟（它积淀着几经迷失的文化传统及富有民族个性的道德伦理尺度）和对未来世界的哲思。"②要正确区分破折号和冒号。用破折号注释，中间没有停顿或停顿很短，即使删去注释部分，句子仍完整；用冒号表总分时，分说部分不能去掉，且冒号停顿时间较长。如："我国的四大发明——火药、印刷术、指南针、造纸术，对世界历史的发展有伟大的贡献。""今天晚会上有如下节目：舞蹈、独唱、二重唱、杂技和相声。"③要正确区分破折号和逗号。破折号比逗号停顿时间长，强调作用强；破折号多强调之后成分，而逗号多强调之前成分。如："我就是我——一名普通的幼儿教师。""对于这个城市，他并不陌生。"④破折号之后一般不再用"是"等赘余。如："我的母亲——一个普通劳动妇女，含辛茹苦却毫无怨言。"这里的"一个"之前不应再加"是"。

除了以上提到的几个方面以外，还有其他需要我们注意的统一和规范的问题，如量和单位的使用标准问题、科技名词使用术语问题、参考文献著录标准问题、外文书名标示问题、空格空行的规范问题等，这些问题都谈的话，这篇文章就太长了，还是就此打住吧。

（2015 年）

附：

《故宫百科全书》编写体例

一、总则

1.《故宫百科全书》（以下简称《全书》）是一套以故宫的历史、文化与文物为记述和研究对象的专业百科全书。《全书》共十卷，各卷的划分与篇幅，是以研究主体的不同而确定。

2.《全书》是当代中国的文化文物事业的一项重要工程，是一项有益当代、惠及子孙的系统工程，对于建设有中国特色的社会主义、促进改革开放、开展爱国主义教育、带动相关的历史与文化研究，都具有重要的意义。

3.《全书》既不同于方志，也不同于学术专著，是具一定专业水平的知识性工具书。它以条目为单位，向国内外读者介绍与故宫相关的基本知识和基本概念。

4.《全书》各卷正文字数约为 150～180 万字。根据各卷的知识内容，除概述文章外，大致设 2000～2500 个条目，1200～1500 幅插图，如此，则《全书》所收条目总数为 25000 条，插图总数为 12000～15000 幅，总字数为 1800～2000 万字。

5.《全书》正文由概述文章和按汉语拼音字母顺序编排的条目两部分组成。

6. 概述文章是《全书》内容的纲要。它概要地、系统地介绍本学科或主题的全面情况，并把条目所提供的知识和数据沟通、联系起来。

7. 条目是《全书》的主体，主要供读者快速寻检本学科的基本知识和具特色的人、事、物及其他独立概念。

8. 概述文章与条目之间、条目与条目之间通过参见系统相贯通，从而保证《全书》内容的系统性和工具书的检索性。

9. 图片是《全书》的重要组成部分，它形象地、直观地展示历史知识和文物的特点，应具有科学性、文献性、思想性和艺术性，做到内容准确、构图优美、重点突出。

10.《全书》除由条目组成的正文外，还包括：正文前的前言，编委会名单，分编委会名单（需要时），编辑部名单，条目主要作者名单，总目录，凡例，分类目录，图片目录（主要的）；正文后的大事年表，条目笔画索引，条目外文索引，内容分类索引（需要时），研究书目（需要时），编辑和出版人员名单。是否需要编制全书的总目录和总索引，并单成为一卷，由全书编委会确定。

11.《全书》在故宫博物院的领导下，组织院内专家和社会相关专家学者，按统一体例和要求撰写。中华书局（香港）积极配合，并在体例等方面提供指导、咨询。

12.《全书》统一装帧，统一版式，由紫禁城出版社和中华书局（香港）分别出版简繁两种版本，在海内外同时发行。

13. 编委会的组成（后补）。

二、编辑方针

1.《全书》编辑工作以马克思主义、毛泽东思想为指导，坚持辩证唯物主义和历史唯物主义的观点，严格遵循党的方针、政策和国家的各项法规。

2.《全书》是故宫学的知识荟萃，主要反映与故宫相关的学术领域和主题的基本知识和基本内容。

3.《全书》的内容必须突出故宫的文化与学术特色，全面介绍故宫的内涵与所反映的丰富多彩的历史文化，从而在更高的层次上形成故宫学的整理与研究体系，使故宫学的研究更加深入。

4.《全书》应具有时代性，在稳定的基础上求新，充分反映与故宫相关的历史、建筑、文物考古、文献、艺术、宗教、民俗、科技等方面的新的研究成果。

5.《全书》坚持科学性、客观性和实事求是的原则，引用的数据要可靠，提供的知识要准确无误，采用的事实和资料须经过严格的核对。《全书》和各分卷主编要对相关的学术内容负责。涉及政治性和敏感性的内容，应报送有关方面领导机关审批。

6.《全书》适于中等及以上文化程度的读者使用。

7.《全书》条目的写法要具百科性；文字要简明、规范，语句要准确、质朴，不用夸张性词句和宣传性语言。

8.《全书》要将内容的系统性和检索的便捷性有机地结合起来，要建立相应的参见系统，编制必要的索引。

三、概述文章

1. 为使读者对每一个分卷或领域有较为概括而系统的了解，《全书》在各分卷之前设置概述文章。该文章的字数不宜过多，但须具有鲜明的专业色彩。

2. 概述文章扼要叙述本卷或主题的学术内容以及研究状况，要力求精练、概括，采用记述文体，必要时可有精当评说。

3. 设有专条的内容，概述文章中应点到为止，不予展开。

4. 概述文章所涉及的数据和数字要经过核实，并须与具体条目所用的数据和数字一致。

5. 概述文章可设层次标题，但层次不宜超过三层。

四、条目

1 条目的含义

1.1　条目必须是独立的知识性主题或稳定的学术概念，而不应是主题和概念的一个部分（一个侧面或一个层次）。条目应适于读者快速查阅，必须能够用准确的人们习惯和易于理解的词来标引。

1.2　条目的撰写必须按《〈故宫百科全书〉编写体例》的要求办理，以辞书体叙述，不能写成地方志，也不能写成导游说明，更不能写成专业论文或教科书。

1.3　条目框架是确定条目的前提。所谓条目框架，是根据全书的编辑方针和分卷体系而建立的以条目为单元的系统。条目框架应包括条目统属关系（知识体系的表现）、条目类型（大中小）、配图安排和大体字数。一个初步的条目框架结构如下所示：

〈建筑分卷〉

概述性文章

故宫建筑（大）

外朝（中）

三大殿（小）

太和殿（中）

奉天殿（参见太和殿）

中和殿（小）

华盖殿（参见中和殿）

保和殿（小）

谨身殿（参见保和殿）

体仁阁

弘义阁

太和门

……

坛庙建筑（中）

天坛（大）

……

1.4　《全书》的条目框架须在编委会领导下，由分卷主编组织制定。

2　条目的分类

2.1　条目按字数多少分为五类。

2.1.1　特大条目。4000～10000字。数量占条目总数的0.5%。包括概述条目、主要朝代、主要人物、主体建筑、重要典制等。

2.1.2　大条目。1500～4000字。数量约占条目总数的9.5%。包括重要事件、部类文物、部类典制、重要建筑、主要机构等。

2.1.3　中条目。700～1500字。数量约占条目总数的20%。包括杰出人物、重要机构、主要建筑、重要典礼、重要档案、重要文物等。

2.1.4　小条目。700字以下。数量约占条目总数的70%。包括重要人物、一般机构、一般事件、次要建筑、主要文物、一般概念等。

2.1.5　参见条目。仅列条头。由各分卷视情况掌握。

2.1.6　《全书》以中小条目为主，特大条目和大条目的数量应从严掌握。

2.2　所有条目按其内容可分为10种类型。

2.2.1　人物条目。如"明成祖朱棣""马衡"。

2.2.2　历史朝代概述条目。如"明代官署""清代典制"。

2.2.3　事件条目。如"溥仪出宫""红丸案"。

2.2.4　机构（包括官署）团体条目。如"内务府""故宫博物院"。

2.2.5　部类条目。如"明代宫廷音乐""明清家具"。

2.2.6　文物条目。如"清明上河图""犀角雕仙人乘槎杯"。

2.2.7　建筑条目。如"保和殿""乾东五所""雨花阁"。

2.2.8　概念条目。如"登基""宫分""公主下嫁"。

2.2.9　书刊档案条目。如《四库全书》《内府舆图》"。

2.2.10　其他条目。

各类型条目的编写提纲见后。

3　条头

3.1　条头即条目的标题。条头用词要简明、规范，便于检索，避免使用含糊不清的或易产生歧义的用词。

3.2　事件、官署机构、文物、建筑、概念以其规范的专名为标题。

3.3　人物条目的汉语标题，一般用知名度最大的姓名（或字、号、笔名、艺名、别名）标引。例如："刘墉""客氏""傅恒"。

3.4　明清皇帝条目以朝代、庙号加姓名（清帝只加名字）标引。例如"明成祖朱棣""清圣祖玄烨"。必要时可以其年号为参见条。皇后条目则以皇帝庙号加其谥号组成。例如"明成祖仁孝皇后""清世祖孝献皇后"。

3.5　一些外国人物的中国名字沿用已久，条头采用中国名字。例如"利玛窦""郎世宁""汤若望"。

3.6　书籍、报刊、档案文件、戏曲、绘画、雕塑等作品名的条头加书名号。例如《石渠宝笈》《律吕正义》《丹陛大乐》。

3.7　条头是否要附汉语拼音以及英文条头，待编委会决定。

4　释文

4.1　释文一般依次由定义和定性叙述、词源、简史、基本内容、研究状况、插图、推荐书目等构成。视条目的性质和知识内容的实际状况，上述构成可有所增减或调整。

4.2　释文要求观点正确，数据翔实，结构清晰，层次分明，语言规范，内容精当。

4.3　释文要有科学性。文中涉及的事实、资料、专名、术语、外文、引文、公式、符号等要准确可靠，前后一致，全书统一。

4.4　释文要有综合性。尽管本书是一部专业的百科全书，选用数据和内容也不宜过细、过深，要适当照顾非专业读者的需求。

4.5　释文要有客观性，尊重客观事实，尽可能用中性词语，不用颂扬性词语和咒骂性词语。要用第三人称撰稿。对于有争议的问题或不同的观点应客观介绍，兼容并蓄。

4.6　释文要兼顾稳定性与时代性。统计数字要注明年份。时间用语要用世纪、年代、年、月、日等，不用"过去""目前""最近""即将"等相对性的时间用语。与此同时，亦应当在稳定性的基础上求新，运用最新的资料，反映学术研究的最新成果。

4.7　释文要有概要性。要紧扣条目主题，一般来说不需要议论、评判、辩驳或论证。应着重核心内容，边缘内容可以少写或不写。

4.8　释文要政治正确，要遵守国家保密规定。要慎重处理涉及政治、民族、宗教、外事等相关问题，必要时应报有关部门审批。

4.9　释文要处理好同上下左右条目的交叉关系。有关联的条目之间，既要避免不必要的重复，又要避免遗漏，内容上要相互呼应和协调。同类型的条目，释文要有一定的可比性。

4.10　释文要用说明文体，以现代汉语书面语撰写。行文要高度浓缩，做到准确、简洁、顺畅，语法要规范，逻辑要严谨。

4.11　释文要根据条目大小，按规定字数撰写，不能随意突破。

4.12　释文各部分的具体写法要求将另行规定。

5　插图

5.1　插图既是条目释文的重要组成，也是《全书》不可缺少的重要部分，应着力配置，确保质量。

5.2　插图应该具有科学性、文献性、思想性、艺术性、知识性，要求内容准确、主题突出、色彩鲜明、层次分明、线条清晰、构图美观，给人美感。

5.3　除参见条目外，原则上各类条目都可以配图。所配插图要多样化，举凡照片、线条图、航摄图、透视图、投影图、地图等，凡有价值的，都可以考虑选配。但一幅插图只能用于一个条目，不能重复使用。

5.4　图题

5.4.1　图题是表示插图画面内容的主题，除人物头像和与条头名完全相同的单个实物图外，原则上每个插图都应有图题。

5.4.2　图题要同插图内容相符，确切地表明画面内容的主题。要同条目释文相呼应，不能游离于释文之外，更不能与释文相矛盾。

5.4.3 图题要准确、简明，不用修饰性词语。字数较多的图题可以用简称，必要时图题之后可以括注有关内容，如年代、尺寸等。

5.5 图注

5.5.1 图注置于图题之下，是对插图画面某些部位的文字说明。插图中的某些符号、代号要在图注中或文中加以注释。

5.5.2 条目中插图，凡是在释文内有说明文字的，释文中要括注（见图）或（图1）（图2）等。

5.5.3 插图说明要内容正确（含时间地点出处等），简洁明了，所用术语要同释文一致。

5.5.4 重要插图除图注外，要注明创作者（摄影者绘画者设计者）和收藏者、捐赠者，以及捐赠时间。

5.5.5 文物类插图应在图下标明原大或同原器物的比例关系；显微放大的图片要注明放大倍数。

5.5.6 人物图片要注明姓名、生卒年代、摄影者或提供者；复制报刊或书籍封面及手稿等带文字的插图，应注明名称、年代、版本。

6 推荐书目

6.1 为帮助读者深化本条目的知识，特大条目可在条目之末提供1～3种进一步了解和学习条目主题知识的图书信息。

6.2 推荐书目应选择适于普通读者阅读的公开发行的书籍，不选过于专深的学术论文、会议论文集，及不易寻找的孤本善本书籍；不选辞典和百科全书等工具书。

6.3 推荐书目要尽可能选列国内出版的著译作，外文著作应首选英文著作。

6.4 推荐书目的著录项目包括作者、译者、书名、版次、出版单位、出版地点、出版年代；推荐文章的著录项目，载于期刊的，为作者、文章名、期刊名、卷号和期号、年份，载入书中的，为作者、文章名、该书主编、书名、出版单位、版次、出版地点及年份。

7 层次标题

7.1 层次标题是条目释文中各个层次的知识主题，是便于读者寻检的手段之一。本书的特长条目可以设立不多于两层的层次标题。一般以第二层标题为起点，向上使用，标题之前不用章节和序号。

7.2 上层之后一般要有提示语，引出下文，再设下一层次标题，要避免上下层次标题直接相连。

7.3 任何一层标题必须有两个或多个层次标题才能成立，避免出现单个层次标题的现象。

7.4 篇幅相近的同类型条目，所用的层次标题要有可比性。

7.5 同一条目的上下层次标题要呼应，应避免上层标题覆盖不住下层标题或下层标题游离于上层标题，避免出现同一层次几个标题参差不齐的现象。

8 文内参见

8.1 文内参见是隐含于释文中的一种检索手段。它把不同的条目联系起来，帮助读者参阅，并消除不必要的重复。

8.2 文内参见包括随文参见、段末参见、条末参见三种。被参见的条目用楷体字表示。

8.3 随文参见是条目释文中随处需要设置的参见。若参见条条名在文中出现，可直接充当参见词，以楷体字显示；若条名未在文中出现，可在适当位置括注，指引参见。

8.4 条目释文中的一段同他条密切相关时设置的参见为段末参见，位于段末句号之后，加括号，括号后不用标点符号。

8.5 条目的全部释文同他条密切相关，需要设置的参见为条末参见。条末参见位于条目释文末尾，另行起写，不加括号，末用句号。

8.6 文内参见在一个条目中原则上只允许出现一次。

8.7 上下层次互补对应类的条目原则上应相互设置文内参见。大事记和图片说明可以设置文内参见。推荐书目的内容不能设置文内参见。

8.8 文内参见要避免出现下列情况：

8.8.1 避免用语分歧，即释文内的参见词与被参见条目的标题不一致。

8.8.2 避免参见扑空，即被参见条目中没有供参见的内容。

8.8.3 避免参见虚条，即被参见条目没有实质性内容，不能成为参见对象。

8.8.4 避免割裂原词或词组，即不能截取条目释文中复合词或词组的一部分作为参见词。

8.8.5 避免改变词性，即参见词的词性应同条目标题的词性一致。

8.8.6 避免参见进入引文，即引文中出现被参见条条名时不能作为参见词处理。

8.8.7 避免把常用词都作为参见词，如"文物""故宫"。

8.8.8 避免参见过少、过稀或过多、过密，过少不利于读者查检，也不利于减少不必要的重复；过多易横生枝节，分散读者的注意力。

9 异名

9.1 条目释文中提到条目汉语标题的另一个或多个名称时，用"又称"，不用"也叫""亦称"。根据具体情况又可分别用"全称""原称""曾称""俗称"等。

9.2 涉及译名时，用"又译"，不用"曾译""一译"等。

9.3 条目释文中，"又称"或"又译"一般应在定义或定性语之后。

10 引文

10.1 条目释文只有在十分必要时，如必须交代的古代内容很难用现代汉语替代，或涉及事物及名称起源说明时才使用引文。

10.2 引文要来源于重要的著作、权威的版本，并注明原始出处。

10.3 使用引文既要逻辑清晰、保持其原意，又要力求简明易懂、不用深奥难解的引文。

10.4 引文不能改变原文的语言结构，包括原作的标题。原作的错别字可用括注方式说明。

10.5 引文较长时，在保证原作的意思不被曲解的情况下，可以节选，删节处用省略号。

10.6 引文中的数字如是汉字，应保持原样，不强求同释文统一；引文中深奥难解的字或词，可在释文中作简要解释。

10.7 条目释文中，引文不应占太多的篇幅，不能以引文连缀的方式替代撰述。

10.8 引文出处注明的项目，包括作者、书名、版次、卷次、页码；同一条目连续使用同一著作的引文，后面的引文可注"同上"字样，写明卷次、页码。

11 表格

11.1 条目中可比的、系列化的数据性文字可以用表格来表示。表格要有表题，表题置于表格之上。

11.2　表格所收数据应是典型的或具可比性的资料。同一条目有两个以上的表格，应加序号，如表1、表2。表题末的"表"字可以省略。

11.3　表内文字最后一律不用句号。

12　名词统一

12.1　本书中的名词，包括术语和专名，是释文的重要部分，应尽量统一。统一的标准是国家标准及权威的百科全书和工具书。

12.2　按"约定俗成"原则，一些含义不很严格，但使用已久且为大家接受的名词，可不做改动。

12.3　同一事物兼有学名和俗名的，一般采用比较通用的名称，用括号注明俗名或学名。同一概念或事物有多个名词的，可在主名词之后，用"又称""俗称"加以介绍。

12.4　涉及人名、地名、组织机构名、会议名、书刊名、法规名、条约名、民族名、国家名等专名，有不同名称的要加以统一。对各种非汉语专名（人名、地名、组织机构名、会议名、书刊名、法规名、条约名、民族名、国家名等）撰稿者应在原稿中注出原文，以便统一。

13　地名

13.1　中国地名以《中华人民共和国地名词典》和最新版《中国地图集》为准；外国地名的中译名以《世界地名录》及最新版《世界地图集》为准，二书中没有的，以"名从主人"原则中译。

13.2　外国地名首次在释文中出现时，一般要冠以国名，著名的地名可不冠国名；知名度低的小地名，国名后还需加州、邦及自然区划的名称。

13.3　古今地名完全相同的，不注今地名；古地名若与今地名不同或位置有变，无论中外，都要在释文中首次出现时，括注今地名。

13.3.1　古今县名相同，所属上一级政区名已有变动的，要括注今属政区名，如"江苏嘉定（今属上海）"。

13.3.2　古今省名相同，但所在县市名称已有变动的，要括注今县市名，如"江西德化（今九江）"。

13.3.3　加注今地名，原则上不加省市县等通名，个别易产生歧义的，需加通名，如"黄山县"。

13.3.4　与古地名对应的今地名不很知名时，需加政区和国别等名称。

13.3.5　涉及古代的郡、州、路、府及今已不存的县等地名，要括注今地名或当时治所所在的今地名，必要时还要标注方位，如"华亭（今上海松江）""永嘉（治今浙江温州）"。

13.4　上书人物的诞生地和逝世地，释文中原则上写至市、县。诞生地和逝世地中的国名如同定性语一致，可省去国名；不一致的，需加国名。

13.4.1　上书人物的诞生地和逝世地，无论古今中外，都以当时的地名为准。当时的地名与今地名相同，国别和上级政区名没有变更，直书当时地名即可；国别和上级政区名发生变更的，要在当时地名之后括注今属国别和政区名。当时的地名与今地名不同，要在当时地名后括注今地名。

13.4.2　上书人物的诞生地与籍贯要注意区分。二者同地勿论，两地的，除出生地外，还要写明籍贯地；只知其一的，可只写出生地或籍贯地。

14　人名

14.1　中国人名有条目的按条头统一，而且以正条的条头统一；未设条目的按知名度大优先、常用名优先的原则处理。

14.2　外国人名一般采用姓中译、名缩写的办法，译写遵循"名从主人"和"约定俗成"的原则。

15　纪年

15.1　释文要尽量使用明确的纪年，不用或少用"近年""过去""现在""目前"等不确定的语词。

15.2　公元前的世纪、年代、年份，在条目释文中要加"公元前"字样；两个"公元前"连用表示起止时间时，后一个可省去"公元"两字；同一条目中多次出现公元前纪年，第一次加"公元"二字即可。

15.3　公元后的世纪、年代等一般不加"公元"二字，但条目释文中100以内的年份要加"公元"字样；起止年代跨越公元前后的世纪或年份，则要分别写明。

15.4　公元前以千年为单位的时间概念，可用千纪表示。如公元前3000～前2000年可表示为公元前第3千纪。

15.5　中国史纪年以1911年（辛亥革命）为界，此前一般用王朝纪年，括注公元纪年；1912年起用公元纪年。中国王朝纪年以中央政权年号为主，必要时可加注地方政权年号。同一条目释文中出现同一个王朝纪年，原则上只在首次出现时括注公元纪年；括注的公元纪年不必加"年"字，但如后缀后有"在位"等词语，则要加"年"字，如"明成祖朱棣（1402～1424 年在位）"。

15.6　涉及外国史纪年一律用公元纪年，与中国历史有关时可加注中国王朝纪年。

15.7　释文中涉及中国历史朝代和以朝代命名的时代，一般不必注出起止年代。

15.8　0～9 年为一个年代，1～100 年为一个世纪。一个世纪的一半分别称"上半叶""下半叶"；世纪或朝代的中间一段称"中叶"。

15.9　人物条括注的生卒时间及释文中涉及人物所括注的生卒年一律以公历标示。人物条的生卒时间要尽可能精确到月、日，生卒年不详的，可写明所在的世纪或朝代，一般不用"生卒年不详"字样，如"杜环，唐中叶人"；生年或卒年不详的可用问号表示，如"宋礼（?～1422）"；生卒年不能肯定的加"约"字，如"王安（?～约1624）"；生卒年有异说的，两说并存，用斜线分隔，如"郑和（1371/1375～1433/1435）"；生卒年缺乏具体年份，但肯定是某一个时段的，可写该时段，如"李芳（?～1570 年后）"；生卒年不详或其中一个不详，但年龄大致可靠，释文中可写明年龄。

15.10　中国历史人物的生卒年一般为农历，释文中均应折算为公历，并以公历时间书写。折算过程中，要尽可能精确到月、日。折算后相差一年的，以折算后的公历时间为准。

16　数字用法

16.1　数字用法遵从国家标准 GB/T15835-1995《出版物上数字用法的规定》。

16.2　原则上，以下情况用阿拉伯数字表示：

16.2.1　表示数量，包括整数、倍数、小数、分数、百分数等，如2/5、57％、8：25。

16.2.2　表示数值范围，如 5000～5500 年、20％～40％。

16.2.3　表示专用名词（第一次鸦片战争、八国联军）以外的次第数，如第 4 页、第 28 届。

16.2.4　表示公历的世纪、年代、年份、月、日和时刻等的数字。

16.2.5　表示儒略历和回历的数字。

16.2.6　表示生卒年代、年龄、年度的数字。

16.2.7　表示物理量量值的数字。

16.2.8　表号图号、代码、代号，以及推荐书目的序号、版次、卷次、页码等。

16.3　释文中以下情况原则上用汉字数字表示：

16.3.1　释文中名词、词组、成语、惯用语、专用名词和缩略语等构成词语语素的数字，如"三大节""八旗""五彩"。

16.3.2　相邻数字连用所表示的概数及不具精确统计意义的数，如"五六十年""几十万分之一"。

16.3.3　夏历王朝纪年的年、月、日。

16.3.4　时间节日等词组中月日的简称，如"七七事变"。

16.3.5　表示星期几的数字。

16.3.6　引文中的汉字数字。

16.3.7　人名、书名、机构名等专名中的汉字数字，如"十三衙门""三朝要典"。

16.4　释文中的约数一般用阿拉伯数字表示，但带有"几"字的约数用汉字表示，如"500 多年""约 3 万人""几十岁""一百几十次"。

16.5　表示数量的数字，万以下的直接写出，万以上的可用"万""亿"为单位，或直接写出精确数字，如"850 人""400 万""占地 2580 平方米"。

16.6　原则上不用罗马数字，但涉及元素族、古埃及王朝、音阶、考古学层位时，可以使用罗马数字，此时应力求局部统一。

17　标点符号

17.1　标点符号的使用以国家标准 GB/T15834-1995《标点符号用法》为准。实际使用中要注意以下情况：

17.2　句号（。）用于陈述句末尾，要注意的情况有两个，一是句子未句断；一是不是句末而用句号。

17.3　顿号（、）用于句子内部的并列词语和词组之间，要注意的情况有四：

17.3.1　不引起歧义的并列词语之间可以不加顿号，可能引起歧义的并列词语之间一定要加顿号，前者如"动植物""明清之际"；后者如"历史、地理"。

17.3.2 概数中两个数字之间可以不加顿号。如"七八百年""十二三人"。

17.3.3 几个并列的引号和书名号之间可以不加顿号。

17.3.4 不同层次的停顿不能都用顿号。

17.4 分号（；）用于复句内部的并列分句之间。要注意：分号不能用于普通单句之中；几个分号连用时不能夹入句号。

17.5 引号有双引号（""）和单引号（''）。要注意船名、卫星名等的"号"字应放在引号之外；引号末尾标点的使用和位置要根据引文的具体情况加以规范。

17.6 书名号有双书名号（《》）和单书名号（〈〉）。要注意以下情况：

17.6.1 书名号用于书名（包括篇名）、报纸名（包括栏目名）、期刊名和电影、戏剧、摄影、绘画、雕塑、工艺品、邮票等精神产品的题目；非精神文化产品如物质产品名、商标名、证件名、活动名、展览名、称号名等等，都不能使用书名号。

17.6.2 书名号内的名称要与实际名称完全相同，不能加字减字，如"《考古》杂志"不能作"《考古杂志》"。

17.6.3 简称不能使用书名号。

17.6.4 书名和篇名、词牌名、词名合用一个书名号时，中间加间隔号，"篇"字在书名号外，如"《盘山志·巡典》篇""《御纂朱子全书·治道》""《沁园春·雪》"。

17.7 间隔号（·）用于被隔开的词语中间，使用中要注意居中，以免产生歧义。另外用月、日简称来表示事件、节日等的词语，凡涉及一月、二月、十一月、十二月的，应用间隔号将表示月、日的数字隔开，并加引号，如"'一·二八'事变"不能写作"一二八事变"，"'一二·九'运动"不能写作"一二九运动"。

17.8 省略号（……）标明行文中省略了文字，要注意其前后不能再有其他标点符号，省略号也不能与"等""等等"并用。

17.9 连接号有两字线（——）一字线（—）半字线（-）和浪纹线（～）四种。一般说来，半字线用于连接相关词语，构成复合名词，如"原子-分子论"；一字线用于连接地名、方位词语，表示起止、走向及年度起止等，如"秦岭—淮河以北地区""东北—西南走向""1998—1999 年度"；浪纹线用于时间起止、页码起止、用阿拉伯数字表示的数值范围，如"1676～1683""第 23～78 页""124～156 米"。

17.10 句号、问号、叹号、逗号、顿号、冒号和间隔号不能出现在一行之首。引号、括号、书名号的前一半不能出现在一行之末，后一半不能出现在一行之首。

18 量和单位

18.1 计量单位原则上以国家标准 GB3100-3102-93《量和单位》为准。一些不规范的惯用单位要按国家规定换算成法定单位，但钻石用的克拉、金子用的盎司、农作物用的亩产等可不必换算，但应括注与法定计量单位的换算关系。

18.2 计量数值的起止用波纹线起止号，不用一字线起止号等，一般前一个数字后不必附加单位符号（米、千克等），但表示角度的两个数值后都要加单位符号"°"；表示百分比的两个数值后都要加百分比符号"％"；释文中表示的时间前后都用了"年""月"等单位，则用"至"字，不用起止号。如"400～423 米""35°～39°""35％～67％""1966 年 7 月至 1967 年 6 月"。

18.3 人口出生率、死亡率、增长率用‰，不用％。释文中的单位一般不使用市制、英制等。释文中一般用"千米"，不用"公里"；用"千克"，不用"公斤"。

19 简化字·繁体字·异体字

19.1 一般情况下，本书使用国家语委 1986 年 10 月 10 日重新发表的《简化字总表》所列的简化字。此表中，"叠"不再简化为"迭"，"覆"不再简化为"复"。

19.2 此表中凡由几个字合并为一个字的（如"係""繫""系"合并为"系"），由几个字简化为一个字的（如"锺""鐘"均简化为"钟"），在下述情况下仍用繁体字：

19.2.1 释文中引用古籍的字句。如"贾余餘勇"，用"餘"不用"余"。

19.2.2 中国古代人名、地名、书名等。如"魏徵"用"徵"不用"征"，"《薑斋诗话》"中的"薑"不作"姜"。

19.2.3 释文中回溯词源。如"'法'字古体作'灋',《说文》:'灋,刑也……'"

19.3 中国古代人名地名等专名中的异体字,不改为简化字。如"洪昇","昇"不作"升"。

19.4 正体字和俗体字并存的字,一律用正体字。如"斗嘴""柑橘""萧太后"分别不用"咀""桔""肖"。

19.5 释文中必须大写的数字,不能小写。如"贰臣"不能写作"二臣"。

19.6 释文中用"其他",不用"其它"。

20 历史分期与政权提法

20.1 中国历史的古代指 1840 年以前,近代为 1840 年至 1949 年 9 月,现代指 1949 年 10 月 1 日以后。

20.2 世界史用古代(1640 年以前)、近代(1641~1945 年)、现代(1945 年以后)三阶段分期法或古代(475 年以前)、中世纪(476~1640 年)、近代(1641~1945 年)、现代(1945 年以后)四阶段分期法均可。

20.3 中国在 1911 年以前,直称"×朝";1912 年 1 月 1 日至 1945 年 9 月 30 日,称"中华民国"或"中华民国时期";1949 年 10 月 1 日至今,称"中华人民共和国"或"中华人民共和国时期"。

20.4 中华民国各个时期的政府名称规范如下:

1912 年 1 月 1 日至 3 月 31 日,称"中华民国临时政府"或"南京临时政府"。

1912 年 4 月 1 日至 1928 年的北京政府,称"北洋政府"。

1925 年 7 月至 1927 年 1 月的广州政府,称"广州国民政府"或"广州革命政府"。

1927 年 1 月至 7 月 15 日的武汉政府,称"武汉国民政府"。

1927 年 4 月至 1937 年 12 月,1946 年 5 月至 1949 年 4 月的南京政府,称"南京国民政府"。

1937 年 12 月至 1946 年 5 月的重庆政府,称"重庆国民政府"。

上述历届政府亦可泛称为"中华民国政府"。

20.5 释文中涉及抗日战争时期中国东北的伪满洲国傀儡政府、北平沦陷后的华北汉奸政权、南京的汪伪政权,要用"傀儡政权""汉奸政权""伪政权"等字样指明其性质。

20.6　释文中涉及中国共产党领导下的人民政权时，一般不称"中华民国时期"，而称"中国新民主主义革命时期"。其中第二次国内革命战争时期中国共产党所开辟的地区称为"革命根据地"；抗日战争时期中国共产党领导的地区称"抗日民主根据地"；第三次国内革命战争时期中国共产党所解放的地区称"解放区"。

20.7　释文中涉及中国 1966～1976 年这一时期，称"文化大革命"时期，不称"十年动乱时期"，也不用"文革"简称。"文化大革命"的引号不能遗漏。

20.8　释文中涉及中华人民共和国成立后的台湾当局及有关机构，如"行政院""中央研究院"等的引号不能遗漏。

21　人物条目的有关问题

21.1　关于民族。外国人物写明国籍即可；中国人物汉族的可不写，少数民族的要写明。

21.2　关于党派。本书上书人物原则上不写党派。

21.3　关于学历、学位、学衔。学历指中专以上；学位指秀才、举人、进士，学士、硕士（副博士）、博士；学衔指副教授、教授、院士、通讯院士或同级头衔。

21.4　博士后不是学位，博士生导师不是学衔，均可不写。获多种学位的可适当细写，获不同学科的最高学位可以都写。被多所院校、研究院所聘为研究员和教授的，择其重要者上书，获国内外多个院士称号的可以都写。

21.5　中国的院士包括中国科学院院士（含学部委员）、中国工程院院士、中央研究院和台湾"中央研究院"院士。

21.6　关于奖项和称号。奖项主要指国家级或国际间的学术奖项以及高规格的荣誉奖项，包括单学科奖和综合奖；称号包括国家级劳动模范及国外学术教育机构或团体授予的名誉教授、博士、院士称号。省部级的奖项和荣誉称号原则上不上书。

21.7　关于议员与人大代表。外国人物可写明曾当选国会议员（含国家杜马成员等）；中国人物可写明曾当选为全国人大代表和全国政协委员。

21.8　上书人物的职务原则上只写与其业务相关的行政职务，如系主任、所长、校长、院长等，其他重要的行政职务在需要时才提及；

全国性一级学会理事以上的职务和在国际性学会中担任的重要职务亦可提出。有贵族爵位的（公、侯、伯、子、男、亲王、郡王等），要在释文中写明。

22 资料核实

22.1 撰稿人和分科主编要认真核实释文中出现的事实性资料，要以权威书籍为依据，力求准确可靠。重要资料应力求有两种以上书籍为依据；不同的说法（如年代、地点、数据）若均有权威依据，可同时提供给读者。

22.2 以下项目需作资料核实：

22.2.1 人名、地名、书刊名、职官名、组织机构名、国家名、民族名、事件名、条约名及各种学术名等。

22.2.2 时间（世纪、年代、年份、月份、日期和时间跨度等），包括人物生卒时间、国家朝代兴亡时间、事件起止时间、条约签订时间、自然界和社会其他事物存在消亡的时间，以及农历、回历、儒略历历史纪年与公历之间的换算等。

22.2.3 事件、史实、断语；各种数据，公式；计量单位、符号、代号；各种引文，特别是引自古籍、经典著作的引文。

22.3 书稿进入编辑部后，编辑亦应对上述内容进行核实，所发现问题涉及学术内容的交作者和分卷主编修改；重大的改动或拿不准的资料，由总编委会决定。

23 释文重复与交叉

23.1 尽管本书是一部专业性的百科全书，也应处理好不同条目之间的交叉问题。要处理好条目之间的分工，防止不必要的重复和遗漏。

23.1.1 某项知识构成一个条目的核心内容的，在这个条目释文中要多写；属于一个条目边缘内容的，该条目释文中要少写或不写。

23.1.2 某项知识如果同时是两个或多个条目的核心内容，则要统筹安排，充分应用参见手段，防止过多的重复。

23.1.3 某项知识如果同时是两个或多个条目的边缘内容，应衡量其重要性，次要的可以舍弃，重要的则不能遗漏，在最为相关的条目中提及。

23.2 学科内部内容有交叉的条目要做好统一工作，包括观点统一，数据统一，用语统一等，防止出现矛盾。

23.3 学科内部内容有交叉的条目，要注意互相照应，防止脱节。

23.3.1 具有领属关系的母子条，条目释文要互相参见、照应。

23.3.2 具有对称关系的条目，条目释文中要有"与某某条对称"的字样。

23.3.3 具有比较关系的条目原则上只在一个条目中简述两者异同，另一条不必重复，但需作指引参见。

23.3.4 具有异称关系的条目，在正条释文要有"又称某某"字样，以与参见条呼应。

24 审稿

24.1 审稿是保证《全书》质量的重要环节，各分支编委会（主编）必须高度重视，抓紧抓好。

24.2 实行分支主编审稿制度，每一个条目的原稿都应由分支主编审定，并签字。重点条目要由《全书》编委审定，必要时要召开审稿会议审定。

24.3 书稿进入出版社后，要坚持社内三审制度，每一审各负其责，认真把关。

24.4 经过分支主编审稿和社内一二审的稿件，要达到以下质量要求：

24.4.1 齐清定。齐：文字稿件齐全，图表稿件齐全，附属成分（含参见、索引等）齐全，文字、图表和附属成分相互协调，互不矛盾，配套成龙。清：稿面整洁，字迹清楚，符号清晰。定：经相关人员审定并签字，成为定稿。

24.4.2 政治观点正确，无政治性和政策性错误。

24.4.3 内容有综合性，核心内容无重要遗漏，边缘内容有适当安置。

24.4.4 内容有科学性，没有硬伤，也没有矛盾。反映了不同的学术观点，没有严重的个人倾向。

24.4.5 有时代性，在稳定的基础上，收有21世纪初的学术和建设成果。

24.4.6 古今中外的内容适当。

24.5 学科内的内容重复减少到最低限度，充分地利用了参见手段。

24.6　释文文字通顺、简练，语法规范，修辞得体。

24.7　条头规范、简明、通用、正确。

24.8　插图具思想性、科学性、知识性和文献性。

24.9　设条均衡，长、中、短条目比例适当。

24.10　重点条目由权威人士撰稿。

25　大事年表

25.1　大事年表应起自延议营建紫禁城之时，下迄现代的某一时点。以简明的行文按年月日缕述发生在故宫中或与故宫有密切联系的大事。

25.2　大事年表的内容须同相关的条目互相参见。

25.3　大事年表的编制应由专门的人员完成。

26　目录与索引

26.1　本书正文之前为根据条目分类框架而编制的条目分类目录。条目分类目录反映本卷的学科及内容体系，亦反映了条目之间的从属关系。

26.2　索引是《全书》重要的检索渠道，包括条目汉字笔画索引、条目外文索引、内容索引。

26.3　条目汉字笔画索引是供不熟悉汉语拼音的读者查检条目用的检索渠道。

26.3.1　笔画索引的排列顺序是按条目中文标题第一个字的笔画由少到多的顺序排列。笔画相同的字按起笔笔形横、竖、撇、点、折的顺序排列。第一字相同的，依次按后面各字的笔画数和起笔笔形的顺序排列。

26.3.2　拉丁字母、希腊字母、阿拉伯数字和罗马数字开头的条目标题，依次排在汉字开头的条目中文标题后面。

26.3.3　笔画索引中参见条（虚条）的页码采取虚实条兼注的方式，即参见条页码后面括注被参见页码。例如：

社稷江山金殿（见乾清宫）……285（352）

26.3.4　条目汉字笔画索引之前要附说明。条目汉字笔画索引单独设置书眉。

26.4　条目外文索引（待定）

26.5　内容索引是综合性的主题分析索引，是全书最详尽的检索工具。

26.5.1　内容索引包含全部条目，释文内有检索价值的隐含知识主题和有检索价值的图片。

26.5.2　内容索引中隐含的知识主题，应是在释文中确实能找到有价值信息，为两个及其以上内容要素的主题。

26.5.3　索引要便于检索，具有准确性、知识性和简明性。内容索引中的图片标题要同图题一致。原则上有知识内容的图片，都应在内容索引中有标引。

26.5.4　内容索引中的人物要尽可能附生卒年，外国人物尽可能附英文或拉丁字母的全名。

26.5.5　内容索引的标目除注页码外，还要给出版面区域。版面（三栏）区域自上而下，由左至右，划分为 a、b、c、d、e、f 六区。

26.5.6　内容索引标目中属于条目标题的，标目和页码排黑体字；属于隐含主题索引词的排仿宋或楷体字，页码排等线体字。表示版面区域的小写拉丁字母均排白体字。

26.5.7　内容索引按汉语拼音字母顺序排列。以拉丁字母、希腊字母、阿拉伯数字和罗马字母开头的标目，依次排在全部汉字标目之后。

27　书写要求

27.1　条目稿件应按统一的格式书写。每一个汉字、每两个阿拉伯数字和拉丁字母（其他字母同），每一个标点符号占一格。

27.2　条目汉语标题顶格写，汉字后附外文标题（需要时）。之后空一格写正文。

27.3　中国人物条目条头汉语标题之后括注生卒年；外国人物条目条头汉语标题附外文，外文后括注生卒年，括号后空一格写正文。

27.4　条头和释文中的外文不能随意移行，要尽可能齐尾书写，齐尾排印。如需移行时，要按音节分段，并在前行音节末加画半字线（-）。

27.5　释文开头不必重复条头，原则上也不用"是""就是"等做中介。

27.6　释文内不便设层次标题的并列事项，可用圈码1、2的形式分述。

27.7 释文不采取脚注的形式，注释性文字应尽可能地融入正文。

27.8 释文中必须使用的繁体字，异体字要用方框标出。

27.9 释文中要做参见的名词，要在该名词下用绿笔画单横线标出。释文中要作内容索引的名词，要用绿笔涂抹标出。

27.10 原则上释文中应标明图号、图题、图注及其相应位置。

27.11 须推荐书目的条目，在释文结束后，另行空两格写"推荐书目"四字，再另行空一格写推荐书目的著录要素。同一书目转行时可顶格书写，不必空格。

28 条目类型及编写提纲

28.1 人物条目编写提纲：

（1）条头之后括注生卒年。

（2）释文叙述顺序一般为：

身份；别称；

籍贯/生卒年月日地；

出身，学历，学位；

［学术人物］学术经历及活动/学衔及学术职务，［政治人物］从政经历及活动/军衔及官职；

［学术人物］学术成就及著作，［政治人物］贡献及影响；

主要社会活动/社会职务/荣誉称号。

28.2 书刊档案条目编写提纲：

所属类别与方面；

编纂和出版时间；

著作人或主持人，出版或编辑单位；

版本，期数，卷数；

主要内容，地位和影响。

28.3 朝代概述条目编写提纲：

此类条目在各分卷中只限于须明清分述时设立，如明代官署，清代宫廷典制等。其内容主要在于介绍该部分内容的研究对象，时代特色，发展沿革，在故宫发展中的地位和影响，研究状况等。应注意概述，避免同各专有条目重复。

28.4 事件条目编写提纲：

性质；

肇始人或领导人，发生的时间和地点；

过程；

作用；意义；影响；

后世主要研究者和研究著作。

28.5　机构（官署）团体条目编写提纲：

性质；

创始人，建立时间及沿革；

成员或官吏组成与数量；

组织形式/领导机构/分支机构；

活动范围，内容；

出版物；

重要领导人；

影响。

28.6　部类条目编写提纲：

部类条目主要用于介绍某类专题，如"明宫刻书""清宫藏书""明代宫廷戏剧""明清家具"。这类条目撰写时应注意包括：

研究对象概述；

总体风格及特征；

研究内容；

代表性作品；

主要研究者及著作；

研究现状及发展趋势。

28.7　建筑类条目编写提纲：

定性；

建造时间；位置；

面积，规模，组成，造型特点；

发生在此地的重要史实；

功用；价值；影响。

28.8　文物类条目编写提纲：

定性；

制作和入藏时间，捐赠人，捐赠经过；

尺寸，形态；

功用；价值；影响。

28.9 概念类条目编写提纲：

所谓概念类条目，主要指建筑，典制，文物等分卷中涉及的构件，工艺，仪式，如"缂丝""常朝""亲蚕"等。其撰写要素应包括：

定性；所属范畴和方面；

辞源及内涵，外延；

主要内容；

流行时间；

作用及影响。

29　分卷与篇幅

《全书》十卷，按学术内容划分卷次，初步可考虑为：

故宫史（包括故宫博物院史），1卷

建筑，2卷

文物，3卷

典制和文化，2卷

文献档案，1卷

宫廷历史（包括官署与人物），1卷。

索引1卷（待定）。

选题琐谈

成功的选题是如何运作的

可以毫不夸张地说，一个出版社的经济效益和社会效益的实现，归根结底，在于其选题的成功与否。而一个好的选题能否在出版过程中得到完美的表现，组稿是一个关键的阶段。那么，成功的选题和组稿是如何进行的呢？在这里打算结合国内外出版社的成功经验，谈点个人的想法。

一、选题会议

在今天，尽管出版社的编辑坐在办公室里等稿子上门的现象依然存在，但绝大多数出版社是通过组稿来实现他们的出版计划的。

一个出版社在制定其选题计划之前，首先要确定自己的目标与定位。就出版社而言，在这些目标中，首要的，是必须了解自己的出书范围，即本社的出版物是面对学术书市场，还是面对中小学生市场；是面对某些特殊群体的读者市场，还是面对大众读者市场。

为保证选题决策的正确，大部分出版社都会定期举行有编辑、出版、发行人员参加的选题计划会议。在这些会议召开之前，编辑的作用是十分重要的。一般而言，或根据学科类别，或根据部门构成，编辑会根据自己对本学科知识发展的了解和对市场的认识，在会前做好准备，就本社应该出版哪一类的图书，提出自己的设想。

选题会议实际还是市场调查的一部分，有关的编辑会带着他所负责的学科范围内外的选题设想参加会议，与会者将详细讨论是否应该将这个设想继续下去；如果应该继续进行，还需要在哪些方面继续完善。

在一个机构和机能都比较完善的出版社，下面这些问题的讨论将占据会议的大部分时间：

a. 这本书的读者对象是谁，他会在什么情况下用到这本书；

b. 本书的初版印数会是多少，有无可能再版；

c. 本书有无可能出版精装和平装两种版本；

d. 本书的内容是否经常需要更新；

e. 本书是一本什么性质的书，是工具书、教学参考书，还是学术图书、普通的消遣性图书；

f. 估计本书的定价会是多少；

g. 本书有无可能转让版权，有无可能同国外合作出版；

h. 成书会在什么时候出版。

作为国内的出版社，重点要考虑的还有以下的问题：

a. 这个选题是否符合国家的法律法规，是否符合社会主义精神文明建设的要求；

b. 这个选题是否属于需要专项报批的选题，选题内容是否涉及了党和国家领导人的工作和生活，是否涉及党史上的重大事件，是否同"文革"、宗教、民族有关，是否涉及外交事务，凡此种种都在专题报批之列；

c. 这个选题是否属于合作出版，是否属于买卖书号行为。

在这样的会议上，往往可能对编辑所提的设想进行较大的修改，甚至可能在此基础上形成一个全新的选题。

二、作者

当编辑提出一个选题的时候，他的心中可能已经有了适合写作这本书的作者对象。如果选题会议通过了这个选题，编辑看好的作者也许要做些调整。因为书的类别不同，所以很难说某一个作者是合适还是不合适。编辑当然希望找到最合适的人来写这本书，但有些实际问题会妨碍这一希望的实现，比如预算问题、名家难求之类。

一般说来，作者的投稿被采用的可能性很低，但投稿经过修改后，也有出版的可能。应该指出的是，出版社应该有专人阅读这些书稿，从中发现好的作者和选题。

另外一种现象也应该提到。在我们过去的出版经历中，多有为赚一点钱而出版学术论文的现象。实际上，除了某些专业出版社以外，作者写论文时的读者对象，和编辑为之出书的读者对象是不同的。如果不经过大量改写，学术论文很少能以图书的形式在普通出版社出版。一般情况下，编辑似乎也不值得为使作者明白出版社的要求而做努力。

概括起来，像我们这样的出版社有以下一些潜在的作者

来源：

    a. 新作者，比如教师；

    b. 对之已经有一定了解的作者；

    c. 从投稿中发现的作者；

    d. 作者代理人或书稿代理人；

    e. 某一学科的编辑；

    f. 学术机关和团体；

    g. 根据新闻报道发现的线索；

    h. 进口出版物；

    i. 竞赛活动；

    j. 公开招标。

三、市场调查

市场调查对于出版社而言，是生死攸关的。在确定选题计划和组稿前后，更是首先要了解同类选题的竞争情况、同一出版范围内出版社的出书情况、各层次读者的人数情况等。

为制定和执行选题所做的具体的市场调查，可以探明市场的基本需求和大众兴趣的大致趋向。不过，无论是国内还是国外，很少有出版社会花钱雇佣专业人员进行市场调查。所以，对编辑而言，市场调查就是了解市场。编辑必须走出去，到市场上去验证自己的想法，寻求新的突破点。调查中，他很可能发现市场上有一个空白点，但他同时还应该确定，是否应该有一本书来填补这个空白。此时，编辑就应该就此问题进行总的市场调查。其办法，如实地调查、通过印刷品调查、召开研讨会、通过顾问咨询等，都是可行的。

在国外，大多数出版学术书和教科书的出版社，以及许多出一般书籍的出版社，都会征求对一部书稿的独立的评估，而不管它是否一部组来的书稿。他们会要求独立的评稿人写一份详细的报告，内容包括：书稿的结构、内容和写作风格；他建议增删哪些部分，或做哪些事实上的修改。他还要对这一书稿是否符合相关市场的竞争要求、能否达到这一学术领域的较高水平，以及这本书的估计定价等提出意见。其中最重要的是，评稿人要说明目前的市场上是否真正需要这本书。

几年前，国内的出版社在这方面做得也是不错的，但近来似乎是不大坚持了，其原因大概是怕耽搁出书吧。应该指出的是，有一些作者为了向出版社表明自己的书稿达到了某一水平，请专家撰写了推荐意见，这种意见和上面所述的评估意见是有很大区别的。

四、成本测算

考虑一部书稿能否列入选题，成本问题占据重要的地位。无论是在前面提到的选题论证会上，还是在以后的选题和编辑会上，提出选题者都应拿出比较详细的成本测算结果，包括生产费用预算和销售预测。在成本测算中，比较困难的一项，是精确地估计图书的销售量。一般地说，编辑可基于自己对市场的了解，确定一个销售目标，经过与销售人员磋商后，这个目标会大体上被确定下来。

预算不仅要包括排版、校对、编辑、审稿、制图、纸张、印刷、装订等直接成本，还要包括人员工资、房屋租金、水电费、税金等间接成本。

在全面地计算了一本书投产所需的资金后，要回答的问题主要是：

a. 投资是否能够在第一次印刷时即被收回？

b. 期待的销售水平有多高？

c. 第一版的印数应该是多少？

d. 第一版的定价是多少？

这些问题的答案主要取决于出版社的资金情况。有关印刷的决定与投入的资金有明显而直接的关系：在图书卖出并收回资金之前，印数越大，占用的资金就越多；如果资金有限，而基本的管理又要留一些资金，那么减少印数就会少占用资金。因此，决定合适的印数和定价，对于使用最少的资金取得最大的利润是十分重要的。

一般说来，与其一下子把好几年才能卖掉的书都印出来，不如一次只印刷能够卖半年到十个月的书，售完之后可以重印。把投资分摊在两次印刷上，有助于降低销售价格。为了作出正确的决策，出版社必须预先了解重印的费用，同时还要考虑今后预期的通货膨胀率和重印时是否能够很快地印出来。

综上所述，在决定一个选题是否出版之前，必须回答下面有关资金的问题：

a. 平均的毛利率是否够高，以便得到相应的纯利；

b. 毛利是否过高，以致可能影响销售；

c. 印数是否过大，是否有足够的资金来支撑这个选题；

d. 所有的书是否要一次性印刷出来，是否需要减少第一次印刷的数量，以便减少风险；

e. 定价是否适合市场。

从竞争和市场要求出发，在这一阶段，还可以考虑对生产和设计做一些调整，以便使图书便宜一些，如减少页数、使用稍便宜的纸张、采用平装而不用精装、减少插图等。

五、编辑

一个出版社是否能够经常推出好的选题，是否有较多的有双效益的图书出版，关键在于是否有好的编辑。

国外的出版社，编辑部门的人员构成，也如同其他方面一样，各家有很大差别。不过大出版社的编辑部一般都包括下列人员：编辑部主任、组稿编辑、文字编辑、助理编辑。部门内往往有一个人身兼数职的现象，比如编辑部主任也可以同时负责组稿工作。

上面所说的编辑人员，都是指出版社内部的人员，在西方，还有另外一种编辑，其职责跟上述编辑的职责相去甚远。他们通常为学术专家或知名人士，出版社往往委托他们与学术界联系，编辑专题文集。高级编辑在提出选题和组稿过程中，起着重要的作用。他们往往亲自进行市场调查，然后根据自己丰富的编辑经验，提出选题，物色作者。在西方国家，出版社的高级领导层一般由各部门的负责人组成，也就是说，领导层中也有编辑部门的高级编辑参加，有些出版社的总经理本人就是高级编辑。由于在领导层中有自己的代表，故此编辑部门在决定图书出版计划时能起很大的作用。

正因为如此，国外的出版社在寻找好编辑方面，可称得上是不遗余力。他们经常提供优惠条件，招来有经验的高级编辑；如果需要特别优秀的人才来担任重要的职位的话，他们甚至会采取"挖墙脚"的办法，直接找上门去，从竞争对手那里抢来好编辑。寻找好编辑是国内外出版社最常用的办法。

为鼓励编辑去开发好的选题，建立明确的奖励机制是十分必要的。国外的出版社在这方面有很多办法，共同的一点是，如果编辑编了一系列成功的书，他就会得到晋升，反之，他就可能被辞退。

在我们的日常工作中，常常是领导为没有新的选题而焦虑，编辑为找不到新选题而发愁。能否这样认为，只要我们从市场出发，充分调动全体编辑，尤其是中高级编辑的积极性，建立起健全的科学的选题审批和出版决策机制，有双效益的好选题应该是可以预期的。

（1997 年）

浅议选题策划的若干问题

到 11 月底为止，本人来三联书店工作已经有 9 个月了，尽管也做了些事情，但就出版主业而言，还处于品味、揣摩三联出版特色的阶段。当此之时，因为要审批各位编辑申报的选题，得以在出版之前大致了解三联未来的出版产品构成，尤其是参加了 11 月中上旬的选题座谈会之后，对三联未来的出版方向、板块、重点项目有了更多的认识。在感动于三联编辑的勤奋、新锐、追求一流的精神之余，也有一点美中不足的感觉，就是在我们的出版构想中，主动策划的选题分量不大、亮点不多，尤其缺少有系统策划的系列书和丛书。可以预想的是，在电子出版日趋逼近的今天，"内容为王"的出版已经是传统出版自救的华山一条路，而在其中，编辑自主策划是保证内容为王的不二法门。笔者从事出版已经有三十年，并且因缘际会，较早地涉足了以主动策划推动出版发展的领域，又到香港的严格意义上的市场经济环境工作了几年，平时也比较关心这方面的研究探讨，故此对于出版策划有点滴心得，整理在此，与各位编辑交流，也期待得到大家的批评。

一、好的选题需要策划

可以断言，在今天的图书市场上，那些优秀的图书产品基本上都是经过选题策划才产生出来的。所谓策划，不是指书商们追逐市场热点，三五个人密商于暗室，剪刀加糨糊，炮制出的一本又一本的所谓畅销书，而是指相关策划人员关注社会发展趋势，留心社会问题，把握市场动向，从本身的出版定位出发，形成思路，发掘选题，为特定的细分市场读者群出版图书及相关产品。

不应讳言，现在的图书市场上，每年 16.8 万种新书中，平庸之作和重复出版占据了很大的部分，真正的好书并不是很多。那么，什么是好书呢？我以为，所谓的好书应该满足以下四个条件：一是出版创意具有独特性。所谓独特，就是创新。这种创新并不单指一本书从未被出版过，举凡新的出版领域、新的出版题材、新的出版角度、新的出版介质、新的阐释方式都可以满足独特性的要求。二是具有购买价值，也就是有卖点。内容的独特性和学术性、叙事的宏大或细腻固然是卖点，设计的精巧和包装的华丽也未尝不以其收藏价值而形成卖点。三是选题很好地处理了出版资源与出版物之间的转化，比如将外国的东西转化为本国的、将古典的东西转化为现代的、将经典的东西转化为普及的、将专家的成果转化为出版的资源。四是图书本身各项要素匹配，诸如书名与内容、选题与载体、产品与品牌、单本与系列等等，都是相容相称的。

符合以上要素的图书不可能是没有经过策划的，尽管有些图书没有经过编辑策划的环节，但也经过了相关作者的潜心思考，或有关作者本身就具备成为好书作者的要素。即使如此，仍需要出版社编辑对于图书要素的匹配策划。

二、选题策划应从哪里入手？

长期以来，选题策划一直是困扰出版社编辑的难题，有些人苦思多年，就是策划不出一个好的图书选题。选题策划的能力是与编辑个人的知识结构、人生阅历、社会资源、兴趣爱好等结合在一起的。如果非要就操作意义总结上几条，似乎也可以概括为以下几点：从大势着眼；从阅读发现；从市场寻找；从交流捕捉；从来稿挖掘。

从大势着眼，就是编辑应该注意社会发展趋势，观察社会政治、经济、文化的发展动向，从而把握未来的人们关注和阅读的焦点，组织选题，比如前些年的国学热而带来的相关图书的出版。就中国而言，了解重大的节点、重大历史事件的纪念日，也不失为把握大势的一个方法。

从阅读发现，就是广泛阅读书报杂志，从中发现作者、事件等有用信息，进而或拓展、或深挖，形成出版选题。从市场寻找，就是在已出版的图书市场上留心寻找，或者引外文或海外出版的图书入内地，或者从别人的图书中开掘新意，另辟蹊径，谋划出版。这两种方式意义自明，无需多言。

从交流捕捉，就是要善用本身的社会资源，广交朋友，多做交流，从这种脑力风暴中激发创意，发现选题。这里讲笔者自己的一个选题策划的故事。我在香港中华书局工作时，曾出版过一套八本的《文物中国史》。这套书就是我同国家博物馆的两位馆长聊天聊出来的，当时我苦于没有合适的图书向海外介绍中华民族的优秀文化，同两位馆长谈话时，了解到他们有一批专家，但除了日常展览筹备外，没有机会做系统的研究和写作，而博物馆中又有一大批独特的文物资源。这一情况激发了我的一个想法：可不可以从文物切入，以国博的专家为作者，面对海外出版一本介绍中国历史的图书？此后几经交流，终于形成了最后的选题方案。此书出版前，即被内地的一家出版社买了版权。出版后，定价1600港币的大书，港台市场共销售了1600套，其简体版获得了国家图书奖的提名奖。第一次授权期满后，又被北京的中华书局二次买了版权。

从来稿挖掘，就是从已有书稿、作者、题目入手，深入挖掘，形成为市场认可、有双效益的图书选题。这类挖掘又可分为立体策划、联想策划、引导策划、挖潜策划几种方式。立体策划，即把某个有价值的选题进行立体开发，如把小说改编成电影剧本。联想策划，即由一个选题的成功生发开去，策划一连串的类似选题，形成图书板块，或曰产品线。引导策划，就是引导作者，把一些不能走市场的选题变成可以被市场接受的选题，这种情况主要存在于补贴出版的图书中。这方面的工作做得好，不仅可以扩大图书的影响，还可以有好的经济收获。挖潜策划，就是帮助作者充分挖掘自身潜力，创作出为市场接受的作品。这方面，作者的一部书稿没有采用，通过编辑的挖潜，却出版了另外一部书稿的事情并不鲜见。

总结以上的几个方面，我们是否可以这样说：好的创意总是出现在趋势之前，总是产生于交流之中。

三、选题策划应把握的重点

浩如烟海的图书品种，如果加以概要分类，则不外以下几种：从创作过程切入，可以分为原创作品和二次创作作品；从市场销售特点分，可以分为畅销书和长销书，当然还有滞销书，不过我们这里不予讨论；从图书容量分，可以分为单本书与系列书。

把握了以上的分类，选题的策划就不能不放在以下几个重点。

一是目标市场，也就是细分市场。除了最常用的辞书工具书，每本图书都有自己的目标市场，就是最一般的大众图书，仍然存在细分市场。编辑在做一项策划之前，必须要认清这项策划的目标市场：为什么样的人出书？出什么样的书？进入特定市场的图书不忌深，最忌多，慎防"滥"。

二是作者。自不待言的是，出版社之选择作者，一定要选择名家、专家。但即使如此，仍然存在着对作者的了解、判断问题。有些专家学问很大，是学术论文的合适作者，却未必可以完成一部文化性的或普及性的书稿。一些名家可以保证自己的作品的销路，却未必能够驾驭一群作者完成一部大部头的作品。因此，选题策划中选择作者，是单人完成、还是搭班子完成，是名人担纲主编、还是主撰，都是应该认真思量的问题。一个编辑可能会面对许多不同的作者，如将学术研究成果成书的作者、为评职称出书的作者、附庸风雅出书的作者、为挣版税攒书的作者等，不加选择，摘到筐里就是菜，就会影响策划的质量。

三是组合。所谓组合，就是为了实现编辑创意，是打算用一本书还是多本书来表现？多本书的话，是系列书还是丛书？推出一个作者，是否还有其后续的作品跟进？一类作品畅销之后，是否有同类的作品持续发酵？出版的形式是单纯的纸介质还是多媒体互动的形式？图书之后，有无可能实现与影视媒体、电子媒体的互动？等等。一般而言，出版策划应该尽可能地以系列书的形式出现，这不是好大喜功，而是独占市场资源的需要。往往有这样的事情，一本好书出版之后，没有后续产品，被其他的出版社借势而上，赚了大钱。三联也有这样的难言之隐：自己捧红的作者，由于没有整体的推广和扶持计划，被其他出版社挖走，成了人家的摇钱树。如果在选题策划之际，就对出版组合提出设计，这样的结果就不会出现。

四是出版时机。出版时机的策划十分重要，尤其是瞄准社会趋势或纪念日的图书，在合适的时间出版才会实现其社会效益和经济效益，出版早了是斯人独寂寞，而出版晚了又会变成明日黄花，因此要求编辑的策划对大势的把握要准，对作者的能力判断要准，对出版的操作和流程的控制要准，时效强的图书及时推出，时效弱的图书择时推出。除了特殊的情况，一个选题的出版时间应是越早越好，因为可以早日占领市场，可以延长销售周期。在这一意义上，图书出版比计划早一天都是胜利。

四、选题策划的基本步骤

每本书的策划和出版的流程可能都是不同的，然而一个完整意义上的选题策划应该包含了以下的一些步骤：a.收集信息，确定策划方向。b.形成选题概念，并围绕其构思创意。c.初定书名，塑造整体形象。d.有说服力的主旨概述。e.市场调研，确定目标读者。f.竞争者分析，明确本书的切入点。g.从实际水平与知名度的考虑物色作者。h.制定营销方案，营销步骤与组合的考虑。i.书稿的章节概要与样稿的审定，全书结构与作者创作力的说明。j.其他明智的建议，比如设计制作要求、投入产出分析、效益分析等。

在实际的出版运作中，由于编辑的介入时间不一，由其完成的选题策划的内容也就各有不同，有的甚至只涵盖其中的一小部分；而一个大型的出版工程的策划则比上述步骤还要复杂，比如还要包括项目的时间进程的安排、主编和分册主编人选的确定、撰稿队伍的组织、编写体例的制定、经费预算、送审报告等。

那么，怎么评判一个选题策划是否优秀呢？在这里我们可以提出六性作为标准，即预见性（领先潮流）、开拓性（不落俗套）、针对性（切合目标市场）、系统性（学术或知识体系完备）、可行性（具备出版实际操作意义）、功利性（具较高社会效益和经济效益）。符合这六性的选题就是一个优秀的和比较优秀的选题。

五、选题的推广

这篇小文本不打算谈推广的问题，但感觉大家对于推广问题的认识似有不一致，而推广又恰是出版策划的组成部分之一，因此也略作涉及。

首先我们要正确认识推广。推广不是炒作，不是仅仅在图书出版后发几篇书评或开一个出版发布会。推广是选题策划的重要组成部分，是捕捉一个选题的卖点，并调动一切手段，将卖点放到读者面前的过程。在选题策划中，从提出创意、形成主旨，到物色作者、形成样张，都应时时考虑到出版营销的需要。在选题执行中，就应该提出大致的营销考虑，告诉上级和推广人员，这本书的卖点是什么？其作者具备哪一级的知名度，可以安排哪种规格的新闻发布会与签名会，甚至可以提出具体的营销方案。

推广工作无疑是一项专门的工作，但作为选题策划者，也应该对常用的推广方式和手段有所了解。比如关于卖点的捕捉与呈现可以有多种表现方式，哪些卖点应该加以放大、哪些卖点可以省略，都应考虑周详；作为常用的推广方式，不仅有新书发布会和签名会、书评与书讯，还可以使用讲座活动、随书赠品、书券、套书组合优惠、读者俱乐部优惠、定价中的精装书高价和平装书低价策略等；在推广节奏方面，则不仅有刚上市的活动，也可以有上市前的预热，以及上市一段时间后的持续推广，尤其是后者，被称为"支援胜仗中的军队"，可以收到很好的效果。

在这里应该特意加以强调的是，出版是注意力经济，能够引起读者注意的图书才是能卖的图书。一个出版社在市场中最宝贵的是注意力资源，就是要扩大影响力。出版影响力包括品牌影响力、作者影响力、内容影响力、形式影响力、营销影响力，其中的营销影响力是至为关键的。回看三联，三联的品牌、作者、内容、形式都是一流的，但营销的影响力则可能是见仁见智的，今天我们注重营销，就应该从策划阶段开始。

六、选题策划的陷阱

选题策划是一项复杂的系统工程，稍有不慎，即可能坠入某种陷阱，功败垂成。选题策划过程中的陷阱主要有以下几种类型。

a. 定位陷阱。主要指策划者对出版社的出版定位和所策划图书的市场定位把握不准，因而导致所策划项目读者对象不明确，写作风格不明朗，书名语义含混，卖点不清晰。有些图书号称可以满足大众需求，但大众其实是一个可以在多种意义上细分的市场，定位把握不准，便可能被大众抛弃。

b. 多元化陷阱。所谓多元化陷阱，是指选题者没有经过充分的调研就贸然进入陌生的领域。因为缺乏必要的学养和充分的资源，勉力进入，往往可能铩羽而归。不仅个人如此，即如一个出版社而言，多元化陷阱也是应该充分加以防备的。有些出版社往往在业务大举扩张时，踏入多元化陷阱，造成图书积压，资金周转不灵。

c. 策划人陷阱。其表现是片面相信策划人过去的经验，对策划项目不做充分的市场调研和周密论证。须知智者千虑，终有一失，一个策划人可能十个策划案是成功的，但一个策划案失败就可能前功尽弃。这种情况在那些实行策划编辑制或依赖社外策划人的出版社尤应注意。

d. 作者陷阱。就是过分迷信和盲目推崇作者的学力和知名度。这种情况会造成两种结果，过分迷信作者的学力，对写作风格和内容把关不严，容易导致作品的内容与策划的市场不相衔接；而盲目推崇作者的知名度，则会沉迷于虚幻的市场号召力，不去设计切实的推广方案，也会导致图书产品的销路不佳。

e. 经销商陷阱。在选题策划的市场调研阶段，如果不做细心的读者群分析和细分市场分析，片面听从经销商的意见，就可能掉进这个陷阱。有些经销商或因过分自信，或因事不关己，在听到一个概念或者一个题目时，便会击掌叫绝，甚或提出要包销多少多少。在这种情况下，策划人千万不可头脑发热，此时同经销商签订包销合同才是万全之计。

f. 时机陷阱。一本图书不能按时出版，过度超前或滞后，便坠入超前陷阱或滞后陷阱。跟风出版、片面追逐社会热点、炒作主题出版，书未出而风已过，书上市而热点移，就坠入此类陷阱。

g. 审美陷阱。所谓审美陷阱，是指策划人囿于门户之见和个人意志，以个人好恶定尊卑，不考虑市场和读者需求，自以为做出来的是阳春白雪，美其名曰"为小众的出版"，这样的策划十个有十个要失败。因为此中含有孤芳自赏的味道，故此名为审美陷阱。

h. 画饼陷阱。画饼者，难以充饥之谓也。出版策划的画饼有两类，一类是完美的设计，华丽的方案，然而好高骛远，脱离现实；另一类是讲起某个话题头头是道，似有无尽奇思妙想，但到了实际工作，却拿不出方案，找不到作者，提不出意见。编辑不坠入画饼陷阱，执行力的锻炼至关重要。

七、选题策划与品牌

选题策划与品牌的关系可以概括为两句话：选题打造品牌，品牌吸引选题。以一本图书或一类图书成就一个出版社或公司的事情并不鲜见，而以成功的选题造就的优秀品牌，又会吸引更多的优质选题加入。选题与品牌之间，优秀的选题是建立品牌的前提和基础，一个优秀的品牌，如果没有足量的优秀选题支撑，也会逐渐萎缩。由此可知，即使是一个优秀的品牌，编辑也应该不断地策划一些有学术和文化影响力、有市场影响力的图书，以保证出版社品牌的永久活力。

明乎这一点，对于出版社来讲，制定长远规划，确立主体出版板块的框架，使编辑在此框架之下，通过选题策划开拓核心项目，发展集群产品，进而形成规模，才是选题管理的题中应有之义吧。

　　拉拉杂杂地讲了这么多，不知有无可能被归入夸夸其谈的行列。无论如何，如果能对大家的选题策划意识有所助益的话，就是笔者最为高兴的事了。

（2011 年）

选题论证工作中应注意的八大关系

在目前这种激烈竞争的大环境里，一个企业也好，一个部门也好，一个编辑也好，如果没有自己的发展目标和战略，就难以有健康的发展。在这个意义上，打算就今年的新书出版，提出一些我自己在思考的、也希望大家在考虑今后出版战略时应充分重视的几个方面，姑且称之为八大关系吧，供大家参考。

一、产品线图书和单品图书

关于产品线，三联过去有学术、文化、大众、旅行指南这样四个分野，但 2011 年，随着同澳大利亚方面的续约谈判未果，旅行指南图书已经停止；"三联经典文库"的出版，尽管不能成为一个产品线，但总共 500 种图书的规模，已经是一个方面军。另外，今年一季度上海公司成立后，店里希望他们在经管、金融方面尽快地建立起产品线来。这样我们就有了学术、文化、大众、经管四条产品线可以经营。就产品线的意义来讲，我们考虑选题当然应该更向其靠近，当一个事件、一个题目、一个选题进入我们的视野，我们就应该考虑它是否可以成为三联产品线中的产品。产品线的概念是三联总体意义上的，具体到各部门，学术、文化、大众分社固然应该努力建构自己的产品线主体，同时也应该允许他们在三联的产品线分野中，去策划选题，只是这类选题的数量和比例不可以失衡，冲淡其主线；四大分社以外的部门，选题要尽可能地靠近三联的几大产品线。此外，从我们按内容分类的统计可以看出，我们的学术产品线，实际上基本是由思想哲学、文史类图书组成，涵盖领域偏狭；而文化类图书产品线则存在着杂乱的问题，缺少有文化深度、有长线规划的东西，总体上给人以拼凑的感觉；大众图书还是偏弱，也没有形成特色。就是说，三条产品线都存在着如何定位、如何提升品质的问题，金融经管类的产品线更是连雏形都不具备。我们的学术图书，在"思想智慧"方面确实是有了，但"人文关怀"不够，我们对当下社会和人们关注的热点缺乏关注，新书出版方面也是乏善可陈。有人可能对此表示不服气。那我们可以看看，今年中国书业的热点问题：中国问题、革命、转型、日本、思想，我们有多少新书涉及了？

在这里我想提出一个问题，我们的学术出版在思想哲学、文史类之外，是否可以有所突破？我认为是应该有所作为的，但要建立一个评价机制，保证其学术品质；非学术图书的话，要确立最低门槛，要么确有文化积累价值，要么确有极佳的市场效益。现在，有不少图书，我们归于文化类，但其实有些品种是不出也可的。问题在于，在现有的板块之外，要开辟新的学术领域或文化领域的出版，应该有所规划，最好出手即是一个系列，形成整体威势，避免单打独斗。单品图书要不要做、怎么做？这方面也要有共识。我个人的意见是，这类图书应有所控制，要有所不为。

二、骨干工程与一般产品

来三联以后，加上这次，已经参加过三次年度选题会议了，在前两年的选题会议上，大家都谈到，三联的产品是以小书为主，缺少大制作、大项目。我这里提出的骨干工程，当然包括大制作大项目，但不一定局限于大项目，是说在一个产品线建设中，一定要有支撑产品，要起骨干作用，要有标志性出版物，出版后要有大的影响。在这个意义上，"钱集""陈集""金集"是骨干工程，"三联经典文库""中学图书馆文库""新知文库"是骨干工程，"王鼎钧系列"、《邓小平时代》也是骨干工程。现在的问题是，除了几个文库之外，我们的各个产品线的骨干工程均付阙如，尤其是大众产品线和经管产品线，都缺少能撑得起台面的产品。在去年的新书中，超过 5 种的系列书，只有"新知文库""中学图书馆文库""余英时作品系列""钱穆系列""现代西方学术文库""三联绘本馆""蔡志忠系列"数种，而除了"三联绘本馆""新知文库""中学图书馆文库"以外，基本是老书新做。这几个系列之外，就是单本书的汪洋大海。当然也有一些属于各种系列的，但是一年之中只出版一两种新书的系列，实在和单本书也没有什么区别。翻看各部门的明年选题，除了上海分店和学术分社，这种状况仍然没有改善。我们不是说骨干工程一定要大，但一个部门或分社，一年出版 50 种书，互相之间没有联系，定价都是 30 元上下，就真的不能说你有骨干工程。这次选题会强调要考虑今后几年的战略思路，就是希望各部门在三联产品线的框架下，投入较多的资源，尽快地建构起自己的骨干工程。这些骨干工程既可以是单作者文集的形式，也可以是主题丛书的形式；既是编辑出版工作的重点，也是宣传推广和发行工作的重点。每个分社起码要有两三个这样的工程。这样的产品多了，对三联的品牌建设会更有好处。集团谭跃总裁提出各出版社要力争三年出版一部扛鼎之作，三联的扛鼎之作应该就出现在大家的重点工程之中。不然，我们每年出版 350 种新书，都是互不相干的小书，就真的是因小失大了。

三、引进图书和原创图书

对出版企业而言，原创作品的出版无疑是至关重要的。过去一些年三联的出版中，引进版图书的比例一直居高不下。历史上，尤其是 20 世纪八九十年代，引进版权图书是三联的当家产品，为三联带来巨大的声誉和效益，但那时引进的，都是学术和准学术图书，比如"现代西方学术文库""学术前沿""新知文库""文化生活译丛"等，引进的内容切合国内读者的需要，并且国内的作者相对又研究不够。我们近年的图书出版中，这个问题仍严重存在。当然现在情况已经有所改善，2012 年原创和引进版权的比例，为 57 比 43。这里的问题不在于数量，而在于引进了什么。我初步统计了一下，2012 年引进版权的 96 种新书里，只有 31 种属于学术翻译，除了十几种老书新做的以外，产生比较大影响的引进版学术图书寥寥无几；而另外三分之二强的引进图书，多为文化、文学，以至大众阅读类图书，并且港台版占了很大部分。从市场表现看，仅有个别的引进版权图书有比较好的市场反映，总体上引进版图书的平均印数不及原创图书，大体差距在1100～1400册之间。反观今年首印万册以上的新书，有六成是原创图书，几种全年印数超过2万的图书，《新论语》《对照记@1963》《暴风雨的记忆》《红军（1934—1936）》《雷锋》《李瑞环谈京剧艺术》《我们仨@1963》《我们仨》都属原创图书。

加强原创图书的选题策划和出版，不仅是市场的需要，也是国家主管机构评奖、"走出去"等对各个出版社考核指标的需要，因此，今后如何加强原创图书的选题策划，应该是我们重点关注的内容，各分社都应该制定到位的措施，调动编辑的积极性，主动发现作者、联系作者，改变过去那种坐等来稿或眼睛向外、拉港台书凑数的现象。我们的编辑应该猛醒：把别人嚼过一遍的东西拿到内地来，其实是没有多大意思的。加强原创图书的策划，还应改变求全责备、不肯下功夫帮助作者提高的现象，应该主动和作者一起打造精品，繁荣原创，宁可大海捞针，绝不因循遗珠。说到这里，绝不是说不要引进了。我们希望的是，各部门都要有自己的引进方向和计划，把引进和原创图书的比例控制在一个合理的区间；引进的东西，也应该是最重要的资源，是学术文化精品，这样才不负三联的品牌，也才能实现三联的持续发展。在这方面，我想今后店里也应该有所谋划布置，要有一些实际的措施，鼓励原创，尤其是创新性的图书的出版。最起码的，我们可以在年度评奖中，设立最佳原创图书奖，以鼓励那些挖掘原创作品的编辑。今天，内容同质化与重复出版已经越来越被读者厌弃，越来越没有市场，创新内容与个性出版则越来越成为书业市场的主流。尤其是，我们强调要关注社会、关注现代、关注当下，这方面的成果必须是原创的才行。在这方面，如果我们不加以充分重视，没有谋划布局，在将来的竞争中将处于不利的地位。

四、维护老作者和发现新作者

作者是出版社生存的最重要资源。我们讲出版是选择，固然讲的是选择内容，但内容是作者的劳动成果，作者选对了，内容也差不到哪儿去；退一步说，即使是同一作者的某一部作品质量不是很高，总体上也无损于他在读者和市场中的地位，获诺贝尔奖的作家也不是每一部作品都是精品，但都无损于其市场上的表现。我对三联近三年新书的作者情况做了一点统计。近三年在三联出版超过 5 本书的作者仅有 9 位，占作者总数的 2.0％，这 9 个人是康妮·沃尔夫、蔡志忠、曹聚仁、陈来、金克木、钱穆、徐铸成、杨绛、余英时。沃尔夫就不提了，这里有三分之二是继承历史的遗产；内地、在世的只有杨绛、陈来二人，其他的，除了已经过世的，就只是蔡志忠、余英时等几位海外的作者。近三年在三联出版超过 2 种新书的有 74 位，占作者总数的 16.3％，其中境外的和逝世的为 36 位，又几乎占去了其中的一半。余下有 370 人均为三年中仅出版一本书，占作者总数的 81.7％。由此可见，我们的作者群体是很大的，但是相对分散，缺乏整合，缺乏深耕，无论是境内的还是境外的都是如此。这还是讲三联的情况，具体到一个部门，恐怕更明显一些。由此可见，这方面工作是我们今后应极大加强的。

做好作者的工作包含维护老作者和开发新作者两个方面，而我们的现实是，老作者在流失或自然消亡，市场影响力在日趋下降；新作者中，具有一流水平的不是很多，对于新作者，我们的跟踪、帮助工作做得不够。如何维护、如何开发作者，应是分社建设的长期课题。我在去年的选题会上，就曾提出过作者的问题，希望每个部门都确定至少一两个重点培育、重点联系的作者，实行一点特殊政策，保障我们的作者队伍，争取拉来更有影响的作者，尤其是那些新锐作者，在这方面我们要有胆略。今天我仍想强调这个问题。须知有远见的编辑、有成就的编辑，就在于他能寻找和培养天才作家，确认那些有希望在市场上脱颖而出的作者和作品，培养其写作和研究才能，与之建立良好关系，提供专业的编辑建议。在这方面，我们要学习上海文艺出版社的曹元勇，他是莫言的 16 本书的责任编辑，十几年工作，今天才成正果。我们要向别人学习，放低身段，以三联的气度，培养中国的大师。

培育作者的工作应该解放思想，要从出版、待遇、销售、品牌建设等方面去做工作，比如我们可以对作者的创作提供资助，凡是我们看准的作者，可以按年度补贴或以其他形式提供帮助，让其无后顾之忧，专心研究写作，假如以前我们没有这个能力，那么现在这点资金应该不是问题了。我们还可以实行作者营销，塑造作者品牌，以多种形式进行版权保护，总之要让作者知道、理解我们的合作诚意，留住我们的老作者，不断扩大我们的作者队伍。

出版的价值在于发现并坚持，老实说我们在这方面是做得不大够的。我们应该吸取上海文艺出版社的教训。我们知道，近些年，莫言的作品都是在上海文艺出版的，但他们没有坚持到底，没有想办法把莫言的全部作品拿到手里，结果今年5月，一家民营公司——精典博维同莫言签订了文集的出版合同，而10月莫言就获得了诺贝尔文学奖，精典博维仅通过这一个合同，就可以收获数亿元的销售收入。从这件事情中，我们可以感知出版的竞争是多么激烈，把一件事情坚持做到底又是多么重要！我们最应该避免的，就是我们发现了一个有潜力的作者，为之打响了市场知名度，但之后或不闻不问，或求全责备，或不肯投入，最后将其推到我们的竞争者怀里。

五、长远规划和近期实施

这个问题过去强调得不够，尤其是编辑部和分社层面的长远规划，由于三联的历史传统，始终比较薄弱。正因如此，今年在店里提高了对各分社的要求的情况下，大家由于没有充分的选题积累、缺少自己的骨干工程，只好眼睛向后，去把一些过去出版过的精品重新包装，做成新书出版。这种做法当然也是好的，是对过去资源的整合，但这方面的事情不可能是永续的，在一个机构的发展中，只能是战略的一小部分。近年有领导提到要建立三联出版集团，要使各个分社成为出版经营的主体。在这个背景之下，分社或者编辑部的长期规划就是必须的了。在选题方面，这种规划应该包括：本部门未来几年的目标是什么？如何建设自己的产品线？如何建构本部门的出版骨干工程？本部门引进项目重点应放在何处、要达到什么目标？如何培育本部门或相关专业的作者？有一些什么样的措施？甚至包括你对部门编辑的培养、他们今后的发展规划，等等。事情就是这样，只有你的部门规划到位，战略明确，你的近期实施才会顺利。许多机构和个人都在抱怨执行力差。执行力差的原因，就在于员工不知道干什么，不知道怎么干，干起来不顺畅，不知道干好了有什么好处、知道干不好没什么坏处。解决执行力差的方法，是目标明确、方法可行、流程合理、激励到位、考核有效。在这里，规划是第一位的，是解决目标和方法的。有了部门的远期规划，才有编辑个人的职业和选题规划，他才知道自己长远应该往哪个方向努力，去结交哪些作者，近期应该主要解决一些什么问题，如此才会有比较强的执行力。从另一方面说，三联书店已经制定了五年甚至更长远的战略规划，这种规划如果没有各分社的发展规划加以落实，就不接地气，就是一个难以实现的规划。我们有不少部门的领导身陷具体的编辑工作和出版业务中，对于一本书的细节设计、用纸等的考虑无微不至，却很少在本部门的长远规划上下功夫，这样下去对于本部门的发展是很不利的。

六、选题创意和内容生产

随着改革和管理的深化，应该说大家对选题的重视程度已经有了很大的改进，到十月底为止，我们的储备选题已经有了353种，比去年同期增长了123％。实际上这个数字也是保守的，因为就在最近经过我手的新批选题又有不止60种，包括"中学图书馆文库"的30种。选题增加固然是好事，但也给我带来新的忧虑，因此要在这里强调选题与生产的关系。为何会有忧虑？我们可以分析一下2012年新书的出版情况。

2012年我们的新书出版，到10月底为347种，不计"三联经典文库"，为247种，预计到年底，可出版新书300～310种，比2011年的234种，品种增长近30％；造货码洋增长42％。我想这个成绩的取得是相当不容易的，我们可以回想两年前我们的新书出版和造货码洋是一个什么程度。在这当中编辑部门和生产线都付出了很大的努力，尤其是生产线，虽有不少尚不能令人满意的地方，但他们的努力和成绩是大家看得见的。尽管如此，作为生产线的责任人，展望明年，我仍不敢乐观，或者说我是一种忧喜并存的心态。为何这样说，我打算从两方面分析。

首先，我们今年的新书品种的增长，除了新增部门的因素外，原有部门的增长其实不大，并且，在原有部门的增长中，有一些是旧书新做。我们统计原有部门中的三大分社，学术、文化、综合，今年新书为161种，比去年的95种增长69％，但当中有旧书新做 39 种，占到总体比例的 24％，考虑到这一点，新书的生产其实没有很大的提高；再从平均的出版周期看，排除了上海分店、三联国际和旧书新做的因素，新书的平均生产周期仍然是 5 个来月，也没有实际的提高。以这样的出版效率，今后我们的出版工作仍是困难的。

再从我们的整个生产运营机制看，尽管我们现在已经实行分社制了，但编辑和出版流程仍然是以前的模式。分社制规定，分社是生产和经营的主体，但实际生产中还把总编室作为出书的督促者和责任人，平心而论，总编室主任是无法承担起这个责任的。去年各分社大都没有自己的出版计划，年初在我们的再三催促之下，各部门才拿出了相当勉强的出版计划，但在其后的日子里，并没有切实执行，把书稿发到总编室以后，就任凭其在流程中自然流转。只有个别的品种，因为各种原因，在实行生产倒计时。大批书稿并向而进，互相影响是必然的。今年七八月以来，每个月出版部都有 30 种上下的品种，书芯印刷好了，放在工厂里等待封面；而封面迟迟出不来，又确实各有原因，美编和责编各有苦衷，或者说是各有理由。过去两年里，尽管我们始终强调生产线为编辑部服务的理念，但在实际的生产中，编辑部门还是监督缺失，编辑还是怵于向设计师、印制员提出要求，结果导致各个环节沟通不畅，当面不说，背后抱怨，既影响了效率，又妨害了人际关系。

分社制的实行，解放了各分社的选题活力，加上我们又有新的出版单位的加入，比如对外合作部、三联国际、大众分社，以及专题部的其他图书的出版业务，2013 年的新书出版必将上一个新的台阶。另外一方面，集团对子公司的发展会有进一步的要求，最起码的，是营收和效益要增长 10%。要达到这样的目标，理想的状况是，首先我们要有一批很得力的畅销书；其次就是寄希望于我们的发行部门，发行业绩来个飞跃提升。谁都明白，就出版业而言，销售的增长绝不应该通过品种的增长来实现，但实际经营中，如果上述两个要件不能得到满足，品种的增加就是不可避免的。我们可以就明年的生产粗算一笔账：我们今年的出版码洋可以达到 2 个亿，如果发行明年要增长 10%，我们就要为他们准备至少 2.2 亿码洋的图书产品。增加的这两千万从哪里来？现在我们可以乐观地说，可以从《邓小平时代》的出版中得以实现。但是如果这本书的出版出现变数，以我们目前的单品种印量和定价状况，就需要 80～120 种新书来补足。面对这一现实，我有一个很大的担心，就是我们的内容生产是否能如愿完成？我们的分社对此是否做好准备了？

内容生产能力是出版社建设的核心工作，你有再好的选题创意，生产不出来也是没用。因此在考虑选题工作的同时，内容生产也必须加以高度重视，今天我们尤其要考虑使分社成为经营和生产的主体，具体说，就是由分社制定严谨到位的全年出版计划，并监督执行，在这一工作中，总编室、美编室、出版部都是为编辑一线服务的。我建议，把美编室变为工作室式的创作集体，由分社向美编约稿，协商设计时间。约稿可以是定向的，也可以是不定向的。由分社决定，按美编完成设计的时间及质量付酬，标准低于社会平均水平，因为美编人员在享受着岗位工资。当美编繁忙或无力完成时，应该允许分社向社外约稿。其他的编辑出版工作也应该创造条件逐步改革，比如，当原稿质量好或者改动很少的时候，分社社长应有权决定适当减少校次，缩短制作时间。各分社在管理中还应探讨项目负责制、策划编辑制等人力资源开发手段，以提高工作效率。

内容生产能力当然还包括图书质量的把控能力，这也是十分重要的问题。三联图书总体上质量是好的，但也出现了一些质量问题，包括编辑质量、设计水准、印装质量，都有可令人诟病之处，其中尤以编辑质量最为关键。但这些不是我们这里讨论的重点，我以上只是就生产流程的角度提出问题，希望引起大家的重视。

七、编辑本体和产品推广

这个问题不打算多说了，一句话，就是编辑把图书生产出来了，就有责任让更多的人知道它，就如同母鸡下完蛋，一定要叫一阵一样。现在我们的问题是编辑介入推广不够，对宣传推广不关心。不准确地说一句，我们全年新书出版三四百种，但由责任编辑自己撰写的书讯书评可能都不会超过 5 篇！现在是网络时代，对于我们书业人士而言，善不善于运用网络来销售自己的图书产品并开展营销活动，可能已成为一家出版机构能否在激烈的书业市场竞争中胜出的一个重要指标。近年来许多超级畅销书，其背后都首先是网络营销的成功战果，微博、门户网站的读书频道、社区等网络工具，正日渐成为时下书业人士进行营销宣传时最流行的也是最公开的"核"武器。首先，最火的当推微博。"微博改变世界"，当然也让书业信息传播方式发生了革命性的改变，在第一时间发布新书消息，说书、聊书、评书、荐书，最好的途径非微博莫属。另外，门户网站的读书频道（如新浪读书、搜狐读书和腾讯读书等）则成为新书选载试读的最佳基地。还有，就是社区（如天涯社区、新浪社区和豆瓣等）正渐渐成为读书人、爱书人、写书人和出版人聚集的网上俱乐部。

现在很多出版社在这方面做得很好，应该说在这方面我们做得很不够，即使做了，方法也不对头，没有发挥出应有的作用。当然，其他传统的推广形式也很重要，这也有待于我们的编辑出版部门和宣传推广部门携手合作。以前说好酒不怕巷子深，现在是好酒也怕巷子深。在店里的多方努力下，三联的品牌影响力空前扩大，但这种影响力是要靠图书的市场渗透率来维持的。如果我们的编辑能够在策划和编辑之余，更多地做一点推广的工作，三联的图书就会有更好的表现。

八、出版节奏与总体效益

这个问题以前也说过，这次再提出这个问题，是想提醒大家，出版节奏问题是影响全年效益的关键问题，希望引起大家的重视。

在掌握出版节奏方面，其实只有两个要点：一是除个别的有明确上市时间的产品应适时出版以外，所有的图书越早出版越好；二是新书的生产应该在上半年完成绝大部分，比如70％以上。

　　为什么要这样要求呢？首先是要加长新书的销售周期。新书在上半年出版上市，可以有大半年的当年销售期，销售好的，甚至可以当年收回书款，这样就不至于出现新书在11月甚或年底出版，刚刚上市即进入新的一年，新书就变成去年的旧书了。其次是市场的要求。上半年有北京春季订货会、全国书市，还有三联的书店战略合作伙伴年会，下半年则只有一个北京国际书展，你有好的产品，为何不在上半年出来？三是可以避免加大年终库存。上半年新书发到年底，印数合理的，已经所剩无几，销得好的甚至已经重印，这样既提高了新书的当年重印率，又减少了年末的库存，在总体账目上不会加大存货负担。而如果下半年甚至年底出版，只能经过第一轮铺货，绝大部分在年终盘点时还在库里，导致存货加大，周转率降低，给人带来总体经营不健康的印象。最后，也是适应书店的实际经营情况。因为书店，不管是实体书店，还是网店，到了年底，为了账目好看，都要清理库存，大批退货，这时他们的进货也会十分慎重，不愿意因新进货销不掉，而加大本来已经需要加以消化的存货状况。

　　回头看我们的生产状况。我们的新书出版，除"三联经典文库"外，一、二季度有113种，为至10月底出版新书总量的47％，而7—10月的四个月，却出版了125种，占比达53％。2012年还余下两个月，到年底再算账，这个比例还会加大。就以全年出版新书300种计，上半年仅有38％，距离理想的出版节奏差得太远了！三联目前库存负担加重，固然有生产和发行规模扩大的原因，也同不理想的出版节奏有很大关系。

之所以在这里提出出版节奏的问题，是希望大家在研究今后选题的同时，也更注重选题计划的落实和新书出版的节奏，从现在开始，就要着手制定明年的出版计划，上下努力，调整出版节奏，把上半年尤其是北京春季订货会最应该出版的书抢出来，并且争取在明年上半年至少出版50％～60％的新书，或者说，我们在9月以前要把上市场销售的图书基本出完，而在10—11月出版国家出版基金资助图书和其他有资助图书，12月出版为次年开年所准备的图书，如此我们才不会自我拥堵，我们的出版成效才可以初步显露。

出版节奏是与出版效益正相关的，节奏掌握得好，不仅会有力地提高效益，也会少占用资金。我们现在的分社制还是初步的，将来，我们的分社管理还要进一步完善，不仅要考核造货码洋、收款实洋、实现利润，还要考核存货增长率、资本金占用率、资金周转率，我们希望大家现在就要做好准备，把握好自己的出版节奏。

上面谈到的八个问题，五个属于战略层面，三个属于操作层面，属于个人见解，仅供大家参考。可以预计的是，今后的出版竞争会更激烈。在这当中，无论是扩大规模、增加收入，还是注重品质、坚守文化使命，第一重要的都是内容建设。在这方面，三联书店有自己的优良传统，韬奋先生在建店时提出的兼顾事业性和商业性的要求，今天仍有意义。经过分社元年的准备，今后我们应该把建设出版能力作为出版工作的核心，切实抓好内容创新、内容生产、产品销售等各项工作，实现图书板块的效益飞跃，以尽快实现三联书店的总体战略发展目标。

（2012 年）

三联书店选题工作刍议

几年来，由于三联书店加强了品牌建设，我们的发行也很给力，故此 2013 年我们的图书出版继续高速增长。但我们仍应该清醒地看到，我们的工作还存在不可忽视的问题，要有对应的措施加以解决，这里我打算从几个方面来讨论。

一、2013 年出版总结

分析 2013 年图书出版的亮点，简单梳理一下，主要是以下几个方面：重点突出，增长成绩显著；敏感问题和导向问题处理较好；有影响的图书和选题增多；出版产品线培育有发展；重点图书的宣传推广取得突破；出版节奏和出版质量有改善。

二、存在问题

老话说，成绩不说跑不掉，问题不说不得了。打算借这个机会，就今年的出版工作表现出来的问题谈点想法。

我们今年的图书生产取得了很大的成绩，但不可否认的是，也存在不少的不足或者说问题，具体说来，有以下一些表现。

1. 选题分散，缺乏规划

这个问题讲了几年了。选题分散、品种杂乱是我们的老问题，过去我们可以归因于编辑各自为战、难以做出长远的或宏大的规划，那么，今天已经是近于分社两年的年底了，这个问题理应得到比较好的解决，但现实是除了个别的分社或者部门以外，我们解决得并不理想。这样带来的问题，一是选题散。前面讲了我们今年的系列书和单本书的比例是 188：162，但如果把一年只出版一两种的系列书计入的话，那么这个比例就会发生不小的改变，单本书就会占偏重的成分。二是出版方向杂乱，一个部门什么都出，学术、文化、大众，哲学、历史、传记，每个产品线或板块都踩一脚，令人感觉这个部门是四面出击，没有章法。三是部门之间选题撞车，重复出版。比如我们的有关茶文化、饮食文化、日本题材、台湾题材都有几个部门在做，而哪些做、哪些不做，我们确实看不出有一个统筹的思考。强调这个，并不是排斥单本书，而是希望在统一规划之下出版单本书，希望一位编辑要有自己的坚守，要深挖自己专业领域的出版资源，收获是和耕耘成正比的。

研究我们的储存选题，这个方面的问题有了好的转变，已经有更多的部门注重总体的规划和出版的系列化，选题整齐了好多，尤其是学术分社，这方面做得更好一些，他们最近报的一批选题，我们的重要作者茅海建、姜鸣、刘小枫都有新选题上来，令人高兴。要提醒大家的是，我们的储存选题已经达到了 569 种，加上在流程中的 145 种，再考虑到未来几个月新加入的品种，我们的储存选题将达八九百种，数量上已接近去年的一倍，达到前所未有的地步，但是我们确实要好好规划一下，好好想一想，我们真的要出那么多的书吗？有些书真的一定要出版吗？

2. 原创乏力，引进版图书仍然偏多，并且同样缺乏规划

我大略计算了一下，我们这个出版年度的 350 种新书，原创版约占了 66%，表面上看来比例比较大，但如果我们把所谓的原创当中老书新做的、别人合同到期我们引入出版的、平装本出精装版的、中学图书馆文库的去除后计算，我们这一年真正的原创新书也就顶多占 45% 的样子。而在引进版权的图书中，成系统的只有"张光直作品集""杜维明作品集""新知文库""王鼎钧系列""基督教经典译丛""蔡澜系列"，其他的基本上是各自为战。在储备选题中，引进版约为 269 种，占总数 569 种的 47.3% 左右，仍然存在规划不强的问题，比如我们有三四个部门在引进日本文化方面的选题，甚至还有一个作者的作品由两个部门引进出版的现象。我这里说的引进版，是将以前在境外出版过的都列入，我们有些合同是同著作权人签的，而不是和出版社及代理人签的，虽然标明是原创，但我认为仍然属引进版，不算原创。当然，品种数量是一方面，关键看是引进了什么？自不待言，今年引进版的明星是《邓小平时代》，就学术著作而言，《剑桥中国文学史》、"张光直作品集"和"杜维明作品集"当然很好，除此之外，其他的真可说是差强人意了。我们不能否认，一些引进版的图书，尤其是一些港台和日本版的图书，存在水土不服的问题。我们会发现，一些引进版的图书只印刷了三四千本。我们的引进图书总体上是港台、日

本多于欧美，一些引进图书，只是出于编辑和提选题者的个人偏好，或者出于有一点资助，对于市场、对于其思想文化价值考虑得不够。如果一本书没有比较高的思想和学术价值，又没有广泛的读者受众，这样的书为什么要出版呢？我们的部门和编辑，要切实改变"书不够、引进凑"的做法，认真地研究市场、研究读者，加强原创力。

现在看我们今年的原创图书，《王世襄集》的主体都是过去出版过的、《陈寅恪的最后 20 年》是修订再版、刘再复散文新书是新编过的，除此之外，可以称道的有《重启改革议程》《死生有命，富贵在天》《摩西五经》《大馆奴》，再找的话，真是不多了。储存选题方面也有同样的担忧：我们那么多的选题，去掉一半的引进版，再去掉"中学图书馆文库"，我们的原创真的所剩无几了。一个编辑，一年中要对付十来本引进版图书的出版，哪里还有工夫去开发原创作品呢？前几天参加国家社科基金规划办的会议，近几年不少出版社申请规划办资助的项目，一提就可以提出几十种，我们则经常是零。除了重视不够的问题以外，我们也要想一想，我们到底能提出多少个原创学术作品去申请资助呢？与此相关的还有外译项目的申请，我们也是乏善可陈。

我们应该明白，加强原创图书的选题策划和出版，不仅是市场的需要，也是出版国际化的需要。今年 9 月下旬集团召开国际化战略推进会，谭总在会上提出了"做响""做开""做强""做实"的战略步骤，在这里，原创作品的出版是最关键的。我想，今后如何加强原创图书的选题策划应该是我们重点关注的内容，各分社都应该制定到位的措施，调动编辑的积极性，主动发现作者、联系作者，改变过去那种坐等来稿或眼睛向外、拉港台书凑数的现象。我们有的编辑很好，几年如一日地坚持出版原创作品。我们在这方面也要寻找合作者，与海外出版机构和学术机构合作或者合资开发选题，实现既有资源与国际需求的对接。这方面我们本来有"三哈丛书"的成功经验，但是近来工作开展得不够好。说到这里，绝不是说不要引进了，我们希望各部门都要有自己的引进方向和计划，把引进的和原创的作品控制在一个合理的比例；引进的东西，也应该像 20 世纪八九十年代的三联一样，是最重要的资源，是学术和文化的精品，是引领思想的精品，这样才不负三联的品牌，也才能实现三联的持续发展。

3. 新书出版的计划性还需要大大加强

我们现在的状况是，有生产计划，没有出版计划。所谓的生产计划，是总编室接到编辑部发来的书稿以后，按着平均周期四五个月的尺度安排的。这个计划基本上没有体现出版者的经营理念，除个别品种以外，哪一本书什么时候出来，也基本没有考虑市场因素。制订出版计划的应该是各分社和编辑部。一本书的出版，应该是由分社设计好的，生产线是执行分社的意志。分社是大脑，生产线是手脚，现在是手脚行使了大脑的职责。今年我们曾几次要求各分社拿出自己的出版计划，哪怕是半年的也好，并且希望提出本部门的重点出版物。但实际上呢，要么没有计划，要么没有重点，无法实现。这种状况一方面给市场推广和发行带来困扰，另一方面提示了编辑部发稿前工作的失控，而这后一点恰恰被大家忽略了。我刚刚讲过，在我们的储存选题中，有122种签订合同两三年还没有发稿，我刚刚翻看了总编室准备的会议资料，有的图书合同已经签约八九年，至今仍没有出版。这些书稿现在处于什么状态，何时发稿，打算何时出版，有谁能讲清楚吗？再看我们的新书出版，我请对外合作部帮我查了一下合同。在我们能查到合同的283种新书中，出版时合同已经过期和期限不到一年的有6种，期限不到两年的为12种，不到三年的有17种，三类情况合计，已经占到了新书总量的12％强。如果设定我们的合同平均年限为5年，那么这些书从签约到出版就用了两三年，再减去我们的平均生产周期5个月，发稿前的时间一般都要长到20来个月。幸亏我们的原创图书多是从出版之日才计算合同有效期，不然的话，整体的出版时间会更长；但这也从一个方面说明，我们的购买版权的图书，发稿前的编辑时间是过长了。现在我们强调要提高生产效率，这个不错，但是我们同时也要强调提高编辑效率，编辑在签约后就要督促作者完成书稿，或者催促合作方早日交来电子档案，之后就要加紧工作，在最理想的时间完成出版、实现效益。编辑部门的出版计划就能够起到这个作用。只有分社社长、编辑部主任对编辑的工作了然于心，才可以编制出合理的出版计划，也才可以拟定出部门的重点产品，对编辑的拖期能够早作预案，加以调整。如果像现在这样，前期抓得不紧，后期才要着急，动不动就要加急，对整体工作的安排是不利的。

4. 在导向问题、政治敏感问题的处理上还有隐忧

在这方面，我们总体上是做得不错的。尤其是三联素来秉承"人文精神、思想智慧"的宗旨,在引进相关的学术著作方面,选择恰当,起了很好的作用。我们的编辑在文字加工中也会注意到相关的问题,加以适当的处理,这方面的典范是《邓小平时代》的出版。但是在这方面也有隐忧:我们对一些内容比较敏感的图书的出版时间安排不够妥当,给人以扎堆儿出版的印象;我们的编辑对一些内容的处理不够到位,给人以联想的空间,并且也确实有相关领导部门就此给我们打了招呼;我们的几本新书在文字的加工上还有遗漏,对于涉及两岸关系、两个中国的内容处理得不干净,等等。这些都应该引起我们的高度重视,尤其是近年来,我们的出书机构增多、不少新编辑加入我们的队伍,如果在这方面把关不严,就很容易出更严重的问题。中央宣传工作会议以后,有关领导部门对出版的导向问题更加重视了,处理了不少有问题的出版机构,我们也要更重视起来。在这次选题会的开始阶段,我们就安排了有关导向问题的学习辅导,希望大家能够切实重视这个问题,像爱护眼珠一样爱护三联的声誉和生命。

5. 我们出版物的现实感仍然不够,还存在某种程度的平庸化现象

我们今年确实出版了像《邓小平时代》《重启改革议程》《陈寅恪的最后20年》这样的关注现实、关注当下的好书,但这样的图书只有十几种,在我们的总体新书中占比很低,可能都不到5%,与此相对的,饮食旅行类的图书却有四十余种,占了13%,似乎大众文化就是吃吃喝喝、走走路、喝喝茶,再加上几本禅悟、几本诗画,平平稳稳,不过不失。我来三联,已经参加了三次选题会，印象中这三次会上都提出了现实关怀的问题。即使如此，我们感到，今天我们的出版仍然是"领先一步"的作用发挥不足。我们高兴地看到，在储存选题中，这方面的情况有比较大的改善。我认为，拒绝平庸，不是要你专门去碰触社会热点、专门去出版争议人物的作品，而是要你不跟风出版，认真研究历史、研究社会，为中国的进一步改革提供理论依据，为社会问题的解决提供成功的案例。其实，近代以来的中国历史和世界历史、当代中国历史和社会、改革开放的成功经验和未来发展，有很多值得我们探究的领域，关键在于我们的编辑是否有足够的敏锐眼光、是否有足够的竞争意识，去挖掘、去选择。讲到这里，有一本书我觉得很好，就是对外部出版的《世风士像——民国学人从政记》，这本文化读物发掘了很多资料，研究民国学者胡适、傅斯年、王世杰、蒋廷黻等人在民国政治中的作用，以及当时文人的交往、生活，发人所未见，写得很沉稳，得到张鸣、杨天石等专家的高度评价。近年也许出于某种需要，出版物中宣扬民国范儿成为潮流，似乎那个时代一切都是完美的，尤其是胡适、傅斯年等，简直成了完人。这本书不是这样，它实在地写出了那个时代的文人的生态群像。可惜这本书出版后没有做什么推广活动，因此出版了也就无声无息了。

6. 我们对于图书产品的推广策划还是偏少，尤其是来自编辑和编辑部门的推广策划很不够

我们今年以全店之力进行了《邓小平时代》的推广营销，另外吴敬琏先生以他的个人名望也对《重启改革议程》做了很好的营销，但除此之外，我们在这方面的建树乏善可陈。书讯不算，今年我们只有 17 本书做了某种形式的推广，相比我们的 350 种新书，只占 5％。我们这么多的新书，出版以后就交给发行部门，任由市场消化了，这很可惜！我们的一些新书如果有更好的推广的话，本来会有更好的市场效果，比如上面说的《世风士像》，里面有很多可供推广的谈资，例如胡适到底是不是对当官淡薄、政学系在国民党政府中的作用、文人当官会发生什么变化、文人从政有什么局限，等等，如果有适当的推广，本来可以成为阅读的热点，但是我们没做，就形不成关注。我们现在所做的一些推广活动，不少是来自作者的动力，形式也还不够多样。我们今年针对 17 本书的 19 个推广活动，店里主导的有 4 次、学术分社有 5 次、文化分社有 4 次、综合分社为 2 次、对外部为 3 次，还有一次是作者自己举办。我们有近半部门，在一年里面都没有一个营销举措！之所以会出现这样的情况，是由于不少编辑部缺乏重点图书的规划，缺乏对于宣传推广工作的规划。我们不能不说，现在我们的发行业绩的提高，其实主要是得力于店里这几年的品牌建设以及社店战略合作伙伴的开拓，得力于一本书的推广的甚少。大家应该明白，只有趁此东风，把一本一本的重点图书的营销策划好，我们的发行才会接地气，才会有进一步的发展。

我们今后的发展，不应该只是品种规模的增长。靠新书品种扩大规模，不断地出新书，大家疲于奔命，容易出错，还要不断增加新的人力，那样真是很可怕的。我们应该想办法尽量扩大现有图书的销量。当今时代，技术革命已经给出版业带来了深刻的变化，出版者不仅要提供内容，还要提供服务。对我们来说，更高的服务谈不上，努力采取多种形式，使自己的出版物得到更多人的认可，应该是最基本的。然而我们这方面的工作确实太少！我们给大家提供的材料，有一份是豆瓣网的三联书店图书"读者想读"排行。为了节约纸张，我们只提供了去年以来前50位的。下面的内容你会吃惊。这个表是前几天刚刚拿到的，前50名里，2013年的新书只有《邓小平时代》和《陈寅恪的最后20年》《死生有命，富贵在天》《故国人民有所思》《昨天的云》《是，首相》《剑桥中国文学史》《其实，大家都想做菜》《关山夺路》《伊索尔德的魔汤》十种。这十种恰恰基本上是以不同形式做过推广的，最末一本《伊索尔德的魔汤》尽管没有举办活动，但在微博上也有不少讨论。我们其他的新书比之这几本书并不差，但没有多少人注意，这可以从一方面证明我们的宣传推广不到位，众多的读者对我们的出版物不够了解。另一份统计表明，三联这样的自己认为、别人也认为影响很大的出版社，豆瓣网上的读者想读的书有多少种呢？那上面排位300的是《朱子哲学研究》，就只有26个人想读。这300本书是2006年以来三联出版的，我们可以想一想，三联书店八年来就这几百本书可读吗？我们不妨乐观地设想一下，如果我们做好了宣传推广，使现有品种的销售业绩提高30％，我们明年就可以少出三分之一的新书，那样我们的增长才是良性的。我想，今后如何抓好各分社的产品营销、如何摆正分社与图书营销中心在推广中的关系，应该是我们重点注意的问题。

7. 作者经营问题

对于出版社的编辑而言，作者就是你的衣食父母，因此如何吸引来、维护好作者队伍，应该成为出版人的第一等要务。说到这里，想起了钱锺书先生的一句话："假如你吃了个鸡蛋，觉得不错，何必一定要认识那下蛋的母鸡呢?"这是对仰慕者而言，对于出版者、对于编辑来说，了解能生蛋、能生好蛋的鸡至关重要。我们讲出版是选择，固然讲的是选择内容，但内容是作者的劳动成果，作者选对了，内容也差不到哪儿去；退一步说，即使是同一作者的某一部作品质量不是很高，总体上也无损于他在读者和市场中的地位。去年的选题会上，我曾经对三联的近三年新书的作者情况做了一点统计，结论是我们的作者群体很大，但是相对分散，缺乏整合，缺乏深耕，导致我们面临的现实，是老作者在流失或自然消亡，市场影响力在日趋下降；新作者中，具有一流水平的不是很多。对于新作者，我们的跟踪、帮助工作做得不够。如何维护、如何开发作者，应是分社建设的长期课题。但观察今年的出版，这方面的表现仍不理想。今年在我店出版超过 3 本书的有王世襄、林达、张光直、刘再复、杜维明、王鼎钧、熊亮、李昆武、蔡澜、冯象、郑鸿生等，前三位基本是老书新做，后面的主要是海外的作者，真正本土的只有熊亮和冯象。我认为，为了保持自己的原创力和影响力，每个部门都应该确定至少一两个重点培育、重点联系的作者，实行一点特殊政策，保障我们的作者队伍，争取拉来更有影响的作者，尤其是那些新锐作者，在这方面我们要有胆略。事情就是这样，你把这方面的事情做好了，形成知名度了，好的作者自然会投奔你。而对于很多年轻编辑而言，如何寻找到"你的"作者并且能够维护住他们，始终应该成为你关注的重心。

这个问题还带来两个重点，需要我们重视并研究：一是如何在出版条件上满足作者的要求。有些作者开出稍微高一点的条件，我们有人便觉得无法答应，其实，作者的投入大，你才会认真考虑如何收回投资，才会优化选题、加强宣传推广、提高效率，想办法做好市场，提高其作品的销售数量，让作者得到更多的回报。二是如何高质量地编辑好、出版好他们的作品，使作者认识到你工作的价值，同你成为朋友。前者是让他不能跑，后者是让他不忍跑。希望明年在这两方面我们会做得更好一些。

8. 效率问题

效率问题实际包含了两个方面的问题。一是质量。我们今年因为质量问题退厂修改的新书和重版书有 29 种，占图书总量的 8%，这个出错的比例是比较高的。而造成错误的原因，大体上是编辑、设计校对、出版印制、印装工厂都有，具体说来，是印装工厂原因的 6 种、出版部工作原因的 3 种、校对原因的 3 种、编辑原因的 14 种、设计原因的 8 种。这些数字加起来高于 29，是因为有些错误难以准确地归于谁，比如一个版权页错了，固然有设计和校对的原因，也有编辑把关不严的原因，这时只好记为几方都有错。在这里我们不能不承认，因为编辑的原因造成的退改是比例最高的。二是出版周期。我们的出版周期长期不能得到提高，今年的统计，前面已经讲了，不重复。为何在这里要讲效率问题？我们只要看一下各部门的出版情况就明白了。我们全年的新书出版为 350 种，出版码洋 1.67 亿元，其中新的业务部门，包括对外部、三联国际、上海分店贡献了新书 95 种，出版码洋 2162 万元；不计算专题部，今年四大分社加读书编辑部的新书品种是 223 种，出版码洋是 7738.7 万元，而去年这五个部门是 255.5 种，7816 万元。当然我这里说的是总量和效率，无关各个部门的考核。说明了什么呢？说明除去《邓小平时代》的因素以外，我们今年的增长主要来自部门和人员增加的增长，而不是内部效率提高的增长。去除了新公司的因素，我们的出版周期还是 5 个多月，我们的编辑人均出书大体上还是 9 种。

影响效率的因素很多，既有编辑方面的、也有作者方面的，既有文字加工的问题、也有设计制作的问题，既有宏观管理的问题、也有相互沟通的问题，既有组织结构的问题、也有个别人际关系问题。在群众路线教育实践活动中，大家就此提出了不少意见，店里重视大家的意见，几次召开专门的会议，已经拟定出改革的措施。在这里讲这个问题，是要强调，我们的广大编辑要充分认识到效率的重要性，以最大的责任心和热诚做好本职工作，才会真正提高出版效率。我们要清楚，以这样的出版效率，我们明年是不能维持今年的出版规模的。我们知道，集团要求子公司的年增长率不低于 10%。我们不妨算一下账：今年的出版品种为 350 种，新书和重印书总码洋是 2.9 亿，其中新书 1.67 亿，重印书 1.23 亿；今年的发行码洋是 2.43 亿，到年底回款实洋，应该是 1.26 亿。以这个规模，明年发行码洋就要达到 2.6 亿、收款就要 1.4 亿以上。今年是我们的出版大年，新书当中，《邓小平时代》《王世襄集》《百年佛缘》三套书贡献约合 1 亿的码洋。明年怎么办？一方面，我们看现在的选题储备，就会明白可能明年我们没有这样高码洋的产品了。就算明年我们的重印书再增长 15％、达到 1.41 亿，我们明年新书的出版仍然要达到 1.3 亿才行。按现在的品种平均码洋 25 万元计算，我们的新书生产要在今年的基础上，多出版 250 种，才可以达到今年的新书出版码洋。另一方面，我们看选题储备。到 10 月 20 日，我们的储备选题据不完全统计是 569 种，当然其中的一些，我们姑且算它为三分之一，肯定是不会在明年出版的，但是如果要加上今年 11 月到明年 7 月的新补充进来的选题，这样可能全年的新书出版量无论如何也要达到 500～550 种。这多出来的 200～250 种书怎么样才能出来？再增加三个编辑部吗？再增加 30 个编辑吗？这当然是不现实的，唯一可能的，是提高我们的出版效率至少 30％，我们才能完成任务。

立足这个现实，我们希望的理想状态是：首先，发行加大力度，使新书的平均印数有所提高；其次，编辑部重视新书推广，推高新书的销售率和重印率；最后，各分社和生产线提高效率，将今年的新书生产由 350 种上下提高到 450～500 种上下，否则我们明年将完不成集团下达的任务。我们现在必须做好准备，尤其是编辑，要思考如何改变传统的编辑加工方式，提高编辑质量和效率。我们现在只是讲提高生产效率，其实更重要的是要提高编辑效率。

提高编辑效率，一方面是流转中的书稿不能压在你的手里，另一方面是你要高质量高效率地完成书稿初审和文字编辑工作、"齐清定"发稿。现在已经是电子化时代，许多出版社已经是电脑上审稿了，我们的编辑还是在纸样上按部就班。我们能不能在质量比较成熟的书稿上，尤其是买入版权的繁体字书稿上做一些尝试、实行网上流转呢？我们的编辑在港台原书上吭哧吭哧地修改每一个字，再由排版公司改上去，其实很多修改通过电子档案的转换完全可以完成，一些小的修改可以在电脑上完成，之后交给排版公司，这样可以极大地减少录入排版错误、节省校次、提高效率，还有减少污染、节约成本的意义。我请行政部做了个统计，今年的打印纸和墨粉硒鼓等的消耗量已经超过了10万元。这些钱是必须花的吗？我们有些人总是以"保持特色、保证质量"为理由拒绝一切变革，其实这真的不能成其为拒绝创新的理由。

9. 我们的选题和出版还很单一，综合开发还很不够

出版业的发展和竞争已经日趋激烈，出版形式的多样化已经形成趋势，在出版业面临升级换代的时代，我们要有新的思维，要有新的尝试，在这方面，我们几乎完全没有行动，我们的选题和策划还仅仅满足于传统的纸质书的形式。我们希望看到有编辑进行这方面的尝试，当然这还关系到整个三联的规划和战略问题，这里就不多说了。

三、相关措施

希望今后加以重视的，当然是现在存在不足的，但我在这

里想重点谈以下几个问题。

一是希望重视选题规划。

三联的选题规划，尤其是编辑部和分社层面的长远规划，已经强调了几年了，始终比较薄弱。现在三联有了九个出版机构，如果没有一个比较到位的规划，势必会出现散和乱的问题。我们可以看到，在选题储备中，一些部门的规划很不错，一个部门或分社，有几块大的系列产品，有若干单本书补充；但有的编辑部看不出有什么规划，选题比较杂乱。我觉得，在选题方面，这种规划应该包括：本部门未来几年的目标是什么？如何建设自己的产品线？如何建构本部门的出版骨干工程？本部门引进项目重点应放在何处、要达到什么目标、如何规划具体选题？如何培育本部门或相关专业的作者？有一些什么样的措施？这些问题，起码分社和部门负责人是应该了然于胸的。有了部门的规划，才有部门内编辑的合理配备，才会有新编辑的养成，才有编辑个人的职业和选题规划，他才知道自己长远应该往哪个方向努力，去结交哪些作者，近期应该主要解决一些什么问题，才会有比较强的执行力。我们有的部门领导身陷具体的编辑工作和出版业务中，对于一本书的细节设计、用纸等考虑得无微不至，却很少在本部门的长远规划方面下功夫，这样下去对于本部门的发展是很不利的。

二是希望重视原创作品。

这个问题的重要性我想大家应该很清楚了，这里就不想多讲了。多说一句的是，在这方面，我想今后店里也应该有所谋划布置，要有一些实际的措施，鼓励原创，尤其是创新性的图书的出版，最起码，我们可以在年度评奖中，设立最佳原创图书奖，以鼓励那些挖掘原创作品的编辑。今天，内容同质化与重复出版已经越来越被读者厌弃，越来越没有市场；相反，创新内容与个性出版越来越成为书业市场的主流。尤其是，我们强调要关注社会、关注现代、关注当下，这方面的成果主要应该是原创的。在这方面，如果我们不加以充分重视，没有谋划布局，在将来的竞争中将处于不利的地位。因此希望大家通过准确的出版定位，去做好专业化的规划，寻找并掌握优势资源，聚集并强化优势力量，寻找和形成我们自己在原创方面的核心竞争力，以专业的姿态在激烈的竞争中突围而出，开辟有三联特点的发展之路。

三是希望重视出版效率。

这个问题在上面已经讲了不少了。店里此前也几次开会，形成了三联书店的关于加强图书生产管理的决定，我们会在会议的后半段向大家公布。我们的目的，就是要打破阻碍图书生产的环节，提高出版效率。我们希望大家要充分注意到，内容生产能力是出版社建设的核心工作，你有再好的选题创意，生产不出来也没有用。因此在考虑选题工作的同时，内容生产也必须加以高度重视，今天分社已经成为经营和生产的主体，具体工作中，分社就要制定严谨到位的全年出版计划，并监督执行。一本书什么时候应该出版，首先是分社确定的。你只有先确定了出版时间，才会安排力量和资源，加以保障。在这一工作中，生产线是为编辑一线服务的，编辑部对效率不重视，就很难让别人重视起来。与此同时，全体编辑人员也要高度重视生产中的产品，不仅要真正做到"齐清定"发稿，还要快速处理发稿后的相关问题，全体编辑出版人员的通力合作，才会真正提高出版效率。

四是希望重视编辑培训。

编辑的培训工作是什么时候都应该坚持的。我们相信，三联的编辑水平是比较高的，但是现在的时代不同了，市场对出版者的要求不同了，老编辑也要掌握新时代的营销技巧，也要适应新的出版方式的要求，更不要说近几年随着三联事业的发展，我们加上分公司又增加了接近一倍的新编辑。如何使我们的编辑提高选题能力和策划推广能力，如何让众多的新编辑掌握三联的编辑要求、提高编辑质量，如何让大家建立良好的沟通能力、使我们的图书生产良性运作，是我们下一步编辑培训的要点和重点。很多发展势头很猛的民营公司建立了以产品经理为核心的运营体系，我们没有这个，但仍然希望我们的编辑会有一些人担当起产品经理的角色，就是编辑不仅要会看稿，还要知道你打算做一本什么样的书，更要知道如何使更多的人来买你这本书。在这方面，店里应该结合新的生产管理要求安排培训，我们也希望各个编辑部和分社在日常工作中发挥老编辑的作用，以老带新，共同进步。

五是希望重视分社建设。

在这样的场合谈到分社建设，包括编辑部建设，是因为以上的几个方面，都离不开分社的建设。分社建设包括组织建设、制度建设、选题建设、生产能力建设几个方面，其主体应该是选题的规划、重点图书的确定、生产的组织实施、激励机制的制定，包括部门编辑的培养、他们今后的发展规划，等等。只有各分社和部门管理得力，规划到位，战略明确，出版工作的实施才会顺利。现在我们有了几个分社，有了若干个分公司和合资公司，但是我们缺少到位的制度化的管理，大家满足于"差不多""大概齐"的评估与考核，这样就很难建立起真实有效的激励机制，出现问题也难以用制度去约束。我可能见得少，到现在我还没有看到我们分社的成文的管理制度。说起来，我们的分社规模也不小了，年销售码洋四五千万，已经相当于一个中小型企业了，在这样的规模下，我们还都没有自己的成文的管理制度，靠"习惯法"、靠主任的记忆库和"灵机一动"来管理，这是很难说得过去的。归根结底，三联的发展是要通过各个分社和公司的发展实现的，而分社建设正是进一步发展的基础工程，因此呼吁大家要高度重视。

我是班子里面分管生产的，对这一年的新书出版情况还是比较清楚的，因此对实际业务讲得比较多。在这里想让大家清楚，《邓小平时代》的出版给我们带来了很大的收益，也使今年的新书出版上了一个高台阶，但这也对今后如何超越、实现不断的增长提出了更高的要求，我们必须从现在起，以不断创新的精神，深化各方面改革，做好组织上、管理上、战略上和实施上的准备。

（2013 年）

以创新、优化开辟三联书店图书出版新局面

三联书店的 2015 年选题工作会议开了接近四个半天，到今天下午接近尾声了。三联的五个分社，加上读书编辑部、对外合作部、上海分店以及生活书店，都在会上谈了本部门 2015 年的目标、主要出版物以及未来的出版定位、总体构思、重点选题，在论证环节请专家进行了初步的论证和点评，总体而言这次选题会是成功的。之所以能取得成功，与我们半年来的准备工作是分不开的。新班子成立以后，着眼于未来的选题建设，在 8 月份就接连召开了三次分社社长和编辑部主任的座谈会，集中讨论了选题工作中的出版规划问题、重点产品问题以及重点作者的维护问题，我们希望通过这些座谈来统一思想、提高认识。

在 9 月的导向培训中，我们集中学习了中央以及集团的有关规定，集中梳理并厘清选题工作中的导向问题，也涉及作者的维护与培养问题。从 9 月开始，我们还改革了以前的选题审批方式，建立了三联书店层面的选题会议制度，每月定期召开专题会议，集中讨论"三重一大"的选题。与会的各分社负责人和总经理办公会成员很负责任，否定了一批不成熟的选题。进入 10 月份以后，着眼于年底的选题论证会议，各分社、各编辑部先期召开了本部门的选题会，分管领导以及主要店领导参

加了绝大部分部门的选题会，一是摸底，二是从中寻找未来的重点项目。

在这个基础上召开的 2015 年选题论证会议，跟以前相比也有了很大的改革，一是要让选题会实现真正的论证；二是各分社要切实提出自己的重大选题来让会议论证；三是不光店内论证，还邀请出版发行专家以及作者代表出席，帮助我们一起论证。这样就保证了我们选题论证会的质量。会议之前，各个部门都认真准备了选题报告，有的还修改了数次。这些报告有的文艺一些，有的平实一些，效果都是很明显的。今年是刚开始，想来以后这方面一定会做得更好。

现在会议接近尾声，我想就这次会议提出的选题以及储存的选题讲三个问题。一是 2015 年选题工作的分析，二是今后在选题方面需要强化的工作内容，三是未来的内外环境以及我们工作的目标。

一、2015 年选题工作的分析

首先要讲的是今年选题的成绩和进步，这主要表现在以下几点。

1. 出版导向得到保证， 主题出版得到强化

经过 9 月的集中培训和集中清理，各分社、各部门高度重视出版导向问题，目前出版流程中的 200 多个品种以及 600 多个储存选题，加上本次会议上新提出的近 300 个选题，当中的导向问题得到了切实的关注，起码在选题阶段，可以请上级领

导部门放心。

在主题出版方面，明年的选题得到了充分的强化。其中，依法治国、建立法治社会方面，有"公民、国家与治理丛书"、《中国国家治理的制度逻辑》、"经济制度分析前沿丛书"等；"三农"方面，有"三农中国书系"；"一带一路"方面，有《丝绸之路列国志》、"当代丝绸之路丛书"；新疆自治区建立六十周年方面，有《足迹与梦想》；红色出版方面，有《长征，来自红军的原始记录》《北上，党中央与张国焘斗争始末》《红色家族档案》"延安五老"家书系列以及纪念邹韬奋相关书籍，如《韬奋作品集》《邹韬奋精神读本》《韬奋箴言》，明年是韬奋先生诞辰 120 周年，我们要抓住这个机会，把举办纪念活动当成扩大三联品牌影响力的契机；庆祝抗战胜利 70 周年方面，有《1944：松山战役笔记（增订本）》《日本二战绝密情报"兵要地志"揭秘》《抗战胜利受降现场》等；和"中国故事""中国梦"相关的选题有李零的"我们的中国"系列、《中国印刷史研究》《溯源中国计算机》《长安街与中国建筑的现代化》《敦煌艺术入门十讲》《佛教与中国文化》《从周口店到泥河湾》《中国汉唐古典舞》等。

2. 坚持三联特色，学术类、文化类图书构成我店选题的主题

这个问题就不多讲了，大家看了我们的储存选题也会得出这样的结论。应该重点指出的是，在明年的选题中，我们学术和文化方面的系列图书有了长足的发展，明年"三联·哈佛燕京学术丛书"将出满百种，"新知文库"也将出到七八十种，其

他如"开放的艺术史丛书""高居翰系列""文化生活译丛""基督教经典译丛""历史·田野丛书""企鹅人生丛书""林达系列""汉宝德系列""经典通识讲稿"等都有新作加入,其他关于饮食文化、旅行文化等也都有不错的新书会出版。

3. 长期规划, 重点项目的出版渐成规模

经过几年的准备,尤其是经过今年下半年的酝酿,我店的重点图书开始得到各分社的重视,已经形成了一批重头产品的选题准备,比如这次论证的"当代学术丛书"32 种、"中国现代社会科学思想丛编"8 种、"中国社会学经典文库"24 种等,这些重点系列书形成了我们今后出版的骨架。

4. 有畅销潜质的亮点不少,有利于我们在市场上保持影响力

按大家的汇报以及我自己的经验,明年的新书中具备畅销潜质的选题包括《中华帝国晚期的叛乱与敌人》《尼克松白宫录音带》《结婚照》《百年旧痕》《北岛作品集》《近距离看美国》《死亡如此多情》《胡同之死》《大时间》《寻找北洋水师》《星云法语》《八十大白》等,还有生活书店的一些选题,如毕淑敏作品。此外还有一些厚重的学术和文化图书,首印量都可上万,如《柏拉图四书》《秦崩》《楚亡》以及李零的书等。

5. 重点作者的维护成果开始显现

我们说的重点作者,是指那些具有重要的学术、文化、市场影响力的作者,他们的作品出版之后就会引起学术界的注意,就会成为文化界的话题,就会受到市场的热捧。尽管我们几年来一直强调这个问题,但我店这方面做得最好的还是学术分社,

他们以实在的措施维护几位重要的作者，如北岛、杨绛、甘阳、汪晖、茅海建等，目前已经取得可喜的成果。这次学术分社在明年选题中一次性就拿出七部李零的作品，李零还表示今后在别的出版社版权到期的著作也都将转到三联来出版，这对我们的出版资源是一个极大的丰富。

对重要作者的维护是我们三联选题品质的最大保证。在这次选题会上，我们要求各分社提出自己今后将要重点维护的重要作者，就是一方面希望大家在这方面下功夫，树立起自己未来出版的标志性作者；另一方面希望店内各分社确立自己的目标，避免互相竞争，自坏规则。但目前看来有的分社理解得好一些，有的则不是非常清晰。

6. 选题储备丰富，为今后进一步优化提供了可能

我重新计算了一下，我们目前的选题已达千余种，这么多的选题，表明各分社对于选题工作的高度重视，同时也为今后的进一步优化打下了坚实的基础。优化选题是一个不断的过程，我们的现有选题有一些是比较平庸的，有些部门人手不多，储存选题却有 200 种以上，恐怕也处理不过来，这样的问题希望引起大家的重视。今后在工作中，大家要在储备选题的基础上，不断对选题加以优化，保证三联的出版水准。具体哪些选题是应该优化的，下面我会谈到。

7. 各分社、各出版部门的定位日渐清晰，长远规划开始起步

出版定位和长远规划是我历年来一直呼吁的事情，但这一

问题真正开始得到重视，是在新班子上任以后。之所以要强调这些，就是要求各分社明晰自己到底要做什么，未来几年时间要把事情做到什么程度。在这次选题会上，我们要求大家谈定位、谈规划，各分社也确实下了功夫，具体成果大家也看到了。我们从中可以发现，比较成熟的分社确有一个比较完整的构思，而一些新的机构也开始赶了上来。事情就是这样，只有你真正清楚你要干什么，并为此组织资源，你的工作才会有成效；而如果干到哪里想到哪里，你的出版就不可能有特色，也不可能取得好的社会效益和经济效益。

以上我讲了我们的成绩和进步，下面我想谈一下存在的问题和不足之处。不足之处我以为是以下几点。

1. 储存选题中，杂而散的情况没有根本改变

大家看看总编室为选题会提供的储存选题的目录，分析一下各个部门的选题构成，就能很明显地感到散、杂。这当中有些分社表现得要更明显一些。如果一个分社没有统一的出版定位和规划，这个分社的出版就会变成所有编辑选题工作的相加，也就失去了分社出版的整体概念。一些编辑也存在摸不准自己方向的问题，到处铺摊子，满山挖坑，而不是在一处掘井。我们可以看到，有些编辑提出的选题，今天是中国的，明天是世界的，后天是历史的，大后天又是教育的，不清楚自己到底要做什么，散和杂的问题体现得尤为明显。

2. 原创乏力，依赖海外作者和买版权的现象仍偏多

原创不足已经严重影响到我们选题的深度开发，比如我们许多买版权的书是没有数字出版权的，这样我们就不能进一步开发数字产品。另外，大家可能没注意到，买版权书太多已经影响到三联在国际出版界的地位。为什么？在刚刚公布的海外馆藏影响力排行榜中，三联在国内出版社排名第 25 位，2013年度仅有 266 种书入藏了海外主要图书馆，不仅距前三位，即中国社会科学出版社（1078 种）、社会科学文献出版社（940种）、科学出版社（934 种）相差甚远，甚至不如学苑出版社（382 种）、经济科学出版社（323 种）、民族出版社（283 种）。三联的排位和入藏图书量这么低，很大的原因就在于我们有太多的输入版权书，在于我们原创图书出版不够。这样的现象是和三联的地位不相称的，所以从现在起，我们必须认真考虑这个问题。当然，我不是说不要买版权，而是在这方面要有个规划，不要散乱无章，要引进真正的有学术价值的精品力作。

3. 资助出版渐多，对选题质量构成妨害

现有选题中，资助出版占比多少，限于时间我没有很准确的统计，但比之于一两年前有明显增加是肯定的，并且在有些分社或公司中，资助出版占了选题的绝大部分。当然，不是说有资助的选题质量都不好，但确实在已经审批过的选题中，有些选题质量不是很高，但因为有资助，编辑的态度也很恳切，就批了。这个现象是应该引起我们警惕的。之所以要警惕，是因为首先，这样的选题过多，会导致我们的图书平庸化，甚至会给三联的声誉带来损害，影响我们的出版质量，尤其是一些个人资助的产品。现在店内外已经有人对于这样的现象提出批评了。其次，是资助书籍挤占出版资源。有些资助书只印 1000

册，有些甚至只印一两百册，但无论印数多少，这些书籍也需要在流程中操作，这就挤占了更有市场的图书的空间。第三是浪费人力资源。我们的编辑以大量的时间为资助图书编校、解决问题，就不可能有时间去进行市场调查、同作者交流，这样下去就会逐步窒息我们的创新能力，更难以产生好的选题创意，这对三联的长远发展是有害的。有一个数字可以说明这个问题：2014 年，截至 11 月底，我们出版的新书有 415 种，但到 9 月底，在全国书店的新书动销品种仅有 298 种，除 10 月、11 月出版的 45 种新书未及上市以外，一年中有七十余种图书根本没有在市场销售，占全年新书品种的比例接近 17%，这不是很严重的问题吗？三联的出版追求新锐、一流，如何解决资助出版的问题，对于我们今后的发展是十分关键的。

4. 出版创新不够，对于数字出版缺乏重视

出版创新实际上包含三个方面的内容，一是内容创新，二是介质创新，三是营销创新。内容创新刚才已经讲到，我们的原创出版不够，资助出版占比较大，创新自然不够。营销创新因为是后一个环节的工作，下一步店里会专门研究，在此就不多说了。介质创新这一点要充分引起我们的注意。我们的储存选题，也就是未来要出版的图书中，对于介质创新有所考虑的基本没有。数字出版都谈不上，更谈不上选题的综合开发了。

5. 策划力比较薄弱，缺乏畅销书

我刚才介绍了不少明年选题中的亮点，但遗憾的是，这些书都还不具备能够销售十万册的潜质，这方面的问题是我们必须花大力气加以解决的。

6. 选题工作缺少分社及全店层面的整体论证与整合

我们以前的选题过程，大体是编辑有个想法，征求一下发行部门的意见，只要编辑自己觉得这个选题有市场，就报给部门负责人，此后选题就进入流水审批程序，最终进入出版流程。整个过程基本就是编辑一个人"上蹿下跳"，解决出版和发行中产生的各种问题。

部门或分社在选题论证和出版过程中的缺位是我们目前工作中的一大不足。此次选题会之前，尽管店里要求各分社都要先召开本部门的选题论证会，但实际执行中，论证的力度是不够的。我们应该清楚，分社层面有充分的论证，才能实现本部门选题的优化。同时论证的过程还可以激荡头脑风暴，丰富选题内容，更可以沟通信息，避免其他人再做同质的东西。论证的重点应该落在质量和市场这两点上。现代出版强调交流，强调通力合作，而我们有的部门中，一个编辑甚至不知道另一个编辑在做什么书，这是太不正常的现象了。

二、今后在选题方面需要强化的工作内容

今后在选题工作方面，需要强化的工作，主要有以下几个重点。

1. 坚持正确出版导向，强化学习机制，提高全体编辑的政治素质和思想素质，增强编辑认识社会问题并形成选题的能力

出于各种原因，我们的一些编辑不注重通过学习理论，提高自己的选题能力，而是只凭自己的一点兴趣、一点经验，在

前人的成果中找资源，或者从网络上找题目，买几本版权书，就算完成了自己的任务，这导致部分编辑眼界日益狭窄，选题范围日益缩小。编辑工作是创造，是选择，关键是要在新的历史时刻，认识新的社会现实，给出新的解释。好的选题出自社会、来自对市场的把握，不学习、不知道社会的变化，怎么可能有好的选题创意？

2. 高度重视主题出版，讲好中国故事，开辟两个市场

所谓两个市场，就是指国内市场和国际市场。我们对国际市场的开拓重视不够，而要开拓国际市场，关键是要搞好中国主题出版，讲好中国故事。这方面的工作我们近两年有进步，但距离三联的品牌定位和上级要求还相差甚远。今后店里会拿出相应的资源来做这件事情。具体而言，一是在分社管理中引入社会效益考核指标，对于主题出版、"走出去"项目给予奖励；二是要精准定位对外合作部的职能，发挥这个部门在"走出去"工作中的主体作用，这个部门的唯一考核指标应该就是"走出去"的工作成果；三是各分社要充分重视国际市场的开拓，而其前提就是抓好原创产品的建设，没有原创产品，一切都无从谈起。

3. 强化专业特色，深入优化选题，保持三联的品位

在这方面，主要提出以下几个想法供大家参考。

第一，要坚守质量标准，做强学术出版。学术是三联的立身之本。三联书店能够有今天的知名度和品牌，学术出版是不可忽视的基础。今后如何做强学术出版是我们要重点考虑的问题。学术出版的领域、内容可以扩大，但质量标准不能降低，这是我们必须坚持的。

第二，要坚持文化品位，做大文化出版。文化是三联之魂。三联的"人文精神、思想智慧"就体现在文化图书的出版上。之前列举的前50名畅销图书中，绝大部分都是文化类图书。今后文化类图书要怎么做，这是三联要专门研究的问题。

第三，要找准方向，做开生活出版。这里所说的生活出版，是指大众实用生活类图书。这类图书在三联出版物中已占较大比例，但这一门类图书我们做得还不够好，还需要好好研究。

第四，要突出原创，保持核心竞争力。关于原创的重要性前面已经讲过，这里就不再展开说了。

第五，要做好产品线规划，各分社要在比较精准的定位下，做好内容出版。未来的阅读市场要求出版人从单纯的内容生产者转化为内容生产的组织者和版权的拥有者。在未来的信息化、数字化、网络化社会中，谁拥有成体系、规模化、高质量的内容，谁就有可能抓住发展的机遇。出版者如果不能成为内容生产的组织者和版权的拥有者，在未来的数字化时代，就将无法作为，出局是必然的。我们多次强调产品线规划、强调重视原创，目的就在于此。

第六，要抓好重大出版工程，构建三联层面和分社层面的重点出版工程体系。现在我们有些部门的选题松散、杂乱，没有总体的规划和构思，没有自己的重点产品，这在将来的竞争中是要吃大亏的。

总之，优化选题的工作不应急功近利，不在于一城一地的得失，重点要在作者资源、渠道建设、读者培育方面下功夫，做长久、细致的工作。现在有些分社强调自己是新成立的机构，底子薄，要解决吃饭问题，在选题工作中优化不够，未来应放弃这种思维才可以有大的发展。关于优化选题，谭跃总裁在集团刚刚召开的品牌工作大会上的讲话中提到过，我觉得他讲得十分到位，在这里想向大家再重复一下："在选题触角上，既要适当关注补贴资助项目，更要关注社会大众需求；既要注重回溯性、积累性选题，更要注重时代性、创新性选题。在选题内容上要关注时代钟声、呼声、心声，反映改革热点、焦点、难点，研究中国道路、中国制度、中国理论，探讨世界走势、国家大事、社会趋势，持续打造畅销书、精品书、品牌书，努力铸就思想高峰、文化高峰、出版高峰。在选题呈现方式上，要善于以小见大地发掘普通百姓的故事、普通灵魂的美丽，善于以俗见雅地推动传统经典大众化、红色经典普及化，善于将思想的品位、审美的趣味、市场的口味有机融合，逐渐形成一种具有'大家品位、大众口味'的品牌出版风格，提升品牌产品的文化影响力和社会影响力。"我们在工作中从这样的角度出发策划选题，才有可能取得成功。

4. 维护老作者，开发新作者，千方百计长期地、多种形式地占有内容

占有内容的重要性，我们在上面已经讲过了，如何才能达到占有内容的目的，关键在于作者。三联是出版界的"龙门"，是不缺作者的，因为很多作者把在三联出版自己的书当成进入出版界的敲门砖。但什么样的作者才是好作者？我们可以拿种菜来打个比喻：大白菜和韭菜都是蔬菜，但大白菜一年只能收一次，而韭菜一年可以收割很多次，而且它的根留在地里，第二年春天还可以再长出来。这就是一般作者和好作者的区别。我们应该创造条件，长期同作者开展有效率的合作。要达到这个目的，就要用特殊的措施留住权威的作者，用我们的品牌吸引一流的作者，用更大的市场培育有潜力的作者，尤其是那些创造力旺盛的原创作者。总之一定要有重点，不能漫天撒网。

出版者和作者之间的理想关系，我认为应该是市场法则加鱼水关系。市场法则就是人家在我们这里出书，我们能提供足够的回报，实现双赢；鱼水关系就是要进行情感投入，进行平等对话。

5. 抓好策划，打造畅销产品和常销产品，强化三联图书的市场接受度

经过前几年的品牌建设与品牌推广工作，以及市场合作伙伴建设工作，如今读者以及书店对三联品牌的接受度是很高的，无论走到哪里，大家都赞扬三联是好出版社，三联出的书品质好，在前两天的深圳读书月年度评选当中，三联在年度致敬出版社中名列三甲。现在的关键是，要有一大批适合市场的好书去强化外界对我们的这种认可，这方面我们要注意以下三个问题。

第一，要契合热点，形成畅销。这里要做好两个方面的工作，首先是要研究社会，提早发现热点，组织选题；其次是要高效运作，适时上市，形成畅销。

第二，要突出卖点，形成长销。这里也要做好两个方面的工作：首先是编辑要了解作品，总结出卖点，抓住一本书的魂；

其次是要有合适的表现形式与推广方式，让读者知道一本书好在何处。

第三，要整合资源，形成规模。应该说，我们三联的编辑都是很有水平的，我们的图书就单本而言，大都极富特色、极有品位，我们的问题是产品杂散，不成体系，不成规模，如同许多珍珠，散落在书海之中。我们要做的是把单个的珍珠串成项链，使之互相辉映，提高价值量。店里在这方面要做两件事情。第一件事情是开放丛书选题，扩大品牌产品的阵容。现有几套大型丛书，如"新知文库""中学图书馆文库""读书文库""文化生活译丛"，将来还有"生活文库"，都将是开放的，各分社有合适的选题可以提出申请，经店里的选题会议讨论后即可进入丛书，统一设计风格，便于成套发行。这就要求编辑在设计选题时，心中要有目标，不可一味地自求一体。我们应该时刻牢记，我们是在为读者出书，不是在为自己出书。第二件事情是完善选题会议，通过选题会议协调各部门的选题，尽可能形成书店层面的系列，避免选题小而全、小而偏的现象。

6. 加大出版创新力度，注重图书产品的多层次开发

我们三联书店目前所做的事情，基本上局限于图书出版，对于出版的新的盈利模式关注不够，因此也就谈不上出版的创新。那么还有哪些创新盈利模式呢？有人总结至少有开发不同版本、开发数字版权、改编影视作品、改编动漫产品、输出海外版权、开发网络游戏、开拓培训市场、量身定制产品、开发广告收益、开发创意产品、开发周边产品等十一种。这十一种创新，我大体上是按实现度由近及远排列的。我们的大多数学

术、文化图书不大可能全部实现这十一种创新，但我们应时刻保持自己的创新意识，尽量开拓新的产品，现阶段主要是数字产品。与此同时，我们的大众生活类图书则要从开始策划的时候，就有一个以创新为目标的选题设计，看看在图书出版之外，手头的这个资源还可以做些什么。比如一个很有名的培训专家出了一本教育孩子的书，这其中就有可能开发出其他产品，创出新的盈利模式来。当然，出版创新成为共识并且最终取得成效，关键还在于在全店范围内建立起有利于创新的体制机制，而这也是我要强调的下一个问题。

7. 以实现创新为目标，进行体制机制改革，使分社成为创意中心和效益中心

在这方面，我们已经采取和准备采取的措施有以下几点。

一是对分社实行两个效益并重、社会效益优先的考核设计，强化分社社长、分公司总经理管理能力的培养。不言而喻，对分社的考核其实就是对分社社长的考核。有人说，有什么样的主编就有什么样的杂志，我们也可以说，有什么样的社长就有什么样的出版。我这些年一直在强调编辑部主任组织能力、管理能力的养成。大家可以回想一下，而今的分社社长在出版中的角色与四年前对比有什么不同。应该说现在的分社管理模式之下，分社社长的管理能力比以前是有了提高的，通过这次各分社所做的选题报告，相信大家都会有同感。但这还不够。三联的发展对分社建设提出了更高的要求，分社社长要做选题的规划者、组织的管理者、经营的谋划者、生产的调度者、员工的知心者。做不到这一点，一个分社内部就无法聚焦，人人各行其是，其选题和出版也难以有成。

二是探索实行项目管理制，创新产品运作模式，实行更到位的考核模式。集团也提到过实行项目管理制，我们三联可以做这样的尝试，有些项目如果有必要性，就可以实行单独的项目管理，从选题阶段到深度开发，都由一个项目组负责，项目经理统筹。比如《王世襄集》就可以作为一个项目去进行更深度的开发。

三是探索试行导师制和首席编辑制，加快新编辑培养的步伐。

四是取消对大宗包销和基金补贴的计奖限制，鼓励、保护编辑的选题积极性。

五是取消重印书的考核年限，实行数年小幅递减的模式，鼓励长销书的维护与作者维护。

六是店里将支持重点图书的推广，重大出版工程的推广费用由店里承担，重点图书的推广费用由店里承担一半。店里还将重点研究今后的营销战略，把这个目前比较薄弱的环节抓好。

三、未来的内外环境以及我们工作的目标

讨论 2015 年我们的选题工作，不能不全面认识我们面临的内外环境。我个人认为，外部环境是竞争激烈，受重视程度加大；内部环境是原有发展模式难以为继，明年形势总体严峻。下面分别谈谈上述这三个方面。

第一是竞争的问题。

未来我们不仅面临着电子书、多媒体的竞争，更面临着诸多同业的竞争，如果说前者的威胁还比较遥远的话，后者已经是切身的了。我们应该充分认识这些竞争者，如北京大学出版社、广西师大出版社、社科文献出版社、新星出版社、中央编译出版社、中信出版社等等，还有很多出版公司，比如汉唐阳光、世纪华章、中智博文、博集天卷、磨铁等等。我们的竞争者甚至包括集团内部的出版社，比如中华书局、商务印书馆。我们必须时刻保持危机感。

第二是受重视程度加大的问题。

作为出版国家队的一员，作为有着光荣历史的名社、老社，我们今天受到的关注是以往任何时候都没有过的，不仅是集团领导，中宣部、新闻出版广电总局也时刻在关注着三联的书刊出版。有关人士告诉我，三联的每种书刊都有人专门在看，随时都会送到有关部门领导的办公桌上。受到关注是好事，说明我们受到各级领导机关的重视。在这样的现实情况下，我们应该时刻牢记：珍惜我们的品牌，维护我们的质量，坚守我们的政治导向，以最优的选题、最好的创意生产出精品力作。

第三是发展模式的问题。

图书出版方面，自 2010 年以来，三联经历了连续四年的持续跃进，效益连上台阶。这一进步从外部来说，得益于品牌推广、社店合作；从内部来说，主要来自增加出版机构、编辑人员和出版品种。2010 年以前，三联只有四个编辑出版中心加一个综合编辑部，而到 2014 年，我们出书的部门达到 10 个，编辑人员几乎增加了一倍。认真分析这四年的出版数据，我们会发现，除 2013 年《邓小平时代》的因素，这些年的增长主要来自机构和人员的增加，原有主体部门的增长也就不过 10％上下。今天，这种追求规模的增长已经不可能持续。其原因，一是品种太多容易导致品质下滑；二是我们一些新的出版部门经营不善，出现很大的亏损，比如三联国际。我们要清醒地认识到，未来的发展不能再靠铺摊子，而必须通过优化选题、产品创新来实现。

面临这些内外难题，我们必须进一步深化改革，加强制度建设，解放生产力。新班子上任以来，已经陆续完成了对下属公司，包括生活书店、韬奋书店、三联国际、上海公司的改革发展规划，完善了其管理模式。明年上半年，店里将对所有的规章制度进行一次全面的检讨，在此之前，分社管理办法已经在这几个月里讨论了几次，年前就会形成正式文件。我们将对一些部门的职责、定位、管理重新加以厘定，尤其是对对外合作、推广工作、经营考核提出新的举措。

我们此次召开的是选题工作会议，因此上面谈到的措施主要是同选题有关的部分，实际上，与实现增长、增加效益有密切关系的还有生产制作、图书设计、营销战略、分社管理、人才培养等多方面的工作，限于时间这里就不说了。我们希望在深化改革、制度建设进一步完善的前提下，图书出版达到以下目标：以政治把关为前提的导向监管机制；以市场需求为终极的资源整合；以主要作者为中心的内容创作；以出版物为龙头的产品结构；以高中教育程度以上文化人为目标受众的学术文化产品体系；以链式运作为思路的专业化生产和品牌化运作；

以精美制作为保证的商业化设计。

在集团品牌工作大会上，谭总要求我们"在把握重大趋势中成就重大选题，在培育一流作者中造就一流产品。培育名扬当下、影响深远的产品集群，传承并弘扬厚重深邃、庄重大气、凝重隽永的品牌出版风格"，我想，经过一到两年的建设，我们三联希望可以达到这样的目标，如此，三联的出版事业就一定会有飞速的发展。

（2014 年）

关于选题工作的几点想法

三联书店每年的选题会的意义，不仅仅是要对明年的新书出版报一报账，不仅仅是要论证几个新的选题，更重要的，是要让大家在这几天或在此前后，沉下心来，通过思考和讨论，明确今后一段时间的选题工作的思路和主攻方向。归根结底，是希望大家认识自己的优势，确定努力方向，只有如此，才可以坚持出版导向，增强发展动力，实现提高图书质量、出版更多精品的目的。

经过昨天一天的会议，大家的介绍中有不少好的东西，主题出版、重要的系列书都有亮点。更有两点令人欣慰：一是大家主动在优化原有的选题，比如上海公司这次就一下子砍掉了六十多种预计效益不彰的选题；二是大家开始重视整合资源，有了一些很好的想法，学术、文化、大众分社这方面都有具体的规划。我们讲调结构，就是要从具体的选题调整做起。

关于 2016 年三联新书的整体表现，应该说成绩是主要的。我们刚刚开始进行 2016 年的好书评选。由于各种原因，今年的新书出版有很大的下降，尽管如此，我们提出的 60 种书单，其中还是很有一些双效益俱佳的品种。在今天这个场合，我们要思考的问题是，作为三联这样一个有很大影响的名社，这样的成绩自己是否满意？读者是否满意？恐怕大家都会认为，三联书店应该做得更好，应该有更多的精品力作出版。会议的第一天，几位店领导分别就不同的主题谈了对三联的选题建设的意见，我想结合他们的意见，也结合集团领导的指示，谈几点想法，包括选题方向、选题重点、选题方法以及创新问题。

一、选题方向

会上大家都提到了方向的问题，我也有同感，就是我们的一些部门缺乏自己的方向，我们的产品线或曰板块缺乏方向感，带来的问题是品质参差不齐。我们的选题工作应该向哪个方向努力？我想提四点，这四点是：

1. 在坚持导向的前提下出版更多精品。

2. 在继承传统的基础上努力寻求创新。

3. 丰富特色产品线，但要更紧密地贴合国家战略（中国梦、中国制造、一带一路等等）。

4. 立足国内图书市场，但要更好地兼顾两个市场（国内国外）、两种介质（纸介质和电子介质）。

所谓精品，就是思想精深、内容精湛、制作精良的图书产品。有人讲，这两年抓导向管理，影响了相关图书的开发。这个认识是不对的。加强导向管理，尤其要强调作品的思想性。不可讳言的是，这两年，我们的学术文化出版大都偏于历史、生活趣味，思想性弱了，关心现实、关心社会方面不如以前了。正因为如此，我们希望今后这方面有所加强。我们经过一两年的调整，在保证导向和坚守质量方面都有了好的机制，现在应该是做更有追求的出版的时候了。

实际上，这个方向在三联书店的"十三五"规划中已经提出来了。规划中就"十三五"期间的任务，首先就提出"多出精品力作，进一步促进出版主业发展"的要求，之后又提出了坚持正确出版导向、抓好原创图书出版、积极推进重大出版工程、大力巩固和拓展作者资源四项子任务。

尽管选题是一个一个做的，书是一本一本出的，但是我们还应该有一个方向、目标。没有方向的行动是盲目的。有的人出了很多本书，但都没什么名堂，其原因就是跟着自己的趣味走，缺乏方向，没有宏观思考。提出这样几点关乎方向性的问题，是希望我们能工作更有成效，总体感更强。

二、选题重点

提出选题工作的重点，是希望今后能把这个事业做得更好。具体想从三个角度提出。

第一，是希望引进选题要更有规划，更讲求思想性、学术性和系统性。

现在三联的引进版权的选题，约占储存选题总量的一半左右。这些引进版权选题存在着水平不一、题材杂乱的情况。三联在引进国外的优秀学术成果方面，过去是有过辉煌的，也因此而树立了品牌，但今天这种引进在资源上和途径上都产生了问题，引进来的东西，水平不如过去高了。相对于别人的整体规划，协同作战，我们的各自为战显得力不从心，同社科文献、中信、商务比，我们已经不占优势。今后在引进版权方面，我们应重点考虑如何收复失地，重建权威，在引进版权的学术和文化类图书上制造更多的亮点。我们应该由相关的店领导牵头，制定出引进学术图书的比较具体的计划，然后上下努力，实现这些计划。现在还有一项工作，是对现有的引进版权的图书选题加以清理，侧重考察原著的水准、作者和出版社的背景与政治倾向，该停下来的要停下来，把有限的资源用到更有效益的项目上去。

第二，是希望在引进版权的同时，更好地挖掘中国的出版资源，尤其是现当代的资源，做好原创作品的出版。

加强原创作品的出版是一个重要的任务。我在 8 月的南美之行中，与出版同行交流，他们不止一次地表示，对中国历史、中国文化图书感兴趣。巴西的一个出版社负责人特别希望引进一本简明的中国史读本。在阿根廷的新大陆出版社，其董事长更是多次提出，希望我们给他提供介绍中国发展经验的图书，由他来出版西班牙语版。得益于优秀原创作品的助力，近两年我店的"走出去"工作有长足进展，不计繁体字版本，对外出版授权由 2014 年的 2 种，上升为 2015 年的 25 种，再到 2016 年前十个月的 50 种，相应的出版资助也达到了数百万元。从《中华文明的核心价值》一书成功输出 15 个语种版权的事例中，我们可以看到，讲好一个中国故事，可以产生出多么大的世界性影响！当然我们不是眼睛只盯着走出去。对国内市场而言，如何更好地发掘、策划、出版中国题材的图书仍是我们的重要任务，而其中不可缺位的，是关注现实、关注改革、关注大局的内容，就是要做到集团谭总提出的要求："致力于中华传统文化的现代阐释，中国道路的学术表达。"关注当代的作品是可以成功的，我们的《中华文明的核心价值》就是一个例子。刘奇葆同志在不久前视察中国出版集团时，专门强调加强原创的问题。集团也下决心培育原创精品，集团今明年的"走出去"工作的布置，共有五大工程、16个项目，其基础都是原创作品。我们在这方面，要早做准备，加大力度，拿出好的成果。

第三，是希望加强精品图书，包括畅销书、主题出版和重大出版工程的建设，努力建构我们自己的精品力作体系。

在最近的集团"三个一批"培训班结业式上，谭总提到集团图书的几多几少现象，其中讲到印数低于3000册以下的图书比例太大。三联具体的统计是，175种新书中，3000册以下的17种，占比9.7%；10000册以上的42种，占比24%；2万册以上的6种，占3%强。我们总体上单品种印数是在七八千上下，总体上呈纺锤形，这固然是算不错的，但我们的问题是总印数超过两万的不够多，更缺乏三五万册以上的畅销书，能产生重大影响的图书仍嫌少，并且这部分图书的重印率也不高。因此我们要加强精品图书的策划，要通过对作品、作者的选择，少出或者不出平庸的图书，首先要力求减少资助出书，不为几万元资助而折腰，守住内容品质的底线。

三、选题方法

选题工作的中心是以最优的方式引导、组织作品的生产。如何做到最优呢？这个问题过去大家关心得不够，或者说重视得不够，往往是碰到一本书稿或项目，就报了选题，老老实实地编出来印出来，就完事了，没有令一个选题发挥出最大的效益。选题是有方法的。方法在哪里？我初步归纳，就三联而言，可以有以下几个。

1. 眼睛向外，发现精品

眼睛向外，就是要放下个人的小趣味，了解市场，与作者交朋友，广结善缘，多结识文化学术界人士，从中发现好的选题。有的人交际面太窄，见到一个选题，有几万资助，就当成了宝贝；又或只是从自己的爱好出发打转转，买几个版权了事，这样是出不来精品的。眼睛向外第二个办法是开发外脑，就是同有资质的工作室合作。第三个办法，是聘请店外的组稿编辑，组织具水准的学术文化类书稿。

2. 建立优势，主动扩展

就是在成功的选题点上迅速发展，形成面的优势或纵深的优势。军事上，这种方法叫作"支援打胜仗的部队"。我们要想方设法依托一个好的点子把选题串起来，串起来的效果大不一样。我统计了生活书店的系列书的印数，他们的平均印数达到20678册，远远超过了三联的单本书。我们有的编辑出了一本不错的书，但他不去围绕这个题材再加深入，而是又挖新坑。

我们有的编辑一年报十几二十个选题、出七八本书，一本一本互不联系。我们出了《中华文明的核心价值》以后再无后续，中华书局却加以跟进，出了《中国文化的根本精神》。设想一下，如果我们有一系列的产品，把"讲仁爱、重民本、守诚信、崇正义、尚和合、求大同"等等中华优秀传统文化的精髓讲清楚，那该多好！其实这些内容都有专家在谈，也写了文章，关键是要把它们组织起来，形成《中华文明的核心价值》的姊妹篇。我们有许多套书，比如某某大学丛书，都是拿了钱为别人敲锣打鼓，不是我们的品牌。这样的事情今后应该尽量少做，就算要做，也要加以市场化的包装，让它更能令读者感兴趣。当然，讲把一个部门的选题尽量串起来，不是不出单本书，这里有一个重点，或曰比重的问题。我们固然要做好每一本图书，但现在我们更需要有新书出版上的合力。把散兵游勇组织成军队，效果肯定是不同的。出版系列化还有一个优点，就是可以节约设计力量，提高设计效率。试想，一位设计师如果做 20 本书的封面，一个风格的与不同风格的，哪种快一些?

3. 穷尽资源，集团作战

意思是权威作者、引人注意的题材要想办法多量占有，不要所谓"只取一瓢饮"，不要掐尖出版，自己做探索者，让别人坐享跟进的红利。我曾同"滇西三部曲"作者余戈聊天，他说他的研究方法是山羊啃草皮，吃过的地方让别的羊没有草吃。我们做出版也可以借鉴他的方法。这方面我们要向社科文献出版社、中信出版社学习，前者的"战争系列""独裁者系列"，后者的"世界史系列"，都是出手就十几种几十种，他们做过的题材，基本上别人无法再做什么了。回看我们自己，我们的一些大宗板块，禅思、日本、旅行、美食，都没有宏观构思，都是零敲碎打；我们的中国史、世界史、人物传记也没有可称道的整合。哪怕是一个很小的主题，我们也没有认真考虑如何全盘占有，加以整合。比如京都，我查了一下，三联前后出了六七本京都有关的书，但互不相关，装帧、开本没有一点关系。人物传记方面，日本的，我们出了宫崎骏、千利休、岩波茂雄、三岛由纪夫等，你能把握他们的关系吗？现在我们有好几个部门在出版人物传记，这方面有无可能加以整合，统一开本、装帧，使之成为"三联人物"系列呢？

4. 创造品牌，引领阅读

这里所说的，是在三联品牌之下开辟能勾起读者阅读兴趣的子品牌，制造注目点，形成影响力。这方面成功的先例有社科文献的"甲骨文"和广西师大的"理想国"，还有财新在中信出版的"思享家"、新星的"午夜文库"等，我们自己的早期的如"现代西方学术文库""三哈丛书"，晚近的如"新知文库"。不要以为出书，穿了三联的马甲就是市场的保证，一个响亮的子品牌才是各分社应该追求的目标，尤其是在学术、大学术或曰文化类图书的出版上。我同一个大学图书馆的管理员老师聊天，向她介绍我们的"新知文库"，她翻了几本，大赞，说以前根本不知道有这套书，以后凡是这个系列他们图书馆一定购买。当然我感觉"新知文库"的选书还可以进一步讲求品质。三联的出版物，不少图书是跨界的出版，像"新知文库"这样，既是科技，又是人文，部头不大，设计又不属于夸张的类型，在书店的陈列上就比较吃亏，因此一定要想办法形成集群，以集群制造影响力。我们希望各个分社在一个自己擅长的板块上创建出响亮的丛书品牌，已经有的，要规划好，宣传好，让它成为你的营销重点；要主动谋，不要被动等。这方面，生活书店的"知心书"和"独立日"就很好，大众分社的"视界"系列也很好。应该指出的是，我们其实有不少的丛书系列书，但丛书的名称都太实，不够吸引，不够抽象，因此也就难以吊人胃口，难以上升为品牌。

四、关于创新

随着我国经济进入新常态，中央提出了万众创新的要求。我们今天寻求图书出版的新发展，也必须有全力创新的意识。

创新，首先是要思想上重视，要丢掉包袱，不故步自封，不要陷在传统中出不来，也不要局限于已有的板块或生产线，只要有好的资源或者创意，都要勇敢尝试。三联的传统中最宝贵的一条就是持续创新，敢为天下先。我们今天一是不能守成，成是守不住的，我们的竞争者正在虎视眈眈，甚至已经走在前面；二是不要以为某种创新不合乎三联的调调，其实三联的重要调调之一就是持续创新，没有固定的调调。三联出版的"新锐一流"值得我们仔细体会。我们讲要加强思想性强的作品的出版，也要体现创新的意识。讲思想性，是要关注现实，把握历史发展趋势，分析当下问题，提供解决的方法，促进社会进步。

其次是方法创新，必须摆脱推荐出版、资助出版、坐等稿件上门和零打碎敲买版权维持的状态，主动策划，整合规划，参与竞争。这个我上面已经讲得很多了。

第三是体制机制创新。在体制创新方面，店里已经下决心支持内部设立工作室，正在起草有操作性的规则，要求他们以更灵活的机制进行运作；同时店里也鼓励同外部的工作室和策划编辑进行选题合作，当然是在保证导向和遵守出版规则基础上的合作。在机制创新方面，我们更希望建立起各分社的选题激励机制，形成分社的策划主体。2016年已近尾声，店里将在2017年初开始新一轮的聘任工作，希望各分社规划好内部的岗位设置，制定到位的激励机制，为出版更多的精品力作创造条件。

创新当然还有其他的内容，但我觉得目前我们特别需要在以上三个方面实现创新。认识和体制机制的问题解决了，内容的创新才可能有新的突破。

因为这次选题会吸收了全体编辑参加，包括许多的新编辑，我想借此机会给新编辑提两点希望。

一是希望学会等待。意思是不要一参加工作就急于自己去做选题。由于资源有限，一些人急于做书，完成任务，往往会先去找师友，拿来几个有经费的项目了事。一般来讲，这样既做不出精品，又占用了时间，还局限了视野，你就难以提高。所以要等待，等待中可以多看一些别人组来的书稿，多向有经验的编辑学习，多了解市场，潜沉三五年，再做一点选题。这样说的意思，不是说有了好的选题你也不必做，而是希望年轻编辑尤其要花心思学习，发现有潜质的年轻作者，同他们交往，与他们一起成长。发现、培育新作者，是我们的一个重要的任务。当你和他们一起走上十年二十年，他们名满天下之时，就是你大功告成之日。

二是要淬炼出版人的眼光。我们有的编辑把一本很平庸的稿子奉为至宝，报选题时说得天花乱坠，出版之后悄然无声；有的编辑，书稿明明是很烂的文字，却看不出来，反而觉得有特色，结果是经手的书稿屡屡过不了关。这里起作用的就是眼光。眼光决定格局，格局决定成败。而眼光是要经过淬炼的。要多看，多比较，当然也要经受失败，只有如此，你的眼光才会"毒"起来，才能发现真正的好文章，发现有潜质的作者，发掘更广阔的市场。比如这次美国大选，不少出版社关注希拉里，中国人民大学出版社却一举推出三本特朗普的书，这就反映了他们独特的眼光。

我觉得，一个编辑，如果打算把编辑工作作为一生的志业，学会等待和淬炼眼光都是重要的。

总书记讲，走得再远，也不能忘记我们为什么出发。作为三联的编辑，我们的责任和使命是努力锻造内容，提供价值，形塑思想，扩大三联的影响力。我们要时刻牢记，基于市场销售而带来的影响力永远比眼下的资助利润更重要。在这样的一个会上，我想以这句话同大家共勉。

（2016 年）

做"有生命力的书"

——2017年三联书店好书回望

2017年快速地过去了！进入10月，已经有出版社开始了本年度自家好书的评选，到了12月中旬，已经有许许多多的出版社评出了自己的"十大"或"二十大"好书。在这种情况下，三联书店还是能沉得住气，在2017年的最后一个月的最后十天，有条不紊地开始了我们的年终盘点。

盘点的成绩是令人惊喜的！惊喜不仅在于，在读者的广泛参与（3531位读者参加投票）和专家投票基础上，我们选出了三联书店2017年的十大好书以及十大好书副榜，还在于三联新书在过去一年的各种榜单上的亮丽表现。据不完全统计，过去一年三联图书有64种（次）入选从中央到地方的各种好书榜单，6种入选中国出版集团2017年年度好书榜单，可以说是精彩迭出。

回想2016年的12月，在三联书店2017年选题会上，我们提出了新的一年选题出版工作的总体思路，就是在坚持导向的前提下出版更多精品；在继承传统的基础上努力寻求创新；丰富特色产品线，但要更紧密地贴合国家战略（中国梦、中国制造、一带一路等等），做好有思想的出版。一年过去，在全体三联人的努力之下，我们有了一个出色的答卷。

2017 年，三联书店新书出版 282 种，总印数 230 万册，平均印数 8500 册，这个数据比上年分别增长 19％、29％、9％。过去一年，导向管理、编校质量管理空前严格，加上政治任务急迫、关联印刷厂整顿等因素，以学术文化图书为主要出版内容的三联书店，有此增长是十分不易的。

过去一年，三联书店精品出版成绩突出。观察三联书店 2017 年的新书目录，会发现精品图书有很大增长，其中的代表，如《1944：龙陵会战》《中国考古学》《中国近代海军史事编年（1860—1911）》《全球景观中的中国古代艺术》《古诗词课》《鉴若长河》《人伦的"解体"：形质论传统中的家国焦虑》《朝鲜战争》《御窑千年》《一生充和》《火枪与账簿》等。三联书店在这一年里，深入发掘、策划、出版中国题材的图书，努力做到"致力于中华传统文化的现代阐释，中国道路的学术表达"。总书记讲，走得再远，也不能忘记我们为什么出发。作为三联人，我们的责任和使命是努力锻造内容，提供价值，形塑思想，扩大三联的影响力。这方面的努力，已经有了实实在在的成果。

过去一年，三联的出版物在注重学术的同时，思想性的要求更高了，更致力于将严谨扎实的学术研究转换为能为大众分享的精神产品，我们希望每一本书都能给读者带来新的东西。在这方面，《拉铁摩尔与边疆中国》《家与孝：从中西间视野看》《在台湾发现历史：岛屿的另一种凝视》《孔子的学问：日本人如何读〈论语〉》《重写旧京：民国北京的书写和政治》《良训传家：中国文化的根基与传承》《教养身体的政治：中国国民党的新生活运动》《追寻"我们"的根源：中国历史上的民族与国家意识》《文化殖民与都市空间：侵华战争时期日本文化人的"北平体验"》《帝国的兴衰：修昔底德的政治世界》《中国新工人：女工传奇》《金泽：江南民间祭祀探源》等都很好地体现了三联编辑的旨趣，可以说，这里的每一本书，都是"我们"所特有的。

过去一年，我们的文化出版更加丰富多彩，编辑们的选题触角，涉及文化生活的方方面面，满足了读者的不同领域的需求。其中的《第三极的馈赠：一位博物学家的荒野手记》《歌德与席勒：两位文学大师之间的一场友谊》《字里书外》《阅读力》《彀外谭屑：近五十年闻见摭忆》《乡间夫人日记》《从巴黎到比利牛斯》《科幻中的中国历史》《谁在地球的另一边：从古代海图看世界》《三国宴》《古人的日子：戊戌年历》《万念》《美食地图集：39 种菜系环游世界》等，从不同的侧面，或思考、或欣赏、或省察了我们的世界和历史。

过去一年，我们力求提供新的知识，力图让我们的书更好看，更有趣，在设计和制作上更花功夫。读者翻翻《碳时代：文明与毁灭》《脂肪：文化与物质性》《心灵牧歌：〈四福音书〉鉴赏大全》《圆明魏紫：中国明清紫檀家具》《以赛亚之歌》《〈三体〉的 X 种读法》《沪乡记事》《日本设计：艺术、审美与文化》《共病时代：动物疾病与人类健康的惊人联系》《木趣居：家具中的嘉具》《珍奇屋：收藏的激情》《图说敦煌二五四窟》《蒙古国纪行：从乌兰巴托到阿尔泰山》等书，就会产生眼前一亮之感，时不时地被书中的知识点和精美的制作所惊艳。

过去一年，三联的系列书和丛书的阵容更加壮大，"新锐一流"的集群效应更加凸显。既有的系列书如"新知文库""三联哈佛燕京学术文库""文化生活译丛""开放的艺术史丛书"迭有新作加入，新开发的系列图书，如"当代学术""三联精选""观念读本""影记沪上（1843—1949）""彩图新知"等，又在新的领域开疆拓土，并已取得了可喜的成绩，假以时日，必将成为三联的新的业务增长点。

过去一年，三联的出版不仅立足国内图书市场，也更好地兼顾了两个市场（国内国外）、两种介质（纸介质和电子介质）。2017 年，我们的新书《于丹〈论语〉心得》销售 30 万册，《黄沙百战穿金甲：华为系列故事》《御窑千年》销售量达 10 万，更有多本图书销售超过 2 万册。在第 24 届北京国际图书博览会上，实现《丝绸之路研究》《御窑千年》英文版、《于丹〈论语〉心得》俄文版签约，更有《中华文明的核心价值》《生死关头》《何以中国》《毛泽东阅读史》《天朝的崩溃》《中国建筑史》《中国茶密码》《做中国哲学》等图书获得国家的各种"走出去"资助。去年 11 月，三联书店第一部有声读物、杨绛著《我们仨》有声书在喜马拉雅 FM 正式上线。

回顾过去一年的编辑出版实践，我们固然欣喜，同时也要感恩，还要看到不足。2017 年最响亮的一句口号，是"不忘初心，牢记使命"。三联出版人的"初心"，就是"人文精神，思想智慧"这一坚守 85 年的出版理念；我们的使命，就是坚持"新锐""一流"标准，为读者提供思想精深、内容精湛、制作精良的图书产品。刚刚闭幕不久的中共十九大，明确当前我国社会的主要矛盾，是"人民日益增长的美好生活需要和不平衡不充分的发展之间的矛盾"。在出版层面上，我们可以断言，人们永远需要好书，需要新的知识和思想。我们应该有充分的自信，"有生命力的书，即使经历千年，仍然会在我们的脑海中盘旋"。让我们不断同读者、作者、业界交流、印证和碰撞吧，这将会激励我们不断地审视、梳理我们的出版思路，进而出版更多的"有生命力的书"！

（2018 年）

书业之思

出版业应立足于做强

——兼论出版企业机构设置及其运作

中国加入世界贸易组织的谈判正在紧锣密鼓地进行，无论如何，中国之"入关"已是迟早的事情。作为主要障碍之一的服务业市场准入问题，由于牵涉到新闻、出版等敏感行业，尽管我方以"国情不同""新闻出版是特殊行业"等理由左推右挡，但出版业的国际化似乎是迟早要到来的事情。

我国在出版领域至今仍实行国家垄断政策，使得国外的跨国出版集团把具有13亿人口的中国图书市场作为世界上有待攻克的最后一个有巨大潜力的市场。目前，他们已经在为此做准备了。世界第三大出版集团——德国的贝塔斯曼公司已经在上海成立了读者俱乐部，他们声称打算赔掉8000万德国马克来占领中国图书市场，甚至要拿出100亿人民币来收购中国的科技出版社。有一点是我们必须正视的，这就是国外的超级出版集团为达到占领中国市场的目的，而同我国出版企业的竞争，要比的不是谁能赚，而是谁能赔！面对年度经营总额达百亿以上的超级出版集团的实力，国内出版企业谁可与敌?！

还有一个不能不提到的因素，就是当机会成熟的时候，成千上万的民营工作室将会浮出水面。这些"地下游击队"已经有十几年艰苦经营的经验，积累了可观的作者队伍和行销网络，如果加上他们没有任何负担，以及灵活务实的管理与分配形式，其活力也是今天正式的出版企业所难以匹敌的。

到了那时，在超级出版集团的"实力"与众多民营工作室的"活力"夹击之下，还有"国字号"出版社的生路吗？

以上预测的前景也许过于悲观了。但目前国有出版社这种仍属计划经济范围内的出版运作方式到底还能维持多久呢？在那种现实到来之前，国内的出版企业只有打破计划经济的樊篱、早日壮大自己，才是唯一的正路。或许正是出于这一考虑，党和国家的出版领导部门提出了"造大船，去远航"的号召。

大船肯定利于远航。就如"泰坦尼克号"一样，只要航速得当、决策无误、观察准确，一般的海上风浪是不在话下的。但大船好则好矣，在我国目前的体制之下，这样的大船造得出来吗？笔者以为，在目前的情况下，出版业内人士所应考虑的，似不应是如何将本企业做"大"，而应是如何将本企业做"强"。

如何"做强"？仍是以船为喻。船有小大之分，但第一，不论是军舰，还是渔船，只要你准备出海作业，你的船只的主体结构就应是海船，须知内河的平底船是出不了海的。第二，船上的岗位及人员配置应是科学而经济的，因为远洋航行的给养有限，多余的人员配备，只能影响总体效益，甚至会产生消极效果。第三，必须有严格的航行纪律和奖罚章程。第四，必须有现代化的航行与作业工具，这样，你才不致在茫茫大海上迷失方向，你才会发现"敌情"，并战而胜之。

将以上几点移之于出版企业，其做强的前提就是：a.应确立适合于市场经济的经营体制及主体架构。b.按此架构配置精兵强将，分工配合。c.开展出版三项制度的改革，建立有效的激励机制。d.确立现代化的出版与管理观念，并尽可能地配置现代化的出版设备。在此基础上，加以科学的管理与运作，建立内涵强韧、应变能力强、充满创造力的企业应是可能的。

出版三项制度改革和出版现代化是一个很专门的问题，在这里打算就出版企业的机构设置与运作略作探讨。

提出"出版企业"的命题，目的在于明确出版社的产业角色。过去我们只提出版事业，把出版单纯作为意识形态活动来对待，这给出版业的发展带来很多问题，其中尤其严重者，是一些出版社至今仍不具备一级法人的身份，未成为适应市场的法人实体。出版产业化概念的明确，要求出版业的内涵建设要实现：a.出版单位企业化，就是出版社成为国内外市场竞争的主体，成为具有民事权利能力和民事行为能力的法人实体，其生产经营将成为自主的行为。b.出版组织专业化，即企业内部建立起分工合理的体系，形成良好的结构效应，实现利益驱动。c.出版经营集约化，即充分实现规模效应，尽可能降低单位产品成本，取得最佳经济效益，追求资产优化。d.出版物市场最大化，即在坚持社会效益第一的前提下，最大限度地开拓潜在市场，最大范围地辐射现实市场，最大可能地挺进国际市场。

从以上目标出发，考虑出版社的机构设置，似可归结为两个基本点：第一是以社长为中心，建立高效的选题开发、图书生产、市场营销机构。第二是凡可以社会化的工作都要社会化。围绕这两个基本点，可提出大中型出版社部门设置的基本架构如下表。

社长办公会议（社委会）：社长、总编辑、副总编辑、副社长				
经营管理部门	人力资源部门	选题开发部门	市场部门	法人公司
|	|	|	|	|
社长办公室	人事部	第一编辑室	推广部	美术工作室
计财室	党办	第二编辑室	国际合作室	校对公司
行政基建处	工青妇	第三编辑室	发行部	印务公司
……	……	……	……	……

　　这一设置的中心意旨，就是坚定地以图书生产为中心建构相关部门。选题开发部门的设置，目的是最大限度地立足于本社编辑的选题开发能力，其下以选题的周期及效益、规模组建编辑室。编辑室主任可以是选题提出者，也可以招标产生。这些编辑室可以是工具书的，也可以是一般图书的；可以是纸介质的，也可以是电子或音像介质的。编辑室实行项目管理，项目完成，人员重新安排。当然，如果在一个项目的运行过程中，有关人员又不断地提出新的选题和项目，那么，这个部门就将长期存在下去。

　　市场部门的设立是要使图书占领市场最大化。在这里，市场调查、宣传广告、国际合作、销售开发以至销售管理都是市场部任务的重要内容。在国内出版社开发国际市场多不得力的情况下，把国际范围的图书销售纳入市场部的业务是十分必要的。

　　经营管理部门和人力资源部门是为保证图书生产的低耗、有序、高质而建立的，前者提供出版合同、计划财务、成本核算、质量审读等服务，后者提供人力资源的相关保障。这些部门的机构设置可以按性质适当归并，可以每岗一人，也可以多岗一人，在这些部门工作的职工应做到一专多能。

众多法人公司的设立，体现了社会化的工作实行社会化的宗旨。例如可以在原来的出版社美编室的基础上，组建独立的美术工作室，在原排版中心的基础上组建编录公司，在原来的校对科的基础上组建校对公司，等等。这些公司优先为本社服务，也可面向社会服务。相关的社内的办公场地和设备，这些公司可以优惠使用，而他们对社内的服务要实行最高限价制，以控制成本。这些公司与社内各部门的合作均以合同的形式加以保证。因为这些公司已经成为独立的法人，故他们将从出版社中分离出去，成为实质上的企业。但作为出版社的子公司，出版社可以对他们提出效益和效率方面的要求。

在所有这些部门之上，是全社的领导机构——由社长主持的社长办公会议。这个机构是一个出版社的经营决策机构，参加会议的是总编辑、副总编辑、副社长以及相关部门的首脑。这一会议对全社的选题、生产、经营、人事……作出决定。此中起主导作用的是社长。出版企业应坚决贯彻社长负责制的管理模式，由社长发挥经营决策人的作用，避免政出多门，互相扯皮。

在这样的机构设置之下，提出创意的编辑的作用是十分重要的。他不仅要使自己的创意成为可操作的图书选题，还要物色人员，成立精干的编辑室；不仅要出面协调与各相关部室的合作与沟通，还要对出书的利润分配提出方案。在某种意义上，他就是企业中的项目经理，他要对自己所提出的项目的盈亏负责。一个有抱负的编辑，可以通过自己的工作使图书的双效益达到最大化，从而实现个人的理想与价值。

在项目管理制之下，编辑室主任等的身份是不固定的，是能上能下的。今天你的项目在运作，你就是主任，明天你的项目结束了，你就仍是普通编辑，不必非要通过什么"处级""司局级"的官本位来固定自己的角色。

当然此中的激励机制是十分重要的。在我国出版企业总体上尚处于计划经济的今天，对于经营主体的奖励，还只能是以项目盈亏的核算方式进行，就是，当一个项目产生利润时，从中提取一定的百分比作为有关人员的奖金。但如果我们出版企业的社会主义市场经济体系建立起来，就可对全体员工实行年薪制，按相关人员的贡献确定年薪，使经营与分配更加适应市场经济的需要。

（1998 年）

我看 2015 年的社科图书出版

《新闻出版报》征文，要我谈谈 2015 年的社科书的阅读热点。这个事情还真没有做过，但是作为出版人，展望一下未来的出版形势，是对本身工作有意义的事情，就答应了。

古人云："文章合为时而著。"合于时的就会有读者，就会成为热点。明年的"时"，首先有两个节点。其一，明年是世界反法西斯战争和中国的抗日战争胜利七十周年，一定会有一大批相关的图书出来。不仅如此，由于中国崛起，由于日本右翼势力的卷土重来，带来了中日关系的新的变数，与此相关，反思中日关系的历史，乃至东亚各国关系的历史，都会形成读者的关注点。其二，明年是新疆维吾尔自治区成立六十周年，又是西藏自治区成立五十周年。鉴于这两个自治区在当今中国的地位和开发西部的重要性，与之有关的历史、社会、文化都会形成出版者看重的题材。

一个时代的好的图书选题，总是围绕经济建设、政治建设、文化建设、社会建设的新进展和新实践，如此才能促进哲学社会科学繁荣发展，推动学术创新，反映最新研究成果；才能召集自己的读者，形成文化的高地。在这个意义上，明年需要注意的出版关键词应该有如下这些。

首先还是"中国梦"。无论是中国自己的发展，还是走出去的需要，讲好中国故事，阐述"中国梦"的内涵都是必需的。中国梦追求经济腾飞，生活改善，物质进步，环境提升；追求公平正义，民主法治，公民成长，文化繁荣，教育进步，科技创新；追求富国强兵，民族尊严，主权完整，国家统一，世界和平。与中国梦密切相关的，是社会主义核心价值体系的建立与宣传。阐发好、宣传好这一核心构想，是出版人义不容辞的任务，客观上也有无尽的出版资源和读者资源。从这一点出发，预料2015年会有不少弘扬诚信、勤俭节约、孝敬传统、优良家风、优良校训、乡贤文化、企业精神的图书和读者见面，与此同时，也会有一批展现中华优秀传统文化中"讲仁爱、重民本、守诚信、崇正义、尚和合、求大同"内容的理论著作面世。

其次是"新常态"。中央提出的"新常态"的概念，为今后的中国经济发展给出了新的战略定位，它意味着经济目标调整、决策目标调整，宏观政策和产业政策也要随之调整。在新常态之下，中国全面深化改革，就要激发市场蕴藏的活力，就要为创新拓宽道路，就要推进高水平对外开放，就要增进人民福祉、促进社会公平正义。在这样的背景之下，估计会有比较多的出版物出来，告诉人们如何认识新常态，如何在新常态下寻找机会，发展经济，发展企业，发展自己。

第三是"依法治国"。中央十八届四中全会提出的全面推进依法治国，是一项从中央到地方，从地区到行业，从立法到执法、司法、护法、守法、学法的系统工程。与此相关的，为建设和谐社会，就需要上下努力，达至良好的社会治理方式。这些都是大文章，需要方方面面的学者合力加以科学而到位的研究介绍，而全社会也要通过学习提高自己的守法意识和法律知识，这是一个巨大的图书市场板块。

第四是"一带一路"。"丝绸之路经济带"和"21世纪海上丝绸之路"的战略构想承接古今、连接中外，赋予古老丝绸之路崭新的时代内涵，被誉为一个高瞻远瞩的战略构想、一条和平发展的共赢之路、一项脚踏实地的伟大事业。它既传承以团结互信、平等互利、包容互鉴、合作共赢为核心的古丝绸之路精神，又顺应和平、发展、合作、共赢的21世纪时代潮流，将"中国梦"与"世界梦"进行有机衔接，具有深远的战略意义和全球性影响力。这一理念也是出版人的富矿，预计2015年将有一大批帮助读者了解"一带一路"相关国家和地区的历史与现代社会、经济、文化的图书出版。

作为出版的"老常态"，人文图书，主要是历史类的图书始终是读者关注度较高的板块，也是出版集群中的大部队。接续2014年的路向，未来的历史类图书将更加大众化，就是面对一般读者的出版物会更多；在研究方法上，会更加细微，更加重视档案、日记等第一手资料，甚至更注重口述历史，因此更有现场感；在研究对象上，相比于以前的领袖、大人物，会更关注大时代下普通人的命运，包括对历史的反思，也会更注重普通民众的视角。这也可说是今年的出版特点和趋势。

管中窥豹，略见一斑。是耶非耶？年底再看。

（2016年）

日内瓦国际图书沙龙的所见与所思

4月27日至5月5日，中国图书进出口（集团）总公司组团参加日内瓦国际图书沙龙，我作为团员之一，也参加了期间的各项活动，现对此行做一总结。

"日内瓦国际图书沙龙"是瑞士最大规模、最具世界影响力的书展活动，从1987年开始，每年举办一届，是欧洲乃至世界各国出版社宣传展示、版权贸易及图书销售的重要场所。历届日内瓦国际图书沙龙均于当年4月下旬至5月上旬举行。今年主要有来自欧洲各国的数百家出版社和公司参展，展品以各类图书为主，也有部分音像制品和工艺品。活动期间，当地十分重视，不仅有新闻采访，还出动着传统军服的龙骑兵手持传统火枪助兴，并有不少学校组织了学生入场。开幕式当天，中国驻瑞士大使馆新闻官参观了图书展并看望了中国代表团成员，光明日报对图书沙龙进行了采访报道。

活动结束，回视过程，有以下几点想法。

一是中国文化日益受到国际关注。此次书展，仍是由国务院外宣办之下的五洲传播出版社承办。书展期间，中国展台尽管不大，但以独具魅力的中国文化氛围和各具特色的图书及展品吸引了大量的外国读者和游客，其中又以曾经来过中国的外国友人和中小学生为主。外国读者主要感兴趣的是中国传统文化类书籍，如国画、书法字帖、气功等，其次是汉语教材和旅游类图书，对充满中国文化元素的文房四宝、折扇、手镯等也很有兴趣。承办方又同旅居瑞士的书法家合作，由其在展台泼墨挥毫，给读者书写汉语发音的姓名，吸引了很多读者。尽管书法家的功力不很到位，但拿到汉字姓名的读者都很雀跃。

漫步展场之中，我发现，以介绍中国文化为主题的展台，不止我们一家，还有若干公司和个人以专门的展位做着同样的工作，尽管他们的目的可能是出于营利，但效果是一样的。并且这些展台也吸引了不少读者，一家署名为王永的个人展台还吸引了电视台的摄像。

二是中国图书如何实现走出去仍有待深入研究。 此次我国展台上陈列的图书和展品，虽然以英文版为主，但购买者仍不能说是很多，不少读者翻阅的时间很长，最终却没有购买。我们带去的中文书，问津的更要少些。这说明了两方面问题，一方面是我们开发的走出去的图书，在落地方面必须有专门途径，针对特定人群，不然效果可能会受影响。另一方面是我们的图书必须突破固有思维认知模式，适应外国人阅读习惯和话语体系，才能在国外图书市场占据一席之地。我们应从外国人感兴趣的中国传统文化、自然风光旅游等角度切入选题策划，有机地融入地方特色的内容，可能才会有比较好的效果，单纯推介某一个城市或某一个专题，虽然内容集中，但读者面会比较窄，不易被市场广泛接受。

此次展会，日本、韩国、印度等亚洲国家不见踪影，参展的主体是英、法、德语系的出版社，另外有数个展台的伊斯兰风格的图书，看陈列似乎是以《古兰经》为主。在这样的展场气氛中，如何让中国文化的图书脱颖而出，恐怕还要做些深入的思考和设计。图书的选题和策划固然是吸引读者的关键，但有特色的展台布置、多样的展品展示、多样的推广形式也起着重要的作用。我们现在这样的在展台上方挂两个中式灯笼的方法似乎过于落伍了。

三是相关部门对于不同的书展要有不同的参展策略。 这次日内瓦国际图书沙龙与法兰克福书展、北京书展不一样，不是以版权贸易为主，而是一个图书的大卖场。因此参展的各出版社和公司均带去了充足的书种，有的且有各种购买优惠，有的请作家到场举办活动。相形之下，我们的展品不够丰富，活动略显单调。建议今后如果出席这类书展活动，应事先规划相应的图书种类、展场活动以及有效的推广策略，这样可以使我们投入的费用产生有效的回报。

（2011 年）

古巴书展小记

受新闻出版广电总局委托，中国图书进出口（集团）总公司于 2014 年 2 月组织中国出版代表团，参加了第 23 届古巴哈瓦那国际书展。我被组团方任命为团长。本届书展在上级主管机关的指导和驻古巴大使馆的支持下，在全体参展同志的共同努力下，圆满完成了书展任务。

一、书展情况

本届书展为第 23 届古巴书展，古巴当地时间 2 月 13 日晚在哈瓦那卡瓦尼亚城堡开幕，古巴国务委员会第一副主席迪亚兹·卡内尔出席了开幕式。有来自 30 多个国家的 153 家展商参加，厄瓜多尔作为本届主宾国参展，并带来了丰富多彩的文艺活动，在展会上重点推介厄瓜多尔本国历史文化及旅游。书展持续时间是 2 月 13 日至 23 日，共 11 天，在哈瓦那以外省份将持续到 4 月份。但我团只参加了前四天的活动。

哈瓦那书展特色活动很多。一是儿童图书是主流，在全部展出的图书中占四成。二是儿童插画活动和作家活动最受青睐。三是在书展期间开展各种形式的文化娱乐活动。书展期间的活动有一部分是在展场中的，还有一部分在哈瓦那市的其他地方进行，据主办方介绍，每年总参展人数至少有 200 万之众。我们现场所见，书展实际就是一个过狂欢节的地方，不少古巴民众携儿带女，到展场消磨一天，看书展实际成为民众参与最多的文化活动。

二、中国团的活动

2 月 11 日至 18 日，中国图书进出口（集团）总公司组织国内 7 家出版单位 8 名代表组成中国出版代表团参加了哈瓦那国际书展。书展之前，我们先拜访了中国驻古巴大使馆，同大使张拓同志座谈古巴的社会与经济发展状况。展览期间，张拓大使、甘萍参赞以及工作人员到展台参观并参与同读者交流。

为了更好地展示中国出版成果，参展单位在图书选送方面，立足精品，突出特色。本次书展组织选送了生活·读书·新知三联书店、人民文学出版社、中国医药科技出版社、黑龙江出版集团、北京市社会科学界联合会等 7 家国内出版单位的精品图书，为展会带去社科、文学、医药、儿童、工具类等书籍共 300 余种。

鉴于中古两国既往出版交流往来较少、出版合作处于弱势状态的情况，此次参展以"建立联系，推动未来出版合作"为主旨，积极与参展商开展互动交流。参展人员借助书展平台，主动与参展商和观众进行交流，积极推介中国新闻出版业和本单位的成果，认真解答观众提出的具体问题，收到了较好效果。

古巴与中国同属于社会主义国家，在社会制度和意识形态领域亦有相似之处。为此，在本次参展中，重点突出了中国特色社会主义这一主题，以北京社会科学界联合会出版的中国特色社会主义研究、人民文学选送的文学图书为主打图书，达到了展现形象、提高古巴观展人员对中国文化的认知度的目的。

代表团除在展场参展外，还参观了古巴哈瓦那国营和民营书店，并与书店的管理人员进行沟通交流，询问和了解古巴图书出版与销售情况。观察所见，书店里的图书品种单一，内容多以古巴革命类图书为主，且图书销售价格较低，购书的人也较少，书店面积也都很小。

展览期间，新华社古巴分社记者到展台进行了拍照、中央电视台在古巴外聘记者到展台进行了录像；人民文学出版社党委书记、副社长刘国辉代表中国代表团接受了古巴电视台记者的采访。采访中，除介绍本次参展情况外，更多的是介绍了中国出版文化大繁荣、大发展的情况，并对未来中巴两国出版文化交流寄予了希望。在书展活动中，各位参展人员利用参展机会，在展台主动与观展人员进行交谈，积极向古巴民众介绍与宣传中国社会发展、出版文化繁荣的情况，给古巴参观人员留下了深刻印象。

三、几点认识

1. 华文图书市场小

古巴由于实行免费教育，全民受教育程度和文化水平较高，全国每 10 个人中就有 1 名大学生。尽管如此，华文图书市场仍较小。原因有两个方面：一是语言限制。古巴语系为西班牙语，在全国范围内除机场和较大饭店的工作人员少有通晓英语且都不流利外，其他均讲西班牙语。二是华人数量少。居留在古巴的华人多为早年来到古巴的华侨，现在的华人后裔已不懂中文。据使馆介绍和我们了解到的情况，中国在古巴的留学生及华人总数仅有 2000 多人，其中拿到居留证的仅有 140 多人。而在古巴留学的学生中，一种是学习西班牙语的，另一种是攻读医学专业的。而且这些学生在古巴读书的费用又都是受到政府每月 200 欧元资助的。这是中文图书在古巴没有市场的重要原因。

解决这种状况，一是要加强中西语对照图书向古巴的输出，让古巴人在读书过程中循序渐进地学习中文、了解中文，提高兴趣。二是发挥在古巴的孔子学院作用，输出初级汉语教材，在当地推广中文学习，开展中文免费义务教学。

2. 政府对出版管制较严，版权无法交易

古巴目前仍处于计划经济，对出版管控很严，出版内容单一，对版权引进有严格限制。虽然新上任的领导人也在尝试改革，但短时间内不会有重大突破。即使古巴放开版权交易，由于当地出版社的经济实力有限，也根本没有能力购买版权。当下如果为了实现宣传目的，可以让政府资助国内出版社或由有实力的出版单位尝试免费输出版权，授权古巴出版。

3. 读者需求差异颇大

从现场读者的喜好看，不同年龄、不同层次的读者需求也有不同。年长者喜欢社科类图书，如中国特色社会主义研究图

书；年轻人喜欢体育、医学、文学图书；学生喜欢中西语图书；儿童喜欢漫画卡通图书。此外也有读者比较关注菜谱、旅游类图书。

4. 经济落后，限制文化发展

亲身来到古巴，又一次体会到了社会主义计划经济的恶果：经济落后，城市建设滞后，交通设备老旧，市场商品短缺。展场设在哈瓦那市濒临海边的卡瓦尼亚城堡。此城堡还是西班牙殖民时期为抵御加勒比海盗所建，风光不错，但设施很差，展台展板短缺，配置太少。古巴本国的出版社大都是自带展架，周边参展国也都是自带展板。中国12平方米展台只给配备了4块层板，图书无处摆放，虽与组委会多次交涉但也无法解决。不得已找导游帮忙，在哈瓦那市内单位另租了书桌，这还不够，又把导游家的饭桌都搬了来。许多参展单位则干脆把书摆在地上，类似于摆地摊，形象较差。

一年一度的哈瓦那国际图书展是古巴国内最大的文化活动，也是拉美地区最具影响力的书展之一，每年最少都吸引相当于古巴国内人口总数五分之一的游客前来参观。中国出版业派出代表团参展，无疑给该书展增添了活力。张拓大使开玩笑说，我们参加书展，是为了支持孤悬海外的古巴社会主义兄弟。但其实际意义还是很大的：一方面对于中国打开拉美图书市场有很大帮助，另一方面也扩大了中国文化在拉美的影响力。

(2014 年)

南美归来话出版

　　今年 8 月 25 日至 9 月 3 日，我参加以中国出版集团潘凯雄副总裁为团长的访问团，借参加巴西圣保罗书展的机会，考察了巴西和阿根廷两国的图书市场，从中得到的信息，对我们今后的出版选题建设不无意义。

　　除掉来往两天多的空中飞行，在不到七天的行程中，我们在巴西观摩了圣保罗书展的盛况，同巴西的 V&R 出版社和 Grupo Autêntica 进行了业务洽谈，并在里约热内卢拜访了巴西国家图书馆和里约热内卢天主教大学，向设在天主教大学内的孔子学院赠送了我们的图书。在阿根廷，我们同阿根廷的新大陆出版社和 Adriana Hidalgo Editora 进行了业务洽谈，还拜访了阿根廷书展基金会，同其就中文图书参加阿根廷书展的事宜进行洽谈。在阿根廷还参观了阿根廷国家图书馆和雅典人书店，均给我留下了深刻的印象。

　　圣保罗书展号称是南美和巴西最重要的国际性出版与文化交流盛会，今年的书展设在 Imigrantes 展场，总面积达 6 万平方米，书展汇集了巴西主要的出版社、书店和经销商，也有来自国外的出版商和作家。书展期间举办了不少的文化活动，但由于这个书展如同上海书展和香港书展一样，是以销售为主，所以展销的主力还是各种大型的书店，涌入展场的也多是学生；到了周末，就是扶老携幼，形同嘉年华会了。可能是由于今年巴西的经济发展遇到较大问题，我观察多时，发现到展场的读者买书不算踊跃。在展场中的文化推广活动，也同国内大同小异，就是作家演讲、签售、送纪念品、打折促销之类。展销的图书，以葡萄牙语的图书为主，因为整个南美地区只有巴西讲葡语，而巴西对于其他语种的图书进口有限制，所以其他南美地区的参展商很少。就图书的内容看，我们接触的几家出版社，出版的主要是小说和少儿读物，而出色一些的出版物，主要是购买美国等的版权。他们对中国图书的了解也不能说多，对中文图书感兴趣的方面，V&R 出版社主要是儿童图书，Grupo Autêntica 则要宽泛一些，希望有中国历史方面的图书。

同巴西相比，阿根廷的情况要好很多。一般认为，阿根廷是整个南美大陆文化气息最为浓厚的国家，书店是首都布宜诺斯艾利斯的一道亮眼的文化风景。无论是在高调奢华的全球十大书店之一的雅典人书店，还是在四处流动的简陋的旧市场，到处都可以看到民众驻足阅读的场景。就我个人的观察也是如此。我们到访的雅典人书店位于布宜诺斯艾利斯闹市区，改建自一家歌剧院。书店内部美轮美奂，穹顶的主题为和平的壁画由意大利画家萨那雷诺·奥兰迪绘制，保存完好。剧院内原有的包厢、雕刻、戏台上的深色幕布均保存如新，只是戏台设计成供读者休息的咖啡厅，而包厢则成为一个个"迷你"的阅览室。书店陈列的图书达 30 多万种，以西班牙语的图书为主。我们到访的时间是上午十点多钟，书店里已是人头攒动，有的读者已经在埋头阅读了。在 2015 年的伦敦书展上，雅典人书店获评为"世界最美的书店"可谓实至名归。

正是由于拥有庞大而坚实的读者群体和阅读需求，这个经济持续困顿的国家的出版业呈现出一派繁荣而稳定的景象。我们访问了一家出版社，这家名为 Adriana Hidalgo Editora 的小出版社只有 8 位员工，一年只出版三十几本新书，但过得很是不错！令我惊奇的是，他们出版的一本诗集，厚厚的，几百页，在阿根廷卖三四百元（折人民币），首印竟可以有 3000 册，并且还有机会重印！这也折射出这个国家的读书风气很浓。

其实说来也不奇怪，阿根廷是一个文学大国，是博尔赫斯的国度，以博尔赫斯为首的一批阿根廷作家享誉全球。同时阿根廷也是一个对全球文学作品接纳程度很高的国家，在很多人气书店，外国文学的西班牙语译作一直是主推书籍，特别是诺贝尔奖获奖作品，更是有很高人气。据统计，2015 年，阿根廷图书市场份额，文学加上人文社科图书占据了 50％的比例，这不能不令我们艳羡不已。

阿根廷出版界对中国题材兴趣颇大。我们到访的新大陆出版社、Adriana Hidalgo Editora 和阿根廷图书基金会，对中国历史、当代中国的改革都有很大兴趣，尤其是新大陆出版社的负责人 Jorge Gurbanov 先生热衷于传播中国文化，曾连续三年参加北京国际图书博览会，很急切地想引进中国主题的图书，包括有关中国发展道路、中国模式和中国特色发展经验的主题图书。从阿根廷图书基金会得知，阿根廷出版社出版的西班牙语图书，可以销售至南美的各个西班牙语系的国家，甚至可以销售到西班牙本土。从 2015 年开始，阿根廷新一届政府取消了图书进口的限制，所以，以阿根廷为窗口，打开西班牙语图书市场也不失为一个好的选择，毕竟西班牙语图书是国际上仅次于英语的第二大图书市场。

匆匆的南美之行，尽管名义上是 10 天，但是除掉飞机上的时间，满打满算，踏实访问的时间也就不到七天。这样的走马观花，其印象肯定是不完整的，但这些印象也足以引起我的思考，尤其现在又是 9 月，距离每年一度的选题讨论会也没有多长时间了，与此相关，我想的更多的是，我们的出版选题到底应该注意些什么？应该向哪个方向努力？

应该注意什么？凝练一点说，是八个字：中国、当代、原创、精品。

中国，就是要始终紧紧地扭住"中国"这个主题，就是要深入挖掘、整理我国的优秀文化遗产，出版一批反映中国历史研究重大成果、具有重大文化传承价值的出版物。要努力展示中华文化的独特魅力，从"讲仁爱、重民本、守诚信、崇正义、尚和合、求大同"等角度展现中华优秀传统文化的精髓，以利于当今读者汲取中华优秀传统文化的思想精华。我们在此次南美之行中，与出版同行交流，他们不止一次地表示，对中国历史、中国文化图书感兴趣，巴西的 Grupo Autêntica 负责人更是具体地说，他们特别希望引进一本简明的中国史读本。从《中华文明的核心价值》一书成功输出 15 个文种的版权的事例中，我们可以看到，讲好一个中国故事，可以产生出多么大的世界影响！当然我们不是眼睛只盯着走出去，即如国内市场而言，如何更好地发掘、策划、出版中国题材的图书仍是我们的重要任务。从广西师大出版社引进讲谈社出版的"中国的历史系列"成功搅动市场，就可以预计，如果三联书店策划出版一套简明中国史系列，读者的反应一定是非常热烈的。

当代，就是关注现实、关注改革、关注大局，加强中国特色社会主义道路、理论体系、制度的研究，总结改革开放的经验，深入阐释中央"四个全面"战略布局，宣传创新、协调、绿色、开放、共享五大发展理念。在与南美同行的谈话中，他们非常关注中国的改革，希望见到好的总结中国改革成功经验的出版物，阿根廷新大陆出版社的负责人 Jorge Gurbanov 先生在谈话中，心心念念，多次提出希望我们推荐给他反映中国成功经验的图书，其心态于此可见一斑。与此同时，在培育和践行社会主义核心价值观方面我们还要再出新意，弘扬以爱国主义为核心的民族精神和以改革创新为核心的时代精神，努力出版一批加强社会公德、职业道德、家庭美德、个人品德教育的出版物，推出一批发掘革命文化、红色文化宝贵资源，以党的优良传统和作风鼓舞人民的出版物。2017 年，是香港回归 20 周年、邓小平南方谈话 25 周年、恢复高考 40 周年、中美关系正常化 45 周年、抗日战争爆发 80 周年、中国人民解放军建军 90 周年。抓住这些时间节点，策划、出版一批主题出版物，更是我们要努力推进的工作。

原创，就不必再做更多的解释了。我们经过这么多年的呼吁，原创作品的挖掘仍然不能说到位。除了个别分社外，我们的出版物总体上还是引进作品比重过大。编辑眼睛盯着别人的馍馍，孜孜于引进版权，就必定影响原创作品的策划和开掘，其直接后果，就是可供走出去的品种减少，可供开发电子产品的图书减少。而与此同时，由于引进的东西零零散散，不成规模，不成系列，更导致推广工作难做，不能形成宣传热点，也就不会有好的市场反馈。现在提倡供给侧改革、可持续发展，如何加强原创产品的开发，无疑应该成为我们下一步工作的重点。

精品，就是我们要切实加强重大题材和出版工程的建设，努力建构我们自己的精品力作体系；另一方面，通过作品作者的选择，少出或者不出平庸的出版物。就后者而言，首先要力求杜绝经费出书或者资助出书，不为几万元资助而折腰，守住内容品质的底线。在这一点上，我自己曾拒绝过不少送上门的选题，然而我们的一些部门却守不住自己的大门，导致编辑疲于海量的文字加工工作，无法从事最应该做好的选题策划工作。这是应该深以为戒的。其次要把好著译者的文稿质量关，在选题列选前就要对书稿质量有清楚把握，拒绝质量低劣的书稿进入编辑环节。我们有不少图书，质量检查两次三次都不合格，其根源是原作或译作存在根本性的问题，而我们的编辑又无法彻底解决。这样的事情今后不应再出现了。最后，是我们的编辑要努力提高自己的能力，把握时代的脉搏，寻找、策划出我们的精品力作，同时发挥"工匠精神"，通过到位的编辑整合和编辑加工，解决书稿中可能存在的各种问题，打造出经得起各种检验的好书。

这样的期待能否实现呢？我充满希望！

（2016 年）

鬻书人语

网络时代，独立书店生路何在？

一段时间以来，电子出版的进展、网上阅读与手机阅读的普及，在世界范围内，大家纷纷讨论实体书店的生存问题。其实，就国内而言，各地的新华书店由于兼营多业、无房租负担、有教材支持，生存并没有太大问题，生存堪忧的是独立书店。

这里所谓的独立书店，是指新华书店系统以外的以经营文化学术图书为特色的书店。独立书店尽管投资主体、出资方式或有不同，但大体上是独立经营，很少连锁，其中有个别办得出色的，如北京的万圣、南京的先锋，但近两年来，总体上可谓噩耗频传：第三极倒闭，思考乐消失，广州的学而优书店也在裁减门市。每倒闭一家独立书店，都会引发媒体的不少议论。然而在今天，在互联网空前普及、电子商务大鳄集结进入网络图书零售市场的今天，独立书店的生存问题，不夸张地说，已经到了存亡继绝的关键时刻了。前些日子京东网上商城、当当网、卓越网三家网络书店的价格战，已经使出版发行业内人士触目惊心，日前又因苏宁易购正式开始网销图书而带来苏宁、当当、京东的价格大战。报载，继京东、当当、卓越、苏宁之后，百度乐酷天、QQ商城、一号店等几家国内的主要电子商务巨头已经在图书网络零售市场集结完毕，蓄势待发。与风生水起的网上书店截然相反的，是商务印书馆上海门市部的关张，是风入松书店的无限期装修停业，是光合作用书房倒闭的消息。

准备进入图书零售市场的电子商务大鳄们，或者有巨量的资金储备，或者有雄厚的外资支援，或者有庞大的网上用户，自然会在图书零售市场大有作为。而独立书店势单力薄，所销售的图书以人文社科为主、没有教材教辅支持；限于店面、仓库、资金流等原因，他们不可能大批进货，因此不具备与出版商议价的能力；同时他们不具备新华书店一业为主、多种经营的能力，本来就因为房租、水电、人力资源等费用的上涨而运营艰难，现在这些资金雄厚、不怕赔本、规模巨大的电子商务大鳄加入图书零售，不啻是最后压垮之的巨石。

网络时代，城市还需要独立书店吗？答案当然是肯定的。谁都不能否定，文化是一个民族的灵魂。图书是文化的载体，而书店是一个城市的文化名片。书店不仅是了解一个城市的窗口，而且是公共文化交流的重要场所，知名的独立书店更是一个城市的文化景观。散处于我国各大中城市的独立书店，以其纷繁的个性、卓绝的坚守，为城市贡献着缕缕书香，为爱书人建构着精神家园。然而，在当前，独立书店的现实是在挣扎，在批量死亡。

独立书店的生存之路究竟在哪里？

在以往的讨论中，不少有识之士对于独立书店的发展提出了许多建议，诸如多元化经营、分众阅读、专业化等，也有人主张独立书店自己也办起网上书店，以便更好地运营下去。然而现实已经证明，这些方法远远不能抗衡资本的力量！今天考虑独立书店的生存，必须有更强有力的措施。具体而言，今后独立书店的命运系于以下四个方面：国家支持、社会重视、书店内功、阅读环境重建。

一、国家可以做什么？

今年国家在"十二五"规划中明确提出要加快文化事业和文化产业发展。书店作为文化事业的重要部分，作为城市的名片，理应得到更多的支持，然而，过去这种支持往往是政策层面的，落不到实处。6月中旬，新闻出版总署有关负责人谈到，中宣部、总署、住建部即将出台政策，"我们会要求在城市规划中留出书店的位置，甚至是城里最好的位置。除了大的书城建设，也要为小的独立书店留出足够的发展空间，以保持一个城市的文化生态。"

在未来规划中有此安排，对独立书店当然是一个好消息，但问题是许多书店可能已经等不到那一天了。国家现在就应该出手，拯救已经处于危局的独立书店，尤其是那些在社会上已经有一定知名度的书店。政府应以最实际的措施，保护符合城市文化设施布局要求的中小型独立书店的生存和发展，对符合城市文化特征、具有历史意义的特色书店，可以考虑提供财政援助。让这些书店有好的生存状态，进而谋求发展，对国家的文化建设更有意义。

这些措施包括：第一，对于独立书店的减免税政策。目前我国图书的增值税率为13％，独立书店盈利后还需要缴纳25％

的所得税。对比许多发达国家，我国书店所承担的税负较高。作为国家文化改制试点单位的新华书店，可享受免征企业所得税、营业税、城镇土地使用税及房产税六大税种的税收优惠政策。同为书店经营者，民营书店因为无法享受与新华书店相同的税收优惠政策，生存环境不能不更加严峻。国家重视文化产业发展，就应该对独立书店给予与新华书店相同的减免税的政策。国家对中小企业以至微型企业的优惠政策，都应适用于独立书店。并且这些优惠不是仅作为政策执行，最好形成法律和规定。

第二，给独立书店一定的房租补贴。独立书店生存的最大负担主要是运营成本，也即人员工资、五险一金的增长和房租的增长。前者无论是出于业者的责任，还是对建立和谐社会的贡献，都是书店经营者理当承担的；而后者随房地产业的飞速发展，其增幅已经到了书店难以承受的地步。国家与其规划未来的投入，莫如现在给独立书店以适当的房租补贴，以帮助其渡过难关。

第三，建立严格公正的市场规范。当前尤其要明确图书作为特殊的文化产品，销售商不得在未经出版商许可的情况下低价销售，更不允许以低于成本的价格销售，引发恶性竞争。无论是电子商务，还是独立书店，都应遵从这一规范。在发达国家，包括我国的香港，行业协会在维护市场规范方面都很有作为，不遵守行业规范的，会受到集体抵制，甚至会被逐出市场。当前，尽管中国书刊发行业协会对于图书零售市场的恶性竞争问题屡次发声抗议，但因为相关法律规定不到位、行业协会的权力有限，根本不能制止低价倾销、操弄市场的行为，因此必须由国家完善法律、有关部门严格执法，严厉处罚不正当竞争者，如此才能维护图书市场的规范运行。

独立书店不仅仅是经营性的文化设施，也是文化传播与共享的载体，其外部性决定了"无形的手"并不能在这个领域充分发挥资源配置的作用，因而政府的"有形的手"，如规划、引导、扶持，对独立书店的生存与发展意义重大。

二、社会可以做什么?

让独立书店得以生存和发展不应该仅仅是政府的意志，还应该成为社会的共识，尤其是那些大地产商、大业主房东、产业园区的经营者、学校或企业的领导者。他们如果明白让一家有特色的书店落户到自己的区域，会有助于该区域的文化资质的提高、会使其功能更加完备、形象更加丰满，就会以优惠的租金、拿出合适的空间来让独立书店经营和发展。在这方面，香港的经验值得借鉴。香港的大地产商、大业主，如长实、新鸿基、恒基等，在大型商场和住宅小区中都会给书店预留位置，然后向有资质的书店发出邀请，请他们来考察办店。出租给书店的部分，租金要比一般商铺便宜一半以上。租约到期后，续租的房租加价也低于一般商铺，因此，尽管在香港开书店的毛利也很低，但书店经营者考虑到大商场的人流等因素，仍会进入开店。我们内地人进入香港的综合商场，往往会讶异于香港租金这么高，书店为何仍能生存，其秘密就在于此。

此前，许多书店之所以难以生存，就在于租金的节节攀升。明乎此，我们呼吁那些房东们，不管是国有的、还是私有的，请大家支持文化的存续、尽可能地降低书店业者的房租负担吧！我们经常在媒体上看到房地产商为红十字会、环保组织等捐款，那么他们是否可以把书店建设也当成一种慈善事业来对待，在自己开发的项目中免除书店经营者的房租？我们也呼吁国家可以出台政策，对于有独立书店营业的业主实行税收的减免。这样几个方面的合力，就会挽救大批书店于危难之中。

　　独立书店也期待得到出版社的支持，尤其是以人文社科图书为主的出版社。出版社在批发折扣上给独立书店哪怕两三个点的折让，就会使独立书店的毛利增加一点，进而就会令其可以在店员待遇、购书环境等方面得到改善，就会使读者在店里得到更好的服务。由于独立书店面积有限，进货量不大，因此出版社方面不肯稍做让步。其实，聚沙成塔，众多独立书店销售好了，发展了，反过来也是对出版社的最大支持。尤其是从今以后，国家提出文化大发展大繁荣的号召，政府的各项基金对出版进行资助，使出版社可以在人文学术方面加大出版力度，以前难以出版的大型项目现在都可以出版。然而，国家对出版业的支持没有能够分润于书店。社会应该达成共识，凡是国家资助的出版物，应该以更优惠的折扣交给书店，书店再以比较便宜的价格卖给读者，这样才能让社会受惠于国家对文化的支持。未来面对电子出版物的竞争压力，可以说，现阶段出版社出手支持独立书店，就是存续书香，就是弘扬文化，就是对于未来的自救。

独立书店更期待读者的支持。说到底，书是要一本一本地卖出去的。现在网上书店以超低的优惠价格、送书上门的服务，令独立书店沦为网上书店的陈列室。许多读者在书店里徘徊、翻阅，选好心仪的图书，然后或拍下书名，或记下定价，再到网上下单购买。作为书店的经营者，我们当然不能阻止读者这样做，但是，这种现实难道不是对书店的残忍吗？读者朋友如果在书店里能够体会到书籍的清香、文化的韵味，那请你在选书之后，哪怕顺手只买一本，再走出书店吧！这是一个有文化的读者对独立书店的最大支持。

三、书店应该做什么？

呼吁国家和社会的支持，不是说独立书店自己就可以坐等。独立书店要在网络时代获得生存和发展，必须进行创新和改革，要努力寻求合于市场规则的经营之道。比如，独立书店自身的战略和布局要调整，应该向专业化、特色化发展，由单纯的销售功能向销售、服务功能转变。书店应以特色取胜，除为读者提供优质的图书产品外，还需注重营造良好的购书环境、提高服务质量。独立书店要通过组织策划营销宣传活动、带动更多读者读书来拉动书店销售。独立书店应加强书店的市场运营能力，加强社店合作，维护良好的环境，形成新的营销模式。独立书店有条件的可以办起自己的网店，也可以卖音像制品、卖文具、卖咖啡、卖"文化"，同时书店可以向社区活动站、社区图书馆或俱乐部方向发展。独立书店要以文化为核心，通过与读者的互动，凝聚客群，提供更高水平的服务，更好的体验，实现文化感的增值；应筹办文化沙龙、公益活动，与作者面对面，以此来赢得读者认同。与此同时，独立书店要提高经营与管理水平，提高运营效率，降低运营成本费用，使自己的企业健康发展。总之，独立书店应该有自己的清晰定位、在经营中寻找差异化，最终实现扩大销售、良好生存、稳定发展的目标。

在独立书店自身改革创新、提高管理运营水平方面，三联韬奋书店有自己的一番甘苦。三联韬奋书店原名三联韬奋图书中心，成立16年来，在社会上有不错的口碑，但由于各种原因，近些年连续亏损，在专业审计中，未计多年积欠房租，已累计亏损达2000余万元。2010年，在三联书店的支持下，图书中心强化改革和管理，通过收缩战线，重新定位；整顿机构，精简人员，改革薪酬体制；加强管理，全员培训，调整书店布局，建立以读者为中心的服务机制；灌输经营的理念，建立以销售业绩为中心的经营机制四大措施，初步改变了原来濒死的运营状态。2010年8月，三联书店注资2000万元，将该中心改制为有限公司，店名也改为三联韬奋书店，成为生活·读书·新知三联书店的子公司。三联韬奋书店在改革中，坚持做好产品，以自己的选书眼光为读者提供优质图书，书店引入著名文化品牌，加强了新书和长销书的进货和促销工作。三联韬奋书店坚持为读者营造良好的阅读环境，比如坐在楼梯上阅读的读者始终是书店的风景。三联韬奋书店致力于为顾客提供服务附加值，许多原来不经营的产品现在都已进入店堂，比如文具、创意产品、港台图书等；书店还力求每两周举办一次文化讲座或图书推广活动，以凝聚人气。尤其是书店调整营业面积，腾出二楼，由雕刻时光咖啡馆经营，两个机构相近的文化品位，为合作的双方带来增长的动力。

改革从 2010 年 4 月开始，到年底已经大见成效。2010 年韬奋书店在坚持特色的前提下，全年销售实洋 1033 万元，管理费用大大降低，全年仅亏损 63 万元，比 2009 年的亏损 320 万元（不含房租），减亏 257 万元。2011 年上半年与去年同期相比，营业面积减少三分之一，销售额增长 22％，去年 11 月底亏损 116 万元，今年同期实现利润 40 万元。

在这里不能不说的是，三联韬奋书店有了一点盈利，前提是三联书店为坚守三联韬奋书店这一北京知名的文化景观，从 2008 年起，已经不收韬奋书店的房租。书店现在的面积为 1400 平方米，如果三联书店以市场行情的半数，每年向三联韬奋书店收取百万左右的房租，那这个书店依然不能生存。由此也更加证明独立书店的生存堪忧，需国家和社会以切实的措施扶持。

四、重建阅读环境是根本

独立书店如何生存，是书业的整体问题。这个问题固然需要政府、企业的支持，更需要全社会营造热爱读书的环境。毋庸讳言，阅读环境的缺失，是近些年一直未能很好解决的问题，网络的发展更加速了碎片化阅读的风行。十年来，我国的国民生产总值大幅提高，但人均购书和阅读率却基本没有提高。无怪日本"80 后"作家加藤嘉一出版《中国的逻辑》，认为中国的知识非常廉价，一本书的价钱不如星巴克的一杯咖啡。中国内地居民每天的人均阅读时间不足15分钟，只有日本人的几十分之一，甚至远远低于被我们目为"文化沙漠"的香港，有人甚至认为中国现在已经是一个典型的未富先傻的低智商社会。我国2008年公布的第五次国民阅读调查，显示全国户均消费图书仅1.75本！从近期公布的第八次国民阅读调查来看，现在比2008年阅读率有所提高，但提升很少，说明阅读大环境并没有很大改善。我们的社会性的浮躁、我们教育的急功近利，使得众多的大中学生不珍惜阅读机会，满足于死记教科书的纲目。在这种情况下，只能造成社会性的图书阅读率越来越低，而浅阅读、速度阅读越来越多。今天我党和政府建设和谐社会，提高全社会的文化和文明水平，仅靠政府采购和农家书屋是不够的，还必须以新的思维，以各种形式充分引导、鼓励阅读。只有全社会，尤其是青年学生，进入多样的、沉静的阅读，追求"读以致知"，而非"读以致用"，才可以建立一个浓郁的书香社会，才可以挽救我们的书店，我们的文化。

（2011年）

书展、书店与国民阅读

——以香港为例

上个月刚刚落幕的上海书展和南国书香节，分别在上海和广州各自铺开了一场阅读的盛宴。在祝贺上海书展和南国书香节取得成功的同时，想到中国国民的阅读状况，笔者心中关于阅读的隐忧仍然挥之不去。

引发这一担忧的是《中华读书报》8月14日报道的上海市民阅读情况的调查。由上海市新闻出版局所做的这一调查表明：在数字阅读快速增长的同时，传统阅读并未同比下降，纸质阅读仍在上海市民中处于主流。但具体阅读情况如何呢？对于过去一年中大约阅读了多少"纸质书"这一问题的回答，分居一、二位的是"1～3本"和"4～6本"，比例分别是40.10％和19.30％，位居第三位的是"一本也没读"（9.98％），就是说，年读书少于6本的约占总问卷的70％，而余下的"7～9本""10～12本""13～20本""20本以上"的选项没有一个超过10％的。再看买书，年买书20元以下的为16.06％，51～100元的为22.39％，101～200元的为17.22％。在阅读内容上，居于前五位的图书种类依次为"文学""历史""日常生活""经济、管理"和"心理"。"读书的主要目的"的首选是"增加知识"，以下依次为"满足兴趣爱好""提高修养""开阔眼界"和"工作或学习需要"。这是上海,不说市民的文化水准全国最高,起码也是比较高吧。这个统计结果表明我国人民群众的阅读情况实在堪忧!

不要跟以色列、日本这样一些国民阅读水准很高的国家相比了,我们看看同在一国之内的香港吧。今年香港书展的统计未见,去年香港书展期间,主办机构香港贸易发展局委托独立调查公司 Nielsen 对入场人士的消费意愿和阅读习惯做抽样调查。调查发现,书展上最受欢迎的书籍依次为小说(52%)、文学(24%)、旅游(24%)、漫画(23%)、儿童读物(21%)、语文学习(17%)、政治(10%)等。在阅读习惯方面,调查显示,受访者在过去一年中购买印刷书籍的金额平均为 1654 港元,购买超过 10 本书的达 59%。受访者最喜爱的购书地点依次为书店(94%)、书展(67%)、书报摊(26%)、网店(19%)等;有 28% 的受访者表示过去一年曾购买电子书,平均花费 459 港元。98% 的受访者过去一个月曾阅读印刷书籍,其中 75% 的阅读时数超过 10 小时。阅读书籍的文种,分别是繁体中文(64%)、英文(19%)、简体中文(16%)。关于阅读目的,87% 的受访者认为"可获得知识",79% 认为是"培养多元的兴趣和爱好",认为可"消闲减压"和"建立正确价值观"的分别为 75% 和 54%。

将这两组数据相对照,就会发现,香港居民的阅读风气要浓于内地。过去,内地有不少人,尤其是北京、上海、广州的居民,会不自觉地有一种文化优越感,以为香港是一个重商城市，那里灯红酒绿，跑马跳舞，是没什么文化的，甚至有人将之讥为"文化沙漠"。笔者根据上述数据，在微博上提出"香港在阅读方面已经领先于内地"的观点，也引来一些人的质疑。这些质疑包括：书展的样本不够准确，因为去书展的都是买书的；香港的书价贵，即使是一千港币，也买不到几本书；港人的阅读水准低，都是八卦杂志，等等。

事实是否真的如此？如果了解一下香港的书店和香港书展的情况，你就会清楚了。

香港（包括离岛）的陆地面积只有1000多平方公里，其中四分之三是郊野公园，基本没有人居住。但是，你不会想到，在香港有人居住的约250平方公里土地上，竟有大大小小100多家书店！香港的书店可以分为两种，即蛰居高处、相对独立的"二楼书店"与大型连锁书店。大型连锁书店有香港联合出版集团旗下的三联书店、中华书局、商务印书馆以及天地图书公司的销售门市、新加坡资本的大众书局和PageOne（叶一堂）等，当然还有新近登陆的台湾诚品书店。联合出版集团旗下的书店总数达46家，绝对是香港图书零售市场的老大。其中尖沙咀商务、湾仔三联、油麻地中华等几家店的营业面积都有数千以至上万平方英尺，算是大的，不过这里的大，与内地动辄几层楼、数千上万平方米的书城是无法比的。香港一般的书店，面积都不过数十至百多平方米，为了降低营业成本，绝大多数的香港书店是以"二楼书店"的方式生存的，狭小、简陋。这样的书店景观，看似寒碜，其实不然。当你沉下心来，挨家书店、挨个书柜端详过来，你会发现，可供选择的图书种类原来有那么多。它们早以分类的方式、鲜明的特色被分别归入各家书店了。读者如果找综合性的书店，会去大中型连锁书店；找哲学书，上"序言"；找设计书，上"书得起"；找电影书，上"库布里克"；找日文书，上"旭屋"；找内地书，上"尚书房"；找英文书，上 PageOne，十分清晰。与内地一个城市仅一两个大型书城不同，香港的书店分布在各个社区，其中又以香港中区（铜锣湾和湾仔）、九龙西区（尖沙咀、油麻地、旺角）最为密集，号称世界最长的繁华商业街弥敦道两旁，就集中了十几二十家书店。读者购书，一般的小说、文学、旅游、管理、文史书在附近的社区书店都可买到，极为方便。也正因为如此，加上香港的居住屋宇大多是私人物业，外人不得进入，导致香港的网上书店生意不好，网络购书难成气候。

即便如此，也仍有不少人平时是不去书店的，他们的选择是香港书展。香港书展号称亚洲规模最大的书展，每年 7 月中下旬举办，2013 年已经办到第二十四届，参会人数近百万，是世界上参加读者最多的书展。书展有如嘉年华会，许多远住在郊区，如天水围、西贡、离岛等地的居民此时会携儿带女，在会展中心盘桓一天，买书、游玩、看明星、吃饭。书展是出版社推销库存的时间，全场各参展商以低于八折的价格卖书，因此感到平时书价贵的人会在此时大把扫货，买得心头好。也有不少人是借机购买台版和内地版的图书。近年香港书展的文化活动增多，组织者请来海峡两岸三地的学者和作者举办各种讲座，使香港书展的文化气息越来越浓。有人以为，香港书展人多，香港人把一年要买的书都在这几天买完了，原因是平时书店都不打折，书展的书便宜。这种观察有一定道理，但不完全。

　　说起来，香港普通市民买书不多，原因是：书价贵，无必要则不买；家里没地方放书，大部分住家面积在 60 平米以下，几口之家居住，真没多少空余地方存书；香港空气湿度大，书籍纸张容易受潮，一旦发霉只能丢弃；公共图书馆方便而且免费，各个社区均有政府图书馆，香港居民凭身份证借书均免费。尽管如此，由于香港竞争激烈，人们一方面要为自己增值，另一方面又要在工作之余放松心情。兼顾这两点的唯有读书。香港书展调查，读者有关读书目的的陈述就反映了这样的现实。另外，香港是自由港，书店里不仅有本地出版社的图书，也有英文书、日文书，更有海峡两岸的台版书和内地版书，类型多样的图书可满足读者的不同需求。港人在碰到自己喜爱的图书时，是不吝于掏钱的。这样一个人口 711 万的城市，2011 年的图书销售额（不计教科书和教参）约为 18 亿港元，人均购书达 253 港元。我们不要忘记，香港有上百万 65 岁以上的老年人，有上百万的中小学生，也有许多穷人：香港有半数以上人口居住在屋村，有 120 万人靠领取综援金度日，有 10 万人至今还居住在"笼屋"（不到 100 平方米的面积分隔出 10 个卡位，每个卡位分为上下两层，两名成年人挤在一个卡位里面，每个人不到 3 平方米）里面。如此算来，人均 253 港元的购书费已是很高了。

　　有人提出，香港的书价比较贵，一千元也买不到几本书。其实，香港的图书，除学术图书比较贵外，一般图书的定价也就是内地的一倍左右，在香港书展上也不乏 10 元 5 元一本的，内地图书一般都以原价出售。各书店每年都有三个打折季，以八到九折卖书。就算以偏高位的每本定价50元计，人均年购书是5本。以每户4人计算，户均购书款千元以上，购书已是20本。这也同香港书展所作调查的人均年购书金额接近。反观内地，今年4月18日公布的"第十次全国国民阅读调查"初步成果显示，2012年内地18～70周岁国民综合阅读率为76.3％，其中图书阅读率为54.9％，人均阅读图书4.39本，另外人均阅读电子书2.35本。只有1.3％的国民认为自己的阅读数量很多，7.1％的国民认为自己的阅读数量比较多，53.1％的国民认为自己的阅读数量很少或比较少，另有38.5％的国民认为自己的阅读量一般。这也同上述香港书展的调查形成对比。这里说的是阅读量，购买量肯定要低于此数。另一方面，问卷恐怕主要是以城市和城镇居民为主，考虑到广大的农村人口，这个数字应该还要更低。前几年有统计，说内地每户年均购书不到3本，差可接近。

从另一个角度分析也不乐观。我们看2012年的图书销售，这一年各类图书的销售册数和码洋分别是：哲学、社会科学图书为2.5亿册、42.94亿元，文化教育图书（不包括教材教辅）为8.93亿册、90.95亿元，文学艺术图书为2.48亿册、37.09亿元，自然科学、工程技术图书为1.73亿册、30.84亿元，综合类图书为3.44亿册、46.7亿元，少儿类图书为1.83亿册、22.29亿元，上述图书合计，为20.91亿册、270.81亿元，以13亿人口平均，人均购书1.6册、20.83元，就是一年人均购买不足两本书。其实这个数字还有水分。因为其中包含了馆配部分的金额，如果去掉了这部分的金额，人均购书的数量和金额还要更低！再进一步，在上面的统计中，包含了很大一部分教育、科学、实用工程类的图书，如果不考虑这些实用类的图书，有着陶冶人的心灵、提高人的素质作用的文学艺术、哲学文化类的图书，人均购买数量真的要在小数点以下了！

　　这种状况的形成，原因是多方面的。经济落后、人均收入低下固然是主要原因，急功近利、不重视阅读的因素也不可小看。广大的农村、乡镇以及"老少边穷"地区发展得慢一些可以理解，但我们有理由要求像北京、上海、广州、深圳以及省会城市在促进阅读上能走得快一些。我们的社会性的浮躁、我们教育的急功近利，使得众多的大中学生不珍惜阅读机会，满足于死记教科书的纲目。在这种情况下，只能造成社会性的图书阅读率越来越低。今天我们要建设和谐社会，提高全社会的文化和文明水平，必须对提高国民阅读率的紧迫性有充分认识，必须以新的思维，以各种形式充分引导、鼓励阅读，尤其是要鼓励非功利性质的阅读。我们应该借鉴香港书展的经验，充分利用各种书展来推广阅读，这方面近年上海书展和南国书香节都做得很好；与此同时，要在城市建设更多的社区书店，方便读者购书，催浓读书的氛围。同香港的平均每2.5平方公里就有一家书店相比，内地城市的书店，尤其是有特色的独立书店太少了，并且这些少得可怜的书店在电子商务和高房租的双重逼迫下，也在加速消失。

　　在号称首善之区的北京，我们不仅很少像香港书展、上海书展那样成功的推广阅读的展会形式，从前有过的地坛书市也被取消，后来改在奥林匹克公园，但由于宣传推广工作不够，反响难尽如人意；另外，实体书店的情况也不乐观，北京实体书店的消失速度恐怕在全国前列，因为北京有最方便的网络书店配送系统，与此同时北京的支持实体书店的措施至今仍是"只闻楼梯响"。我们可否这样认为，如果一个城市没有好的推广阅读的措施，如果一个城市的书店命运维艰，那么即使这个城市电子商务再发达，也绝非文化之福。

我们可以断定的是，一个民族只有全社会，尤其是青年学生进入多样的、沉静的阅读，追求"读以致知"，而非"读以致用"，才可以建立一个浓郁的书香社会，才可以挽救我们的文化。在这方面，我们要走的路还长。从这个意义上说，以多种形式推动国民阅读，应该是今天的正确选择。

（2013 年）

三联韬奋书店如何实现文化创新

很高兴受邀来北京市文化产业创新发展培训班介绍三联韬奋书店的情况。大家可能会感到奇怪，为什么是我，三联书店的总编辑来介绍书店的情况？出版社本来的分工，总编辑是管导向、管内容质量的，不是管书店销售的。这里的原因是，原来的三联书店副总经理兼三联韬奋书店总经理刚刚调出三联、另有任用，因为没有合适的人接手，只好由我暂时分管，这是一周前的事情。2010 年到 2012 年，我在任三联副总经理、副总编辑时，曾兼任过三联韬奋书店的总经理。经历了这个书店的改制以及由亏转盈的过程。当年还由于我的一篇微博，引发了网络上的关于实体书店生存问题的大讨论，现在负责书店业务，总体上还不太陌生。也正在这时，接到会议的邀请，就不揣冒昧，来说说情况了。

我想讲几个问题。一是三联韬奋书店，尤其是 24 小时店的成立与发展。二是我们做了什么。三是我们还要做什么。四是我们的困难。五是我们的期望。

首先介绍一下三联韬奋书店的历史。

三联韬奋书店的前身，是成立于 20 世纪 30 年代的生活书店。生活书店是由邹韬奋、胡愈之等老一代进步文化人建立起来的。1932 年 7 月，在邹韬奋主编的《生活》周刊社基础上成立了"生活出版合作社"，对外称"生活书店"。生活书店是解放前重要的进步文化机构。前后出版发行了大量进步的社会科学和文艺书籍，总数达 1000 多种。生活书店一直自办发行，有健全的发行机构。除发行本版书刊外，还经售外版的进步书刊，从而成为新出版业的发行中心。生活书店刚成立时还没有门市，1933 年年底，《生活》周刊被迫停刊，生活书店迁移到霞飞路（今淮海中路）桃源坊后，才在那里建立了最早的门市。生活书店自成立到抗战前后，在全国各地有近七十家分店。1948 年 10 月 26 日，生活书店与另外两家中国共产党领导下的进步文化机构——读书生活出版社、新知书店在香港成立生活·读书·新知三联书店总管理处，三店合并任务正式完成。全国解放后，1951 年 4 月，三联、中华、商务、开明、联营等五单位的发行机构联合成"中国图书发行公司"，在上海成立分公司。1954 年起，在中国图书发行公司基础上成立新华书店总店。另一方面，1951 年 8 月，三联书店的图书出版事业并入人民出版社，保留"三联"名义出书，按需要出版"非马列"或"力图运用马列但还不纯熟"的著作。1954 年 4 月，三联书店获中央批准，有了自己的编辑室，下辖中国历史、外国历史、地理等六个编辑组。1979 年，《读书》杂志创办。1986 年 1 月 1 日，三联书店恢复独立建制。

1995 年，三联书店位于美术馆东街的办公楼建成，利用大楼的一层和二层的一部分成立了三联韬奋图书中心，也是三联韬奋书店的前身。书店成立后，由于其浓郁的学术文化气息，很快成为北京的文化地标，被誉为"知识分子的精神家园"。进入21世纪后，书店的经营逐步困难，连年亏损，到2009年已累计亏损达2000多万元。2010年，三联韬奋图书中心改制为股份有限公司，内部实施深度改革，于2011年实现扭亏为盈。2014年，在北京市文资委支持下，书店成立了24小时书店。李克强总理为此曾专门致信三联书店。他在信中说，为读者提供"深夜书房"，这很有创意，是对"全民阅读"的生动践行。2014年后，三联韬奋书店总体年增长率接近10%，2016年销售达到2100万元。

其次是我们做了什么。

几年来，三联韬奋书店在书店建设上，着力做了以下几个方面的工作。

一是强化管理。包括人员管理、制度管理、存货管理等等。

二是加强图书品种建设，保持销售品质。书店长年保有的图书品种为7万种上下，在全国年出书50万种的情况下，选书的品质是很关键的。

三是在书店内举办各种文化活动，强化读者粘合力。三联自己的"三联讲堂""书店里的大学公开课"，以及其他出版社的活动，为读者提供了丰富的活动内容。

四是借势"三联"品牌，在京内外创建三联公益书房和韬奋书店读者驿站。几年来，书店已经建立了二三十家这样的书房或驿站。这样的书房有企业，也有事业单位，包括远洋（天津滨海新区）公益书房、三联书店海边公益图书馆（孤独图书馆）、山西太原蓝山咖啡馆、海航北京总部等；还有个人的，如李帅私人书房定制、东郡少儿书吧等。这种书房或曰阅读空间购买的图书多者几十万元，少的几万元，对促进书香社会的建设起了很好的作用。

五是外出举办书展，让书香浸染企事业员工。协助机关单位开展活动吸引更多的机关读者走进书店，扩大了书店的影响力又很好地促进了书店的销售。如书香国航、书香安贞、书香校园等。同安贞医院合作的书展，由于医院给员工发放了一定数额的购书券，两天的时间实现销售 88 万元。

第三是我们还要做什么？

首先，我们还要进一步策划好书店的各种活动，利用几个分店的各自优势，开展不同层次、内容的文化活动，吸引更多的读者，切实为书香北京的建设做出贡献。

其次，充分发挥三联书店的优势，更多地走出店门，为社会提供文化服务，为机关和企事业文化建设出力。目前正在同有关连锁企业讨论，在其全国连锁的系统内建立三联书房。

再次，美术馆总店重新装修。这个店面已经使用了二十余年，基础设施老旧，大量不安全因素凸显，严重制约书店发展，严重影响书店作为文化地标、公共文化设施的总体形象，亟须消除安全隐患，提升书店公共文化服务能力。我们将投入几千万元对其进行装修改造，在维持现有书店格局的基础上，围绕安全服务能力、文化设施与环境、数字化服务能力等三方面提升改造。项目建成后，将集图书杂志、文创产品、咖啡饮品、新文化体验于一体，并尝试引进新的合作伙伴，完善书店内部阅读环境，提升书店的网络服务和数字阅读能力，从而加强书店的市场竞争力和公共服务能力，扩大书店的经营规模和盈利能力，使国有资产增值保值。

最后，新店的开办。做强实体书店，重要的一点，是要突出主业，健全网点布局。三联韬奋书店已经确立了"五年十店"的发展规划。在北京，我们通过调研发现，亦庄开发区地理位置优越，发展潜力巨大，但文化消费配套场所还需完善。我们将与北京柒柒文创大地文化发展有限公司合作，开办亦庄分店，采取"图书＋创意产品＋咖啡简餐"的经营模式，在提供精品图书的同时，带去文化消费新体验。我们将立足北京，放眼全国，坚持以市场为导向，进一步拓展工作的广度和深度，将韬奋书店的模式向全国推广，第一步，将在成都著名的文化休闲街区宽窄巷子开办京外首家门店——成都分店。成都分店由知名画家、设计师王亥担纲设计，力求打造集图书、创意产品销售、休憩阅读于一体的文化聚落，于喧闹之处创别有洞天意境。该店正在加紧筹备，力争于十九大前开幕。

下面说一说我们的困难。

应该说，三联韬奋书店的建立和发展，得到了北京市及各区的大力支持。尤其是 24 小时店，没有北京市文资办的支持，就不可能出现；我们的几个分店也都得到了东城、海淀、丰台以及未来大兴的支持，海淀区政府和文资办直到昨天还在和我们讨论如何提供好文化服务的问题。在此，我代表书店对大家的支持表示衷心的感谢！但我们发展中也有很多困难，内部的困难我们尽力自己克服，这里主要谈牵涉到整个外部环境的困难。

一是房租压力大。我们的美术馆总店，三联书店不向其收房租，所以可以维持，海淀分店就不同了。尽管清华同方方面给了我们比较大的优惠，但房租仍是不能承受之重，尤其这个店是新成立的，读者需要积累，销售成长缓慢，房租的压力就更大。现在等于是这个分店的房租吃掉了整个韬奋书店全年的利润。

二是理想的店址难找。也有不少的市县和商家邀请我们去开书店，但适合开书店的地方房租很高，租金便宜的地方读者客流又难以保证。我们为了更多地吸引读者，只好不断地搞各种活动，这样增加了运营成本，效果也不太理想。

三是与在京的相关机关事业单位的合作难以展开。我们是很希望在建设书香社会、完善阅读环境方面做多一点事情，但有时候苦于不得其门。比如我们在六里桥北京政务中心开办了一家分店，当时的想法是，这里汇集了北京市几十个部委办局的办公室，我们希望可以同大家合作，打开新的局面，但一年多下来，基本上没有任何进展，仔细询问之下，知道在那里办公的都是各机关的基层办事人员，不具决策能力，但我们希望他们代转的合作意愿也多是泥牛入海。

四是书店的销售在网络书店的竞争下，难以快速增长，各方面的费用高企，员工收入偏低，北京居大不易，因此员工的流动性比较大，难以形成稳定的业务队伍。

最后想说说我们的期望。

第一个期望当然是希望继续得到北京市政府和各区县的大

力支持，一方面现在我们的海淀分店和丰台行政中心店由于选址问题，经营都不太理想，还在寻找合适的地点；另一方面，我们也希望在其他城区郊县开设分店，扩大经营，这些事情都需要得到各级政府的支持。

二是希望政府设立专项资金，加强书店的网点建设，对于新设立的书店给以各项优惠免税政策。政府可以规划出自己名下的房产空间，并鼓励社会企事业单位开发出用于公共服务的空间，来为开办书店提供场地。我在香港工作过，那里号称寸土寸金，但有上千家大小书店，国内的成都也有逾 700 家书店，尽管我不大清楚北京的情况，但相比之下，感觉首善之区的北京书店还是偏少。

三是希望出台奖励措施，扶持、奖励那些坚持社会效益和经济效益的统一，甚至牺牲经济效益、专注于书店建设、为书香社会建设默默耕耘的书店企业，为这个尽管规模不大、但关乎社会正能量的行业注入活力。

四是希望北京市的各级机关事业单位能够多建立自己的图书馆、图书室，以高素质的公务员队伍带动全市的文明建设，提升城市的文化品质。在这方面，我们愿意全力支持，也希望大家有需要的随时同我们联系。

五是建议市政府借鉴香港和其他省市的经验，为本市市民发放书券，为广大市民买书阅读创造条件，让每个市民每年至少买一两本书。以我们的经验，书券与购书款的比例一般都高于一比二，如果能做到这一点，相信会对北京的书香城市建设有很大的促进。

就说这些。感谢主办方给了我这样一个宝贵的机会,来谈谈书店经营的困难!以上所说的如有不当之处,敬请大家批评指正!谢谢!

（2017 年）

三联韬奋书店的现状与发展

——应《北京晚报》采访

《北京晚报》：北京市提出要建设政治中心、文化中心、创新中心和对外交往中心，其中书店的建设是文化中心很重要的一环，三联韬奋书店在建设文化中心方面在未来有哪些规划？

翟德芳：北京市目前有一定经营规模的实体书店可能不到2000家，像三联韬奋书店这样的主要销售文化、学术图书，一本教材教辅书也不卖的书店并不是太多。如今北京要建设成为文化中心，提倡全民阅读，书店建设是重要一环，我们也很愿意在其中尽一份力，既是为书店的发展，也是为北京的文化建设。目前除了东城区的三联韬奋书店 24 小时店（我们称为三联韬奋总店）和海淀分店、丰台的北京政务中心店外，正在讨论在朝阳区的三里屯开设分店。其他区县也正陆续与我们接触开店事宜，我们会稳步落实。此外，11 月我们还将在成都市的宽窄巷子开一家三联韬奋书店，这也是三联韬奋书店在北京之外开的第一家分店。在去年，我们曾制定了"五年十店"的发展规划，我们会朝着这个目标努力。

《北京晚报》：能介绍一下三里屯分店的计划吗？这似乎是

三联韬奋书店在人流密集的商圈开设的第一家分店，会开成 24 小时书店吗？

翟德芳：朝阳区委区政府高度重视文化发展，提出邀请，希望三联韬奋书店去朝阳开店。目前计划在三里屯太古里南区和北区中间的位置、3.3 大厦西侧腾出 600～800 平方米的空间给我们做书店。朝阳区政府对书店的开办相当支持，目前正在全力改造周边环境，并且在这样一个黄金的地段免收书店的房租，这就为书店经营减去了一个最大的负担。这家店应该会开成 24 小时书店。

《北京晚报》：北京的第二家 24 小时书店，也是三联韬奋书店的第一家分店开在清华大学旁边的五道口，自开店以来两年半的经营是不是遇到了一些困难？

翟德芳：是的，我们的确在经营中遇到了一些困难。虽然海淀区委区政府都给了我们很大的支持，但也许因为书店的地理位置不适合的关系，24 小时经营的模式难以为继，目前我们已经暂停了 24 小时营业的方式，改为正常营业。接下来正同海淀方面商讨另选一个地方继续开办，并且希望是 24 小时的模式。我一直认为，并不是每一家书店都适合开成 24 小时的书店，要结合实际情况来看。海淀分店从开店以来亏损相当严重，我们也要考虑韬奋书店的经济效益。目前看来，这家书店的亏损将韬奋书店所有的利润都吃掉了，因此是不能继续的。

《北京晚报》：您能具体分析一下是哪些原因导致了海淀分

店 24 小时经营的巨大困难吗？

翟德芳：按理说海淀分店从文化环境来说是很好的，周围有不少大学，但一方面它在写字楼下面，一定程度上影响了外部读者的进入；另一方面可能大学生读者的经济能力不强，看书的人多，但买书的人少，晚上的人流更少。还有，尽管同方大厦给了我们很大的房租优惠，但每年仍旧需要承担巨额的房租费用，经营压力非常大。我们也想了许多办法，比如举办各种活动，但仍旧没有起色。我们暂时先将 24 小时模式转变为正常的营业时间，以减少人工成本。海淀区十分支持我们，也给了一定的扶持，同时也在帮我们寻找更加合适的店址。

《北京晚报》：对于三联韬奋书店来说，其 24 小时书店经历过辉煌，也经历了挫折，您对三里屯书店开成 24 小时书店仍有信心？

翟德芳：这对我们来说，是一个前所未有的事业。它不光是生意，更是文化情怀。正如李克强总理所说："让不眠灯光陪护守夜读者潜心前行，引领手不释卷蔚然成风。"在我看来，24 小时店的开设与否要考虑具体情况。文化情怀固然重要，但实在经营不下去的话，我们也要积极谋求改变，不能硬撑。而且书店还是要提高自身造血能力，总靠政府"输血"不是长久之计。三里屯是时尚之区，夜晚人流比较密集，注重体验的人群更集中，这个意义上来说比美术馆总店都更加适合开设成 24 小时店，相对地，如果在房山区开店，我想就不大适合 24 小时模式。三里屯区域的读者群和周围环境，也决定了这家书店的特色要更时尚，更注重体验，可能不会像总店一样有那么多学术类的图书。我们要用全新的思维去建设这个书店，包括书店中咖啡和文创产品的选择，也要更注重品牌影响，这样才能给读者更好的阅读环境和阅读体验。

《北京晚报》：现在三联韬奋书店的总店（美术馆店）正在进行装修改造，不少读者很关心，书店为何要进行大规模的改造？

翟德芳：这家店是 1996 年开业的，到现在已经 21 年了，开业时算是北京市最有时尚感的书店，那时在北京以纯粹的文化图书主打的书店也不多，所以培育了一批铁杆的读者。二十多年后，书店的设备老化比较严重，天花板有的地方都开始漏水，书架有些陈旧，通风设备也不太灵光……这家书店是北京的文化地标，在读者心中的分量很重。我们要想更好地为读者服务，就要创造更好的阅读环境，因此要对它加以装修。这个装修工程名为"24 小时书店服务能力建设"，就很好地说明了改造的目的。

《北京晚报》：确实有读者反映书店空间有限、网络信号问题、读者休息问题等，您能透露一下书店改造后会有哪些改变吗？

翟德芳：改造后用于图书陈列的面积会扩大，书店结构会更完整，会开辟更大的空间举办文化活动，咖啡厅会引进著名咖啡品牌经营，书店的通风、空调、整体氛围都会有极大改善。

现在书店的阅读空间比较狭窄，不少读者都坐在台阶上看书，改造后我们会有专门的读书台、座椅等设计，让读者有更舒适的阅读空间，更丰富的文化体验。当然，由于装修，书店在必要的时间里会停业一段时间，或对营业时间做必要的压缩，但这是暂时的，待重装完成，书店会以崭新的面貌同读者见面，会重启 24 小时营业，所以等待一下是值得的！

《北京晚报》：三联韬奋书店作为北京市第一家 24 小时书店，在开办的三年多时间里积累了很多的经验，你认为一家成功的实体书店未来应该向什么方向发展？

翟德芳：对于北京这样一个文化大都市来说，如果没有 24 小时书店肯定是个缺憾，但真正做好并不容易，尤其是夜晚营业，对于服务内容、员工素质等各方面的要求都高。当下虽然网络书店对实体书店的冲击仍旧很大，电子书、手机阅读的普及也"蚕食"着纸质图书的阅读时间，但未来实体书店肯定会继续存在下去，也有存在下去的理由。除了国家对于阅读和实体书店的支持外，在书店看书对于许多读者来说是不可或缺的体验。这对我们这些书店经营者也提出了更高的要求，就是如何形成自己的特色，如何强化读者在书店里的文化体验，等等。

《北京晚报》：如今许多书店都开始尝试丰富的文化活动、提供水吧轻食等服务、为读者提供更舒适的环境等方式去经营，除此之外，您认为一家书店在当下能够受到认可最重要的是什么？

翟德芳：书店可以有多种内涵、多种服务，但我认为，书店的核心应该是图书。一家好的书店，一定要确定自己的特色，书店越有特色，越会活得好。我们知道有的书店甚至只卖杂志，也能受到认可，也能生存下去。一件事只要做到极致，就有生存下去的可能，开书店也是这样。三联韬奋书店以文化和学术图书作为基础定位，但具体到每一个分店，尤其是开在社区里的书店，仍要研究自己周围的读者群，找准自己的特色，如此才会得到读者的认可。

（2017 年）

问道前贤

韬奋先生的第一本书

——看三联前辈如何做出版之一

　　季羡林先生评价三联书店说："我常常感到，国有国格，人有人格，书店也有店格。这个'格'决不是一朝一夕一蹴而就地形成的，而是要经过长时间的培育和酝酿才逐渐被广大群众接受的。我……经过了多年的观察与思考，把我心目中的三联书店的'店格'归纳为八个字：清新、庄重、认真、求实。"这沉甸甸的八个字，背后是一代又一代三联人的栉风沐雨、励精图治、不懈追求，其上深深地镌刻着邹韬奋、胡愈之、黄洛峰、李公朴、徐伯昕、钱俊瑞、徐雪寒、艾思奇、华应申、陈原、范用、董秀玉、沈昌文等令人尊敬的名字。

　　今天的三联人所承接的是前辈留下的荣誉和精神财富，所肩负的则是无数读者对三联未来的殷切期待。也正是今天，在三联的盛名之下，检讨我们的出版物，审视我们的出版选题，我们不能不赧颜承认：跟前辈相比，我们是"跟随愧望尘"了——我们有那么多的平庸的图书，我们的出版质量多次出问题，我们的精品力作不够多。我们要看到差距。古人讲，知耻而后勇。今天我们首先要承认有不足，然后才能迎头赶上，而在此之前，好好学习一下三联的前辈们是如何做出版的是很有必要的。笔者的这一系列文章就想以此为中心，同大家一起回顾一下三联的出版史，从中截取一些小片段，给大家看看前辈们是如何做出版的。本篇是第一篇。

先说说韬奋先生。

韬奋学生时代是个苦学生，中学时家里已经交不起学费，因此他不得不在课余时间兼做学校图书馆的晚间助理员和校外的家庭教师，有时还给《申报》的副刊《自由谈》和商务印书馆的《学生杂志》投稿，赚一点稿费。1921 年，韬奋从上海圣约翰大学毕业，1923 年，进入中华职业教育社，担任编辑股股长，负责编辑《教育与职业》月刊，主编"职业教育丛书"。

韬奋先生编译的第一本书，名字叫作《职业智能测验法》。这本书是韬奋先生出版生涯的起步，也给他一个很大的教训。

事情是这样：韬奋先生对于编译图书没有经验，从黄炎培先生那里领受了任务以后，他找到了 Chapman 著的 *Trade Test* 这本书，依据书中的内容和顺序，依样画葫芦似的翻成中文。他铆足劲儿，翻译了 3 万多字，自己觉得很不错了，便拿给黄炎培先生看。不料黄先生看完后，很不以为然，把韬奋批评了一通。黄先生说："这份稿子还要重新编写……我们编译这本书的时候，不要忘却我们的工作对象——中国的读者。我们要处处考虑到读者的理解力，考虑到读者的心理，考虑到读者的需要，不能仅仅依照原著，按英美人胃口。这样的编法和措辞，未必即合于中国人的胃口……"

黄炎培先生的批评很严厉，但他的话有充分的理由，尤其是黄先生那种心平气和轻声解释的诚恳态度，更令韬奋无法不接受他的批评。接下来，韬奋重新布局，从头写起。不仅把全书的纲要送给黄先生审阅，还每写完 1 万字，都交给黄先生看过。这一次，黄先生看过后，是大加称赞，并为之作序，编入"职业教育丛书"，交给商务印书馆出版。

这件事使韬奋领悟了编译（出版）工作的基本原则，就是"不要忘却我们的工作对象——中国的读者"，用韬奋自己的话说，是"我对于职业教育并没有怎样浓厚的兴趣。可是黄先生给我的这个教训，却很有益于我以后的著作方法，很有助于我以后办刊物时的技术……我认为这是有志著述的人们最要注意的一个原则：在写作的时候不要忘记了你的读者。"

韬奋先生这里讲的，是写作的时候不要忘记你的读者，对于编辑人而言何尝不是如此！我们的一些编辑的最大问题，恰恰是忘记了自己的读者。他们也在冥思苦想，也在挖空心思，也在寻求突破，但他们在最基本的一点上用错了功夫，就是他们只想"我要做一本书"，而忘记了他真正要关心的是"读者要读的是什么样的书"。

当然，今天的读者，同韬奋先生写作第一本书的时代已经有了巨大的不同，但是对于出版者而言，你在构思一个选题的最初阶段，就要清楚：你是在为什么样的人出书？出什么样的书？只有那些最好的编辑，才会关注社会发展趋势，留心社会问题，把握市场动向，从本身的出版定位出发，形成思路，发掘选题，为特定的细分市场读者群提供图书及相关产品。

那么，如何才能真正做到为读者的出版呢？且等下文。

（2017 年）

《生活》周刊兴旺的秘诀

——看三联前辈如何做出版之二

《生活》周刊是韬奋先生从别人手里接办的一本刊物，也是他第一次办刊。韬奋接手之前，这本刊物只是一本偏重于个人修养和职业修养的小刊物，附属于职业教育社，每期只发行2800份。韬奋接手之后，发行量不断上升，一年内就达到2万份，1931年九一八事变后，增加到12万份，1933年更达到15.5万份，已经同全国最大的日报——《申报》和《新闻报》的发行量并驾齐驱了。

这样的奇迹是如何创造出来的？看韬奋先生的夫子自道。

韬奋先生说，办好一本杂志，"最重要的是要有创造的精神。尾巴主义是成功的天敌。刊物的内容如果只是'人云亦云'，格式如果只是'亦步亦趋'，那是刊物的尾巴主义。……没有个性或特色的刊物，生存已成问题，发展更没有希望了。要造成刊物的个性或特色，非有创造的精神不可"。

韬奋先生还强调，办杂志，要求内容精警，"不仅内容要精彩，而且要用最生动最经济的笔法写出来"。他很强调要照顾到一般读者的需要。他认为，"推进大众文化的刊物，便须顾到一般大众读者的需要。一般大众读者的需要当然不是一成不变的，所以不当用机械的看法，也没有什么一定的公式可以呆板地规定出来。要用敏锐的眼光和深切的注意、诚挚的同情，研究当前一般大众读者所需要的是怎样的'精神食粮'"。

关于内容和发行的关系，韬奋先生有很精彩的见解："当然，发行的技术和计划也是刊物的一个重要部分，我们不得不承认这方面也应加以相当的注意。但是根本还是在刊物的内容。内容如果真能使读者感到满意，或至少有着相当的满意，推广的前途是不足虑的。否则推广方面愈用功夫，结果反而愈糟，因为读者感觉到宣传得名不副实，一看之后就不想再看，反而阻碍了未来的推广的效能。"

总结《生活》周刊的成功经验，可以归纳成以下几点：立足于青年大众读者的需要，有益于社会改造；崇尚有趣味有价值的材料，文字大众化，雅俗共赏；内容和编排上不断创新，精益求精；团结众多的作者，群策群力。最后，最重要的，韬奋先生自己所具有的追求真理、高尚的品格和情操、无私的奉献精神，还要加上胡愈之代表中国共产党对韬奋的热情帮助，悉心指导，精诚合作。

韬奋先生是这样办杂志的，生活书店成立以后，他和他的同事们，包括胡愈之、徐伯昕、金仲华、钱俊瑞、张仲实等也是这样做出版的。

韬奋先生创办《生活》周刊的成功经验，对我们今天的出版有重要的启示。我们讲，在这样一个多种媒体繁荣的时代，内容建设是一个出版社的立身之本。出版社要做好内容建设，了解社会、了解读者需求，团结作者、由作者创作更多的好书，是最基本的题中应有之义。

什么是好书呢？只有满足了读者需求的图书，才可以称得上是好书。所谓的好书，应该满足这样四个条件：一是出版创意具有独特性。所谓独特，就是创新。这种创新，并不单指一本书从未被出版过。举凡新的出版领域、新的出版题材、新的出版角度、新的出版介质、新的阐释方式都可以满足独特性的要求。二是具有购买价值，也就是有卖点。内容的独特性和学术性、叙事的宏大或细腻固然是卖点，设计的精巧和包装的华丽也未尝不以其收藏价值而形成卖点。三是选题很好地处理了出版资源与出版物之间的转化，比如将外国的东西转化为本国的、将古典的东西转化为现代的、将经典的东西转化为普及的、将专家的成果转化为出版的资源。四是图书本身各项要素匹配，诸如书名与内容、选题与载体、产品与品牌、单本与系列等都是相容相称的。

这几个方面，三联的前辈们都做得很好了，我们真的要好好地学习呢！

（2017 年）

从《资本论》的问世说起

——看三联前辈如何做出版之三

七十多年前，在全面抗战的烽火之中，马克思的一本著作的中文版在上海出版了。这部著作的名字是《资本论》。出版这本书的是生活·读书·新知三联书店的前身之一——读书生活出版社。

马克思的《资本论》是一部 200 余万字的巨著。由于该书卷帙浩繁，理论深邃，此前中国虽有人试图翻译出版其全译本，但或因政治问题、或因成本太大而没有实现。时间到了 1937 年，学者郭大力、王亚南有感于中国一直没有《资本论》的全译本，遂决定根据英文版全文翻译《资本论》。但他们和上海的几大书局接洽，都碰了钉子，后来经人介绍，他们找到了艾思奇。艾思奇此时是刚成立不到一年的读书生活出版社的总编辑，而读书生活出版社的总经理是共产党员黄洛峰。此前，读书生活出版社的社长是李公朴，他刚在几个月前的"七君子"事件中被捕。从社长被捕的沉重打击中刚恢复过来的读书生活出版社，拟定了新的出版方针，要有计划地分批出版一批马列主义原著。此时，艾思奇得知了郭、李两位的计划，立即与黄洛峰等研究，他们一致同意接受这个大部头的《资本论》全译本。

为了消除两位译者的后顾之忧，读书生活出版社特地同他们签订了约稿合同，每月预付给郭大力 40 元版税。为了使这种支付不受其他业务资金周转的影响，还特意提出 2000 元，在银行上单立账户，专门用于支付郭、王的版税。

1937 年 8 月，淞沪抗战爆发。即使如此，读书生活出版社出版《资本论》的决心仍没有动摇。为了保证郭大力安心从事翻译，即将由上海转移到武汉的黄洛峰根据郭大力本人的意愿，派专人送他回到当时相对稳定的江西赣州老家，进行翻译工作；同时又安排好未来在上海的出版印刷工作。

黄洛峰到武汉后，郭大力的译稿如约源源不断地寄到他的手中。他则克服资金困难，每月按时给郭寄去预支版税。1938 年 3 月，《资本论》第一卷全部译完，而此时恰逢上海出版业因为战事而暂时萧条，印刷和纸张材料的价格都相对低廉，黄洛峰和读书生活出版社的董事长郑易里商定，要抓住这个有利时机，将《资本论》全部出版，而不是如原计划的出版一卷后再出另一卷。为此，郑易里于 4 月给郭大力发电报，请他到上海，和出版社同仁一起，边翻译、边付排，流水作业，共同处理排版印刷中的问题，以加速《资本论》的出版。

此时，江西到上海的陆路已经因战火而断绝，郭大力绕道香港，到达上海，就住在只有两间小屋的出版社里。6 月的上海，已是酷热天气。《资本论》的译排校印流水线紧张启动。经过近百个昼夜的奋战，终于在 8 月 31 日出版了第一卷，此后于 9 月 15 日出版第二卷，9 月 30 日出版第三卷，至此，这部改变人类历史的伟大著作得以以全貌展现在中国人民面前。

《资本论》出版不易，发行更有故事。这部书初版印刷3000套，其中1000套留在上海，供分发给预订读者和零售，还有部分以小型包裹形式分寄武汉、重庆。由于此时上海已经沦入敌手，故其余的两千套分装为20个大木箱，通过轮船发往广州，以转运至内地销售。为了使《资本论》出版后能尽快运送到内地，黄洛峰在1938年4月已经预作安排，调万国钧到广州建立了分社，以便《资本论》运到广州后，由这里分发到各地，同时也借机为读书生活出版社在南方的发展建立一个根据地。尽管安排得很周密，但是战局发展瞬息万变，不久广州沦陷，兵荒马乱中，20大箱《资本论》在广州未及运上岸，便全部沉入海底。得知这一消息，人在重庆的黄洛峰痛惜之余，当即电告在上海的郑易里，急速再赶印2000套。2000套印出来以后，分批通过湛江陆续发往内地。为了确保安全，郑易里还特派专人押运。但书到了湛江，又被法国当局扣留。负责押运的张汉清向重庆告急，黄洛峰通过史良疏通，才得以令法国人放行，运到此时尚未沦陷的桂林，再由桂林分发到重庆及各分社。所以当年在国统区，能得到一套《资本论》，是十分不容易的。

重温《资本论》出版与发行的历史，我们要向前辈们学习太多的东西。其中最重要的，我以为是以下几点。

首先，是出版人要牢记自己的使命，始终坚持弘扬、传播进步文化，把向读者提供健康的精神食粮作为自己的最高责任。

以邹韬奋先生为代表的三联前辈们，明确提出出版工作是"力谋改造社会"，生活书店、读书生活出版社、新知书店大量出版马克思主义经典读物，传播先进的思想理论，成为进步出版事业的堡垒。读书生活出版社成立伊始，便迭遭打击，经济困难，但当他们知道有人全文翻译《资本论》，便毫不犹豫地决定出版，哪怕他们此时只有几千元资本金！在20世纪三四十年代，三家机构出版的书籍，均体现出了捍卫真理、追求真理的努力，即使在今天，这些出版物仍体现出不容置疑的开启山林的伟大意义。

其次，是为了实现出版理想，敢于担当，每个人都在自己的岗位上发挥最大的作用，为了事业，可以牺牲个人的一切，甚至生命。早期的读书生活出版社只有十几个成员，经营环境恶劣，然而，就是在那么两间小房子里，诞生出最伟大的出版物。为了《资本论》的发行，读书生活出版社的成员甚至冒着危险，亲自押运送货。不仅如此，在抗战的炮火声中，他们还出版了一大批进步出版物，以及《读书生活》《读书》《生活学校》《战线》《大家看》《认识月刊》等杂志。战争年代，百业萧条，三家机构为了发展事业，把书店开到了70多个城市，以自身微薄的力量，同国民党的官办书店竞争，经常店被查封，人遭逮捕。但他们不屈不挠，顽强抗争，力谋发展，不断壮大革命出版事业。

第三，是要像三联前辈那样，始终以读者为本，"竭诚为读者服务"。"竭诚为读者服务"，是三联书店创始人邹韬奋先生自生活书店创建之始便立下的店训。以读者为本，首先就要注重出版物对读者的引领和影响，这是三联的核心文化。三联前辈们注重革命性的同时，在出版方面高度重视大众化，即使在学术出版上，也注重对启蒙和现实问题的关注。"竭诚为读者服务"的宗旨，影响了一代又一代三联人；三联人又通过自己的出版物影响了一代又一代的读者。它昭示了出版社存在的意义，是我们应该永远记住的。

第四，是在履行责任的同时，关注市场，掌握商机，发展事业。《资本论》出版过程中尤其令人钦佩的一幕，是读书生活出版社的掌门人抓住上海印刷业短暂萧条的机会，果断决定将《资本论》一至三卷同时出版。这个决策真的是太英明了！如果不是这样，可能这部巨著的出版又将夭折，因为不久之后，战事扩大，已经是中华大地遍地硝烟了。三联前辈们在三四十年代，开创了许多新的商业模式，比如开通十大银行免费汇款购书、编印《全国总书目》、举办联合广告等，正因为如此，前辈们取得了进步图书出版和书刊推广发行的双丰收。

（本文曾以《从〈资本论〉的问世说出版人的责任》为题刊登于《新闻出版报》，在此加以删削，入"看三联前辈如何做出版"系列）

（2017 年）

从"十二年规划"说起

——看三联前辈如何做出版之四

　　1954年，当时担任中宣部常务副部长的胡乔木在中宣部的一次会议上，提议恢复三联书店的出版工作。此前，中华人民共和国成立后，尤其是 1950 年 9 月的第一届全国出版会议后，为配合新中国对出版业的出版发行环节进行分工的需要，三联书店已经被拆分为五个部分，分别与人民出版社等出版社和发行机构合并，三联书店的品牌则作为人民出版社的副牌保留下来。

　　时光进入 1954 年，主管宣传出版的胡乔木认为，三联书店在民主革命时期出版过很多好书，在知识界和文化界有过很大的影响，现在应该重新启动这个机构，这对社会主义时期的文化建设会有很好的作用。故此他建议先在人民出版社内部设立一个三联书店编辑部，组织上暂时归人民出版社领导，将来再谋发展。

　　基于胡乔木的建议，中宣部于这年的 1 月 9 日向中央提交相关报告，报告中说："三联书店应当更多出版著作书籍，以便使党员和非党员作者的各种虽然尚有某种缺点，但有一定用处的作品都能印出来……三联书店可以较多出版社会科学其他古典著作的译本。"4月9日，中央同意并批转了这个报告，三联书店编辑部在人民出版社内部成立，编辑部主任由人民出版社副总编辑陈原兼任，副主任由戴文葆担任，下设中国历史、世界历史、地理等六个编辑组。

编辑部成立伊始，就开始了紧张的组稿工作。针对当时出版的新书品种少、质量低、内容枯燥乏味等问题，在陈原的带领下，三联编辑部的同仁们首先进行的工作是到全国各地访问学者、教授，了解国内的著译力量。陈原自己带领一个小组，在1954年冬天，到开封、武汉、长沙、南昌、南宁、桂林、广州等城市，既访问包括陈寅恪、岑仲勉、李剑农、嵇文甫、朱芳圃等老一辈的教授学者，也寻找年轻一辈的学者，甚至年轻讲师、教员，以至于在机关、学校工作的一般作者，从而积累了丰富的编译资源。

三联书店编辑部的出版活动围绕着两个主要方向展开。一是有计划地整理重印过去出版过的有价值的著作。当时经过不长的时间，就出版了陈寅恪的《隋唐制度渊源略论稿》、张荫麟的《中国史纲（上古篇）》、戈公振的《中国报学史》、高名凯的《语言与思维》、尹达的《中国新石器时代》等一大批有价值的学术著作。另一个方向，就是酝酿、制定了一个规模庞大的"翻译世界学术著作规划"，这才是三联书店对中国出版业的巨大贡献。

规划由陈原主持，初稿由史枚起草，此后在全国范围内访问专家、开座谈会，征求意见，动员学术界和翻译界各方面专家参与，最终由陈原定稿，形成《外国名著选译十二年（1956—

1968）规划总目录》。这个目录共收世界学术名著1614种，翻译总字数达1.2亿字。

这个规划不仅对改变当时的出版格局有着重要的意义，而且有深远的历史意义。就前者而言，新中国成立后的出版，尤其是翻译作品的出版，马克思主义政治理论和介绍苏联社会科学各学科的书籍占了绝大多数，一般的学术著作占比很小；从文种来源上看，主要是译自俄文，据统计，自建国后至1954年底，全国出版译著1811种，译自俄文的就达1585种；另外的问题是翻译工作缺乏规划，译文水平不高。"规划"的出世全面改善了这些不足：第一，规划所收书目，不仅有经典著作，也有一般的哲学和人文社科各学科的名著。第二，名著的文种不仅有俄文，也有英文、德文、法文等。第三，规划是以国家力量有组织有计划的翻译活动，拟定的翻译者也是对相关名著有了解有心得的教授专家，能够较好地保证翻译的质量。

可以想象，如果由三联书店将这份规划实施完成，那将是一个多么辉煌的丰碑！但事与愿违，规划原拟组织九家出版社共同实施，但实际工作中这样的出书方式在组织上是很困难的，加上后来政治运动频繁，翻译和出版工作进展很慢，最终只有三联书店编辑部做了一些实际的工作，但也只是出版了十几种，包括黑格尔的《小逻辑》《哲学史演讲录》第一卷和第二卷、费尔巴哈的《未来哲学的原理》、凯恩斯的《就业、利息和货币通论》等名著。即使是这些书，也大多是旧书重印的。

时间到了1957年，"反右"运动开始，曾彦修、戴文葆、史枚等人受到冲击，陈原则被调到文化部出版局担任副局长，导致三联编辑部的工作全部停顿，这份凝聚着三联人远大理想和辛勤汗水的"规划"也随之戛然而止。幸运的是，东方不亮西方亮。1958年，陈翰伯受命担任商务印书馆总经理兼总编辑。他上任后，结合中国社会科学院哲学社会科学学部的外国学术著作翻译规划书目，吸收各界意见，对《外国名著选译十二年（1956—1968）规划总目录》加以修订，于1963年推出了《翻译和出版外国哲学社会科学重要著作十年规划（1963—1972）》，组织翻译出版了大量外国学术著作。"十年文革"之后，1979年陈原担任商务印书馆总经理兼总编辑，上任之后，他做的第一件大事，就是接续了自己二十余年前在三联编辑部未竟的事业——组织出版"汉译世界学术名著"。经过出版界、学术界和翻译界的共同努力，到今天这套丛书造就了商务印书馆学术出版重镇的地位，已经成为中国出版的经典品牌。

"规划"的深远历史意义还不仅于此。"规划"的形成，对于三联书店的出版理念的转变具有重要作用。建国前的三联，还主要是一家"革命"的出版社，经由建国后的拆分和"规划"的制定，使三联的学术出版渐成主要方向，这对于延续三联的文化影响力而言，是十分重要的。

今天，我们重温这段历史，是要说明，出版的长远规划是一件极其重要的事情！经过改革开放三十多年的发展，今天的出版业已经大大不同于三联前辈制定"规划"时的情形，竞争空前激烈，信息空前通畅，出版空前繁荣。在这种情况下，我们制定的规划，已经不可能仅限于一份书目，而要基于出版社的总体发展战略，对未来一定时期内图书出版的指导思想、出版方向与出版特色、产品组合、总体目标、竞争策略、保证措施以及具体书目的总体规划与安排作出回答。这一工作固然是关系三联全局的事情，需要店领导统领全盘；但目前我们实行的又是以分社管理为中心的考核激励机制，因此也就迫切要求各分社要做好自己的出版规划，明确本分社的产品线和重点产品、骨干工程，寻找自己的理想作者。

在三联书店 2015 年的选题讨论会上，我曾经有这样的发言："我们的图书就单本而言，大都极富特色、极有品位，我们的问题是产品杂散，不成体系，不成规模，如同许多珍珠，散落在书海之中。我们要做的是把单个的珍珠串成项链，使之互相辉映，提高价值量，形成产品的总体阵容。"要做好这个工作，就非要做好出版规划不可。一个分社如此，一个编辑也如此。

制定规划，既要认清市场形势，认识自我的长处，明确个人和分社的定位；又要理清思路，选准重点，实事求是，制定切实可行的发展战略，争取最好的效益，切忌好高骛远、好大喜功。在具体的处理上，则要处理好三个关系。

一是规模与效益的关系。只有形成规模的选题，才具备竞争的实力，才是形成出版社特色的基础，才会对选题的潜在效益的发挥发生作用。规模是实力的象征，它会影响出版上游的作者的投稿心态和合作意愿，也会影响下游的销售商的销售心理与心态。不言而喻，谁都知道成规模地出版某一类图书的出版社才是这一类图书的好的出版社。譬如买西瓜，你会去有一车西瓜的摊主那里买，还是会去只有一个西瓜的摊主那里买？

二是结构与效益的关系。所谓结构，是指选题的高（学术专著、大型工具书）、中（学术普及、大文化）、低（知识性图书、大众图书）等面向不同读者的分布层次。选题结构决定出版人员和其他生产要素的配置，更影响到资金的投入和周转的效果。好的选题结构，能够充分发挥生产能力，促进选题发挥出最大的效能，从而增强两个效益的实现，实现可持续的稳定发展。结构配置不当，就可能高投入低产出，或者是出版了一堆东西，但没什么社会影响。

三是质量与效益的关系。如果说规模与结构属于宏观层次，质量则属于微观层次。所谓选题的质量，指的是一个选题的社会效益和经济效益会如何？其可实施程度又如何？社会效益，事涉导向问题，当然是一票否决；没有市场，产生不了经济效益，当然谈不上高质量；两个效益都有，但难以实施，或做起来旷日持久，也不能说是好东西。可以肯定地说，高质量的选题越多，出版社的效益就越好。没有高质量的选题，你的选题规模再大、结构再合理，也是无济于事。占有资源，不能形成回报，经营这种选题就是劳民伤财。

（2016 年）

向范用先生学习做出版

在三联书店的历史上，范用先生是一位承先启后的关键人物。他早在 1937 年就成为读书生活出版社的练习生，当时仅有 15 岁。此后他见证了三联合并、成为人民出版社副牌、《读书》创办，以及恢复独立建制的历史。说承先，是他同老一代三联人胡愈之、徐伯昕、黄洛峰、华应申等人都有交往，甚至就在他们的领导下工作成长；说启后，是改革开放以后的许多三联新人得到过他的言传身教。正是由于范用的努力，才成就了 20 世纪 80 年代开始的三联的文化传统、独特而高尚的文化品位，以及在读书人心中的独特地位。

提到范用先生的出版事功，人们往往会讲起《干校六记》和《傅雷家书》的曲折出版过程，然而范用先生的成就又何止如此！他少年时代进入出版行业，从打包、送信、邮购等杂务做起，到批发、门市、会计、出版、编辑、设计，遍历了出版工作的每个环节，而他最具成就的是改革开放以后八九十年代的出版实践。此时范用先生担任人民出版社副总编辑、副社长，兼任三联书店总经理。1978 年下半年，《读书》杂志筹备创刊时，范用先生就提出，这份杂志由三联来办，他并向人民出版社党组立下军令状：万一出了问题，责任全由他一人承担。他推荐夏衍、黎澍、戈宝权、许觉民等作家学者参加编委会，又培养起董秀玉、吴彬等名编辑。《读书》初创，他不仅和陈原先生一起，每月同大家讨论下期杂志的内容，还亲自审阅、签字付印每期杂志。他还为《读书》创立"读者服务日"，到了服务日这一天，他亲自洗茶杯、摆桌子，却让年轻编辑去跟作者聊天。可以说，正是有范用先生的工作，才使得《读书》把握住了时代的脉搏，成为联系出版者、作者、翻译者、读者的公共文化平台。

范用交游广阔，他从进入读书生活出版社起，直到1986年初从人民出版社退休，始终活动在中国现当代文化的核心区。他当年在人民出版社的办公室，可以说是"谈笑有鸿儒，往来无白丁"，同他有交往的文人学者，包括茅盾、巴金、冰心、胡愈之、夏衍、朱光潜、艾青、萧乾、启功、吴祖光、新凤霞、黄苗子、郁风、黎澍、聂绀弩、柯灵、赵家璧、冯亦代、钱锺书、杨绛、费孝通、王元化、汪曾祺等人。这些中国现当代最重要的文人集群，之后大都成为《读书》的或三联的作者。范用先生策划的书话系列、"读书文丛"、文人生活回忆、名家杂文等，可谓细水长流，每一本都浸透着他的心血。这些名家的新著旧作，不仅吸引了当代的读者，也具有抢救文化遗产的意义。有些作品产生了长久的影响，比如巴金的《随想录》，比如《傅雷家书》，比如《干校六记》。

也是时代造就，范用先生的那一代出版人，不用想员工吃饭问题，不用考虑出版的商业性，而只把出版的文化责任视为第一要义，因此他们才可以做到"看到好的稿子，就应该想办法让更多的人看"。尽管如此，范用先生的出版实践与成果，还是表明了他的目光之长远。他出版"大作家的小作品"，出版反映新潮流的通俗读物，出版不赚钱的现代杂文选集，确实显得不够"高大上"，但却自成系统，显示了独特的高雅品位。

范用先生在出版事业中还有一项贡献，就是他的图书设计。1938年，他就设计了第一个图书封面《抗战小学教育》，建国后他在人民出版社分管三联书店编辑部和美术组，有时对美术编辑的设计不满意，就自己动手设计。他设计的图书都署名"叶雨"——"业余"之谓也。他自己如此谦虚，实际上他的那些自出机杼、充满着浓郁书卷气的装帧设计，已经是三联文化传统的一部分，其中的《随想录》《懒寻旧梦录》《干校六记》《为书籍的一生》等设计更是被作为经典的设计。

一个人在某项事业上的造就，某种程度上也是时代的赐予。我们今天的编辑可能永远也不可能如同范用先生那样去同作者交往，更不可能也在编事之余去自己做几个封面，但是我们在范用先生身上又确实可以学到很多东西，而其中最关键的，我以为是如下几点。

一是他的使命感和担当精神。抗战时期，范用先生年甫舞象，便加入进步出版社，宣传抗战，传播进步思想。文革结束后，在拨乱反正中，他解放思想，先后参与创办《新华文摘》和《读书》杂志，广收各家之言，为理论创新开路。尤其是他以"立军令状"的方式，誓言办好《读书》杂志，这份使命感和担当精神真是令人感佩不已！今天，时代不同了。我们也应该有一份使命感，这就是中华民族的伟大复兴，中国梦的实现。在这一使命感之下，我们无论是做学术，还是做文化，都要有一份激情，都要灌注一种精神。没有个明确的目标，言不及义，你就什么事情也做不成。

二是他的文化情怀。范用先生淡泊名利，对各类评奖毫无兴趣，他的出版就是两个字："爱书!"用他的话说，就是"我们做出版工作的有一种责任，看到好的稿子，就应该想办法让更多的人看"。正是这种为读者介绍好作品的愿望与情怀，令范用以精神财富和文化财富的标准去衡量一部部书稿，排除各种阻力，成批推出了具有人文精神和思想价值的好书。这种情怀正是今天我们所缺少的。今天我们往往过分关注印量、销售率、市场占有率、营收与利润，恰恰在文化情怀上与前辈差一头地!殊不知，今天的出版工作，政治导向是核心，思想导向是主导，文化导向是主体。在企业化、市场化的今天，我们要熟思"如何始终坚守铸就文化之魂的根本立场，重经济效益但将社会效益放在首位，重市场拓展但不当市场奴隶，重有效发行但不唯发行量"（中国出版集团谭跃总裁语），尽一切努力，出版名家名作，出版有理想、有道德、有温度、有梦想的原创作品。这个，才是我们努力的方向。

三是他的立意长远与时刻坚守。从 20 世纪 80 年代起，直到本世纪初，范用先生自己出版和推荐出版的书很多，这些书有的是成系列的，如"读书文丛"，有的尽管没有丛书之名，但主题相近，设计风格接近，实际还是一个系列，如《晦庵书话》《文坛故旧录》《书林新话》等。由于范用先生有长远的目光，他做的书尽管是一本一本地出，表面看相互关联不大，然而积累下来，却是集腋成裘，自成系统，而且独特高雅。这同我们的一些编辑的工作作风形成强烈对比。我们的有些人也是在寻找选题，然而他没有自己的规划，不会长远构思，东一榔头，西一锤子，满山挖坑，遍地掘井；或者贪图省事，做那些有资助的以及买版权的选题。这样的同事，要认真地从范用先生所编书单中学习一下。

（2016 年）

《傅雷家书》的出版告诉我们些什么？

——看三联前辈如何做出版之六

　　《傅雷家书》是三联书店恢复出版业务后较早出版的一本书，具体说，是 1981 年 8 月出版。第一版选收了 99 封书信，其中有一封是傅雷夫人朱梅馥的信，其余全部是傅雷先生写给孩子们的书信。楼适夷先生为这本书写了序言。本书首版共印刷了 11000 册，在书店上架后，北京全市的门市部都是一天就卖光了，三天后三联马上重印了 10 万册。第二次印刷的图书上市后，报纸上的书评、书讯、广告都出来了，各地书店都形成了门前大排长龙购买这本书的局面。此后，全国总工会、团中央等都向系统内推荐，使这本书成为全国性的畅销书。20 世纪 80 年代，阅读这本书成为一时的时尚，许多人都将其作为个人修养的枕边读物，家书中渗透的高雅情调和艺术品位深深地感染了一代读者。

　　这本书在海外也创造了奇迹。1983 年初，香港三联书店举办"1982 年中国图书回顾展"，《傅雷家书》同样备受读者喜爱，上架一两天就销售一空，不到三天，全港的书店就没有货了。重印依然畅销如故，用报纸的话说，"结果是一印再印，不知印了多少"。

这本书这么受读者欢迎，出版过程却是一波三折。

范用先生是在偶然的情况之下得知傅雷先生有这批家信的。那是1980年，范用与楼适夷先生同去上海，旅途中楼适夷先生谈起文革中逝世的翻译家傅雷早年给孩子们写了一批极有价值的书信，其子傅敏正在整理。范用早就对傅雷怀有敬仰之心，知道这一信息，记在心里，回京后立即登门访问傅敏，看是否可以出版这些书信。

傅敏当时是北京七中的英语老师，他手头正在整理的书信，大部分是他从哥哥傅聪那里带回来的复印件。傅聪是著名的音乐家，此时已定居英国。整理书信这个事，真正做起来，傅敏才发觉难度很大，因为傅雷学识渊博，一封信里往往包罗万象，涉及文学、艺术、教育、出版等多个领域，很难分门别类来加以区分。正在这时，范用上门了。范用读了傅雷的那些家信后，感觉这些书信极有价值，心中升腾起强烈的愿望：一定要把它们介绍给广大读者！他和傅敏商量，不如就按写信时间来编辑，这样可以使读者全面了解傅雷的精神世界和他怎样培养教育自己的下一代的。

达成合同之后，范用安排老编辑秦人路当责任编辑，和傅敏一起整理，并誊录抄写；又请傅雷的好友，画家、工艺美术专家庞薰琹设计封面，经过一番紧张忙碌，当年年底《傅雷家书》就发排了。就在此时，波折产生了。此时距离"文革"时期不远，因为傅聪去国问题尚未公开宣布如何处理，工人师傅觉悟很高，说傅聪叛国，故此拒绝排版。出版社无奈，只好派人到中央音乐学院，找到一份胡耀邦同志关于邀请傅聪回国讲学问题的批示。范用又去找了胡乔木，拿到胡乔木的亲笔批条。据说胡乔木批条中有"傅雷爱党爱国之心溢于言表"的话，工厂看到这些，书才正常排印，出版后洛阳纸贵，大获成功。

范用先生不辞繁难，终于达成《傅雷家书》的出版，是由于他看到这些家书中蕴含的巨大的出版价值。这个价值在责任编辑秦人路看来，"主要是探讨怎样做学问、学艺术，使之精益求精；其次也提出了人类文化发展史（如艺术、宗教）方面的学术性创见，并以爱国主义基础讲怎样做正直的、有修养的、能为别人谋幸福的人"；而在楼适夷先生看来，《傅雷家书》所透露的，不仅仅是傅雷对艺术的高深的造诣，而是一颗更崇高的父亲的心，和一位有所成就的艺术家在成才道路上所受过的陶冶与教养。以范用先生自己的话说，是"我仔细读过几遍（傅雷的家书），认为值得出版，对年轻人、老年人都有益处（怎样做父亲、怎样做儿子）。颜子家训最近还在印，这本家书就更值得印了。三联出这样的书，很合适"。

正是由于范用先生读过傅雷先生翻译的《米开朗琪罗传》《约翰·克利斯朵夫》，对傅雷先生的学问和为人十分敬仰，使他认定：傅雷先生告诉给儿子的，一定值得介绍给万千读者！事实也正是如此。改革开放之初，介绍西方文化的书还很少，傅雷在家书中对西方的美术、音乐、文学等娓娓道来、如数家珍，同时又同中华文化加以比较，令读者大开眼界。这也使得《傅雷家书》成为改革开放后最早出现的西方文化启蒙读物。这可能也是出版者始料不及的。

当今时代，图书的品种越来越多，阅读的方式也越来越多样，在这当中，我们时刻应该牢记的是，出版的根本价值在于追求进步，在于传播思想、文化，向读者提供能够认识世界、陶冶情操、思考问题等等的作品。给人们提供阅读，是出版的本质，是出版的文化本质。这一点无论在什么时代、无论在任何情况下都不应该改变。由此，社会的阅读才可能是健康的、进步的。给读者提供有品质的阅读生活，应该成为有价值出版的原动力。在这里，出版人如何寻找作品的价值，就成为他的第一要务。我们向范用先生学习，就应该学习他善于发现作品的价值，学习他为实现出版的价值而不懈努力的坚持精神。

（2016 年）

三联独立运营伊始的三套丛书

——看三联前辈如何做出版之七

　　三联书店独立运营伊始，在图书出版方面就有大动作，其具体表现是"现代西方学术文库""新知文库"和"文化生活译丛"三套丛书的出版。这三套丛书大体同时问世，但读者层次定位各有不同，总体上形成了一种宏大的气魄，经营数年之后，这几套丛书成为最能体现三联人文气息的典范之作，至今仍表现出强大的生命力。

　　"现代西方学术文库"由"文化：中国与世界"编委会编，甘阳主编，苏国勋、刘小枫副主编。以 1986 年 12 月出版的尼采的《悲剧的诞生》为开端，前后六年，一共出版了 35 种。其中的著名作品有萨特的《存在与虚无》、荣格的《心理学与文学》、海德格尔的《存在与时间》、马克斯·韦伯的《新教伦理与资本主义精神》、本尼迪克特的《文化模式》、亨廷顿的《变化社会中的政治秩序》、弗洛伊德的《摩西与一神教》、本雅明的《发达资本主义时代的抒情诗人：论波德莱尔》、马尔库塞的《审美之维》、皮亚杰的《生物学与认识》、维特根斯坦的《哲学研究》、尼采的《论道德的谱系》等。这套丛书的选编，集中了当时国内顶尖级别的青年学者。他们不仅对国外学术的发展有深入研究，也有良好的翻译水准。他们的导师有许多在"文革"前就已成名，有的还有留学背景，对西方人文学术思想有深刻的了解。这些导师在丛书的出版当中给予了宝贵的专业支持。正是由于这些原因，读者可从这套丛书中尽可能准确、完整地了解西方各现代学术流派的代表及其思想，故其出版后，在学术界和读书界都引起极大反响。

"新知文库"是由"当代西方学术文库"同一班人马主持，但它是面向一般读者，以传播介绍"新知"为主，主要是译介世界各国出版的介绍人文科学新知识的读物，虽然每一本都轻薄短小，但内容十分丰富。其评介东西方的人物、思想、制度，语言通俗易懂，方便读者追本溯源，系统了解其背景和发展脉络。从1986年12月开始，到1993年9月，这套书共出版了78种，其中今道友信的《关于爱》、弗洛姆的《弗洛伊德的使命》、加缪的《西西弗的神话》、苏霍金的《艺术与科学》、舒尔兹的《成长心理学》、阿德勒的《生活的科学》、考德威尔的《浪漫主义与现实主义》、铃木大拙的《禅学入门》、梅尼克的《德国的浩劫》等都是历久不衰的名篇；还有一批人物传记，包括《劳伦斯》《乔伊斯》《福泽谕吉》《马克斯·韦伯》《雅思贝尔斯》《穆罕默德》等，也受到市场的广泛好评。这套丛书尽管都是小册子，但其译校者不少都是名家，后来也有不少人成为大家，如赵鑫珊、何怀宏、何光沪、邓晓芒、贺卫方、梁治平、何兆武等等。

"文化生活译丛"有七八种是在三联书店独立运营之前，就由范用先生主持出版的，比如高尔基的《我怎样学习和写作》、瓦西列夫的《情爱论》、布鲁克尔的《文艺复兴时期的佛罗伦萨》、鲁多夫·洛克尔的《六人》等；独立运营后加快了"文化生活译丛"的出版，新加入这套书的，有茨威格的《人类的群星闪耀时》和《异端的权力》、让·诺安的《笑的历史》、莫罗阿的《人生五大问题》、马尔克斯和门多萨的《番石榴飘香》、拉波特的《画布上的泪滴》、弗莱明的《导演们》、劳伦斯夫人的《不是我 而是风》、奥维德的《女杰书简》等，到 1994 年 4 月一共出版了 46 种。这套书的选题和内容均偏于休闲，但在解放思想、改革开放的初期，尤其是在"清除精神污染"之后，它反映了出版界思想突围、打破禁忌的努力，因此各单本书出来，都是好评如潮。就以本人而言，当时对于这套书也是爱不释手，基本上是出一本买一本，当时这套书都是淡黄色的封面，因此每当我进书店，总是要注意有没有这种颜色的封面的书出来，然后才看书名，决定购买。

这三套书的出版，构成了 20 世纪 80 年代后期至 90 年代前期三联书店人文图书出版的骨架。据不完全统计，1986 年至 1994 年，三联书店出版图书共计为 634 种，这三套书就有共159 种，占全部品种的 25％。从这些图书的出版运作中，我们可以学到很多，比如出版定位与产品布局，比如优秀出版资源的寻找，比如传统的继承与创新。

就寻找优秀出版资源而言，改革开放以后，全社会渴求知识，尤其是经过十年文革的自我禁锢，人们十分希望能够读到代表国外最新水准的学术文化读物。而进入 80 年代中期，恢复高考进入大学、成为大学生和研究生的一代青年知识分子羽翼渐丰。他们拥有开阔的学术视野，也有一定的知识积累，最关键的是他们的思想极其活跃，极为关心中国社会和中国历史的未来走向。而他们与社会结合的重要方式，就是成立了不少编委会，组织译介国外的优秀图书。其中佼佼者如"走向未来丛书"编委会、"二十世纪文库"编委会、"文化：中国与世界"编委会等。通过《读书》杂志，三联书店与"文化：中国与世界"编委会的各位成员建立了密切的工作关系，并以自己的学术眼光与胆识，同编委会开展了全面的合作，由此促成了"现代西方学术文库"和"新知文库"的出版。它们的出版，不仅成就了三联书店的学术清誉，还为三联书店带来了一批宝贵的作者，最重要的是，这几套丛书成为了三联书店由红色出版向学术出版华丽转身的标志性产品。

时移世易，今天中国与世界的联系空前紧密，中国的学术力量与研究成果同 20 世纪 80 年代相比也不可同日而语，但对于出版人而言，仍然有一个优质资源选择的问题。就说如今越来越成气候的出版补贴吧，提供补贴出书的，固然有学术水准很高的作品，但也不乏为达到"立言"之目的而一圆出书之梦者，不乏专业或不那么专业的研究者一生研究成果然水准却不敢恭维者，不乏大小机构秘书捉刀、领导署名的官样文章的集合者。这样的书越出越多，可读的书却越来越少。这种出版对出版者带来的损害其实是相当大的。其他的不说，编辑们如果只盯着出版资助的那几万元，从此陷入字斟句酌、呕心沥血的编辑校对事务中，你就难以有时间和精力去寻找优异的出版资源，也就无法建立自己的高质量的作者队伍，更无法推出你自己的精品力作。

这一前景，视编辑之事为终身志业之人得无慎乎?!

（2016 年）

三联的"卖菜"与"掘金"

——看三联前辈如何做出版之八

1989 年，三联书店的图书出版又有新动作。这一年的 4 月，三联出版了一本新书，叫作《禅说：尊者的棒喝》，32 开本，薄薄的一册，作者是蔡志忠，里面是形象独特的多格漫画。此时谁也不会想到，这个作者和这种风格的漫画，会风靡了整个中国大陆一二十年。

从《禅说》开始，三联在这一年陆续出版了《六祖坛经：曹溪的佛唱》《庄子说：自然的箫声》《老子说：智者的低语》《列子说：御风而行的哲思》，此后又接连出版了《菜根谭：人生的滋味》《孔子说：仁者的叮咛》《封神榜：传说和现实》《韩非子说：法家的峻言》《史记：历史的长城》《聊斋志异：鬼狐仙怪的传奇》。到 1991 年，三联书店出版的"蔡志忠中国古籍经典漫画系列"已经出版了 19 种 22 册。

漫画这种艺术形式，在民国时期以降的中国，基本上是作为讽刺和幽默的工具出现的，大陆在"文革"以后，漫画已渐趋凋零，讽刺？不敢！幽默？不够。与此同时，在海外的华人世界，受西方漫画重视故事情节、讲究人物造型的影响，漫画种类极为丰富，既有武侠故事漫画，也有当代题材的漫画，其中最有特色的是台湾漫画家蔡志忠的漫画作品。蔡志忠的漫画取材于中国古代典籍、小说，又用现代人的观点加以演绎，最后以富有讽刺性、娱乐性的漫画表现出来，从而很好地结合了文化品位与艺术表现，令当代的年轻人也可以轻松阅读，培育起对古代典籍、对古代文化的兴趣。也正是因此，蔡志忠的漫画在台湾和海外有很好的市场，其中的《庄子说》连续十个月雄踞金石堂畅销书榜首。

三联书店同蔡志忠漫画的结缘，有不同的说法。当时的三联书店总经理沈昌文沈公的回忆是："我通过各种渠道，知道海外有出版漫画热。我一口气买了港台地区和日本的漫画许多种，比较下来，觉得蔡志忠的最好。我对大陆的漫画界人头还算熟，但在1949年以后，大陆的漫画主要是对西方的政治性讽刺，有时有一些趣味性，却极少见通过漫画传播知识的。我看了蔡志忠的漫画简直给迷住了。他所传播的知识连我自己都觉得有用……我通过我熟悉的管道立刻同蔡先生联系上。从1989年开始，到1993年，三联书店一口气出了近40种蔡作。这期间，董秀玉也去了香港工作，我于是建议董作为蔡作的代理人，蔡先生同意，于是我再也不怕有人来同我抢夺了。"

蔡志忠漫画的出版，在内地图书市场上刮起了销售旋风。几年内，这套书的总销量就达到两千多万册。以后的二十多年中，这个系列每年都要加印几万册，成为三联书店的长销书。到2012年，三联书店共出版蔡志忠漫画系列12种，包括"蔡志忠中国古典漫画系列"（22册）、"蔡志忠古典幽默漫画系列"（19册）、"蔡志忠四格漫画精选"（4册）、"蔡志忠古籍经典漫画"（16 册）、"蔡志忠古典漫画"（8 册）、"蔡志忠哲理漫画"（4 册）、"蔡志忠经典漫画"（8 册）、"柏杨、蔡志忠系列"（4 册）、"蔡志忠幽默漫画"（9 册）、"蔡志忠佛经漫画"（3 册）、"蔡志忠禅悟漫画"（3 册）、"蔡志忠职场励志漫画"（6 册）。

为了发行好蔡志忠的作品，三联策划了完整的营销方案。在刚刚就任三联书店副总经理的高文龙的领导之下，三联多点开花，组织新华书店总店、北京发行所，与各地新华书店会商，扩大征订；还请蔡志忠到北京、天津、成都等地与读者见面、演讲、签名售书；又参加各地书市，接受电视台、报纸采访。这些宣传推广手段在当时算是很前卫的，因此取得了很好的效果，据说蔡志忠在北京王府井书店签名售书时，等待签名的读者，排队到街尽头还拐弯，成为当年图书市场的一大奇迹。蔡志忠作品的畅销，为三联书店带来了巨大的收益，以至有人总结沈昌文先生在位时的业绩，开玩笑说他的翻身主要是由于"卖菜（蔡）"。

和"卖菜"接近的还有"掘金"，就是金庸先生作品的出版。20 世纪 80 年代后期，武侠小说成为书界宠儿，其中最热火的是金庸先生的作品。金庸热的到来，使金庸图书出版成为一大热门，当时数十家出版社出版了金庸的武侠小说，甚至同一作品出现了多种不同版本。其中，除了百花文艺出版社的《书剑恩仇录》外，内地可见的金庸作品都没有得到正式授权。面对盗版猖獗，金庸希望能授权内地的一家出版社推出正版。他通过香港的行内人士，找到了三联书店，故此三联书店成为金庸小说在内地正式授权出版的唯一出版者。

当时的三联书店总经理董秀玉在接受记者采访时回忆，1993 年，她从香港归来，金庸找到她，说想在内地授权出版他的武侠小说。虽然喜欢金庸作品，但董总对此事十分犹豫，主要是觉得以学术书见长的三联品牌未必适合推出金庸小说，经过一番思想斗争后，才最终拍板决定出版。她说服自己的理由是，"三联当时的定位是'分层一流（小众、中众、大众均要求一流）'的结构模式，而我认为金庸小说完全可以进入文学殿堂，是大众读物中的一流作品"。当时董总决定同类书只做这一套。"当时梁羽生的可以给，老夫子要给，古龙的可以给，我都不敢再要。"

为了出好这部正版大套书，三联动用了最多的编辑、校对力量。在印制环节，为了严防盗版，三联不得不动用多家印刷厂印刷。据董秀玉回忆，金庸这套书全套为 36 本，每一本又分成好几小本，"我们连一小套都不能单独流出去，必须分散到很多印刷厂，所以印刷过程变得非常复杂。而且作为第一套正版书，我们对书的品质要求也非常高，特意请了专人设计。"

1994 年，该书上市后，立即大卖。据董总回忆："当时在销售上采取了整套销售的策略，而且不上图书订货会。因为三联是学术书的定位，所以不希望金庸的书抢了学术书的风头。"尽管如此，金庸图书仍然十分畅销，20 世纪 90 年代中后期，更是达到高峰，人们都是整箱整箱来买。

"卖菜""掘金"是三联书店出版开拓的壮举。尽管事情已经过去 20 多年，今天这两个系列也都已经离开了三联，但当我们总结三联前辈的出版实践和成功经验时，仍不能不佩服前辈们的胆识和开拓精神。当时三联书店恢复独立运营不久，刚刚在学术出版和文化出版方面建立了初步的特色，出版了"文化：中国与世界""现代西方学术文库""文化生活译丛""新知文库"等系列图书，就一步踏入了通俗文化的出版，并且一发不可收，"卖菜"出版了上百种漫画，"掘金"出版了全套金庸36本。这两个大动作反映了三联前辈们选题眼光真是独到，对机会的把握确实到位！

　　事情就是这样，在出版经营中，坚守特色、发挥长处固然可贵，但把握时机、果断变革更为重要。当机会来临的时候，仍以"坚持特色"为名，画地为牢，你就永远不可能有大的发展；而真正的智者，其实更应该研究市场，把握动向，主动求变，这样才能开辟出自己的一片"蓝海"。

（2016 年）

说说三联书店的出书范围

——看三联前辈如何做出版之九

话说20世纪的80年代初，随着"文革"结束后的拨乱反正，出版界开始隆重纪念"生活书店、新知书店、读书出版社革命出版工作五十年"的活动，并于1982年10月28日在人民大会堂召开了纪念大会。以此为契机，各方人士同声呼吁，促成人民出版社决定恢复三联书店编辑部。人民出版社恢复三联书店后，为三联书店制定了单独的出书方针和规划。规划要求三联书店"应该注意文化积累，特别是近代、现代的文化积累工作，为建设高度的社会主义精神文明提供有用的丰富的读物"，"对于不同的学术观点和艺术见解，应该容许自由讨论，尽可能使之得到出版的机会。对于有一定夹杂的足资借鉴的学派和风格，可以有选择地介绍，借以增加人们在这些方面的知识，开阔人们的眼界"。按此方针，三联书店规划了自己的出书范围。

说到出书范围，现在的从业人员或许有些生疏。这是一个带有浓重计划经济特色的概念。在"文革"以前，中国大陆的出版社除了在北京的由新闻出版署直属的人民出版社、商务印书馆、中华书局、中国大百科全书出版社，以及人文、人音、人美等几个所谓国家级出版社以外，就只有各省市的人民出版社了。改革开放以后，出版社如雨后春笋，大量涌现，不仅各部委都有自己的出版社，党派、大学也都成立了出版社，各省市的人民出版社也把内部的编辑室独立出来，建立了文学、少儿、古籍、美术等出版社。为了规范出版业务，这些出版社必须在新闻出版管理机构规定的明确的出书范围内出书，超出范围出书，就是违规，要受到批评、通报，乃至停业整顿的处罚。

和其他出版社寥寥数语的出版范围不同，由范用先生等人拟就的三联书店的出书范围洋洋洒洒四五百字，为了令大家全面了解，在此做一次文抄公，把三联书店的出书范围照录于此：

（1）出版以中等以上文化程度的读者为对象的中级文化基础知识读物，包括社会、思想、文化的基础知识和历史知识，语言文字、美学、逻辑等方面的基础知识，以及学术流派和艺术风格、某些边缘学科的介绍等等。

（2）有选择地出版一些文史学术著作，包括当代作家、学人有关文化、学术思想的著述。

有计划地出版一些中外思想文化代表著作选读和评介（以近现代的人物为主，辑印一些历史上具有爱国主义思想的作品等）。

培养读书兴趣，丰富"书的文化"的读物（如书话、题记、书评、读书札记，以及有关装帧艺术方面的书籍）。

有选择地翻译出版有助于开阔眼界、开阔思想、提高文化知识修养的外国著作（如某些社会、思想、文化方面的著作，国际友人的作品、传记等）。

　　有步骤地着手清理过去三联书店以及某些比较正派严肃的出版社曾经出版过的图书，选择一些有保留价值的久已绝版和湮没无闻的，重印或修订再版，借以丰富图书品种和起到积累文化的作用。

　　这个出书范围经由人民出版社报送文化部出版局，得到同意。今天看来，这个出版范围的获得，确实是占了天时地利人和，也由此奠定了此后几十年三联书店的出版特色。许多年来，喜欢三联的读者，都认为三联书店出版的书有一种说不大清楚的独特的"味道"，有三联自己的气质，这种感觉是对的，你看看上面三联书店的出书范围，不正是"不是什么，又是什么"吗？

　　在这个出书范围之中，贯穿始终的是文化、是思想，是在坚持开放的视野之下，是"有选择地""有计划地"出版。这样的态度正体现了三联书店前辈的出版追求和坚守。几十年来，三联书店始终坚持出版那些"有代表性"的作品，即使是权威的作家学者，也是注重出版他们的"有关文化、学术思想的著述"，而关于"书的文化"的出版物，中国读者更是从三联书店的出版物中，才初有所窥的。

　　今天来回顾三联书店成立伊始的出版范围，目的在于从中吸取对我们的教益。我们今天一定要坚持三联的传统，这个传统就是注重思想智慧、注重文化传承、注重知识普及的出版。在互联网时代，知识爆炸，信息海量，追求"有内容的出版"

是我们任何时候都不应丢弃的。与此同时，我们也应思考，在市场竞争激烈的当下，适应出版做大做强做优的需要，我们在出版的选择上，是否应该有更新的考虑？比如，我们发掘一个新的作者，是只出版他最好的那一本、而让其他的追随者分抢他的其他作品，还是整体做好策划，争取出版他的全部作品呢？面对一个新的思潮，我们是截取它的最精华部分介绍给读者，还是做好市场调查、把它的代表性人物、代表性作品全面介绍给读者呢？在出版资源日渐稀缺的今天，我们是翻检旧货、坐等选题上门，还是主动出击、通过规划占领出版高地呢？

　　读者和未来需要我们有自己的回答！

（2016 年）

"三哈丛书"的坚持

——看三联前辈如何做出版之十

  "三联·哈佛燕京学术丛书"是三联书店持续二十多年的一项出版工程。这套丛书是三联书店与哈佛燕京学社共同策划，以出版中国人文、社科学者原创新著为中心的学术丛书。从1994年出版第一辑以来，丛书基本保持每年一辑、6到8种新书的出书频率，迄今已经推出了十五辑、近百种学术专著。这个系列中的许多作品都是作者的第一本书、处女作，这些书大多也成为他们各自的成名之作。用丛书学术委员、清华大学国学院院长陈来教授的话说："该丛书是国内唯一长期出版、具有规模效应的大型人文社会科学研究丛书，在学术界已经成为代表高水准学术研究的品牌。"

  丛书中很多著作的学术生命非常长久，比如茅海建的《天朝的崩溃》，自出版以来已经印刷了16次，总印数达8万册。另外，像赵汀阳的《论可能生活》、倪梁康的《现象学及其效应》、张祥龙的《海德格尔思想与中国天道》、杨念群的《儒学地域化的近代形态》等二三十部作品，不断增订、修订，再出新版。

  这套丛书不仅在国内学术界受到好评，也得到了哈佛大学的认可。哈佛燕京学社董事会对丛书质量一直很满意，据丛书编委赵一凡讲，在哈佛大学亚洲中心原主任傅高义的推动下，哈佛大学曾开展了 28 个对华项目，其中三联·哈佛燕京学术丛书两次受到哈佛大学的嘉奖。哈佛大学东亚图书馆是美国东部最著名的东亚图书馆，该图书馆藏有全套三联·哈佛燕京学术丛书，收藏三联·哈佛燕京学术丛书已经成为该馆的标准程序之一，供美国研究者了解中国当代学术进展之用。可以毫不夸张地说，三联·哈佛燕京学术丛书是一段延续历史、开拓未来的国际交流佳话，同时也是中国学术界、出版界与外方合作的一个典型成功范例。

这套丛书的出版可说是机缘巧合。时间回溯到 20 世纪 90 年代初，当时经过 80 年代和 90 年代的思想启蒙之后，青年学者在学术研究上日渐成熟，三联书店便酝酿出版一套丛书，专门出版中国中青年学者的原创性著作。用当时的三联书店总经理董秀玉的话说："我们需要一套中国学者原创的书，推动青年学者成长。三联书店从 1986 年到 1990 年代初，出的基本上都是翻译书，为了平衡出书比重和选题结构，三联书店希望出版原创作品。哈佛燕京学社资助中国学生去美国留学，后来发现他们许多都没回来，留在了美国，起不到帮助中国学者成长的作用。三联向哈佛燕京学社建议资助中国国内学者出版他们的学术成果，他们觉得这个建议不错。"

在丛书创始的 1992 年到 1994 年间，哈佛燕京学社社长是著名汉学家韩南教授，他一直有一个心愿，就是帮助中国的年轻学者推出他们的第一本书。他很了解，对于一个初出茅庐的学者而言，第一本书是最难出版的。当这个想法与三联书店的建议碰在一起时，三联·哈佛燕京学术丛书很顺利地就诞生了：1992年，哈佛大学举办"性别化与中国：妇女、文化与国家"学术研讨会，董秀玉总经理与会。在会议的上午茶歇期间，董总拜访了韩南教授，双方只用了20来分钟，便敲定了三联·哈佛燕京学术丛书的合作事宜。可以说是董秀玉和韩南共同策划了这套丛书，在当年中美交流还不是很方便的条件下，这个跨越两个国家，也跨越了出版界和学术界的丛书规划，体现了他们的远见和卓识。

一个出版项目延续了二十多年，我们今天可以从中学到什么？

我认为首先要学习的是对学术出版的坚持。这套丛书尽管有一些销量还好，更大部分都是只有五六千本的销量，单从经济上看很不上算，但丛书的编辑出版者更看重的是这套书的学术建树。用季羡林先生的话说："我们的宗旨是：只求有利于学术，不求闻达于世间。我们默默无闻地努力工作，从未大事张扬。但是，俗话说：'桃李不言，下自成蹊。'它引起了学术界的关注，颇得到一些好评。"三联的王牌作者茅海建认为："在过去的十多年中……一个学术出版社是很难生存的，但唯一的生存之道，就是'将学术进行到底'。大约只有如此，才有彼岸；若有旁骛，易失本原。……不管世道如何变化，这个国家和里面的人们，毕竟还是需要知识和学问的。"这种对学术的"固执"不仅确立了三联在国内学术出版的崇高地位，也引来了更多的优秀学人，把他们的力作交给三联，使三联的学术出版更加厚重。今天，我们的出版条件远远好于当年，国家和社会对学术的支持更要优于当年，按理说我们要做得更好才是，然而我们不能不承认，我们做得不够。那么，我们的学术出版如何才能做得更好呢？这是我要说的向前辈学习的第二点。

第二点是对严格出版标准的坚守。在丛书创始之初，哈佛燕京学社便提出一个条件，就是按照国际制度，严格评审，培养规范，提携新进。这一要求不但得到三联书店的积极响应，而且几乎与中国学界元老的想法不谋而合。在季羡林、厉以宁、李慎之等先生的鼓励支持下，丛书在三联书店建立了一个学术委员会，从设项、遴选、签约到编校、出版和发行，基本按照国际学术惯例进行运作。丛书对来稿的要求是，交稿时，除与稿件和作者相关的资料外，还需提交两份本学科专家的推荐书；来稿若被采用，专家的推荐意见会在新书封底摘要刊出，以便公众监督。在选择稿件的过程中，另外聘请专家进行匿名评审。最后，经过评审和作者返改的书稿会交到学术委员会，学术委员们从综合水平、评审的客观性和学科分布等方面加以考察，对书稿做最终评判，并交由丛书编辑落实出书。这样的评审流程往往需要半年或更长的时间，因此只有在某领域多年深造有得，或是创新性十分突出的作品才能脱颖而出。

人文社会科学学术专著出版前的匿名评审制度是三联最早在中国大陆实行的。用丛书的第二代责任编辑孙晓林的话说："匿名评审这一环节从我们做过来的感觉来看，确实至关重要。这个制度从一开始就是这么定的，是援引国际惯例，在国内出版界算比较早，我们执行得也很认真。匿名评审枪毙掉的书稿还真是不少，有一些书稿一开始我们感觉还不错，从推荐人、作者的学术背景、选题的角度和视野来看很有希望入选。我们找的审稿人都很认真，提出了各种问题。有的书稿后来在别的地方出版了，我们回头检点，也依然遵循这个规则，遗珠之憾确也难免。"也正因此，这套丛书尽管每辑额定八种，但实际工作中宁缺毋滥，往往只能出版五六种；也正因此，能进入这套丛书的作品无形中也提高了身价，形同"登龙门"。

出版工作的中心是内容的选择。"三哈丛书"对内容的选择是严格的，但我们有很多的出版物就不太严格。尤其是近些年各方面的钱都多了，出几万块钱，什么博士论文、讲话汇编、工程课题都会以学术著作的名义出版，有的还堂而皇之地以"丛书""系列"的名义出版。我们的有些编辑也不再从文稿的学术质量上把关，而单看作者名气大小、有多少钱资助。这样的"出版"实际是对学术出版优良传统的伤害。

第三点要学习的是基于原创的学术创新。关于原创，前面已经说过，这套书只收中青年学者的原创作品；关于创新，丛书学术委员会主任季羡林有这样的概括："我们既回顾，又前瞻。回顾是为了鉴古知今，前瞻是为了看清学术发展的前途和道路。我们既有中，又有西。有中是为了继承和发扬，有西是为了鉴外以知中，求得他山之石。我们对国际上一些新兴学科，特别予以关注，不是单纯地为了与世界学术接轨，而是志在要世界学术同我们接轨。"一部优秀的学术著作，主要应体现出知识价值与观念的创新。"要世界学术同我们接轨"是"三哈丛书"的高远目标，而其中的许多著作也确实体现了这个目标，如《天朝的崩溃》，如《在上帝与恺撒之间》，如《论可能生活》，如《爱默生和中国——对个人主义的反思》，等等。

对于三联这样的出版社而言，对原创作品的重要性要有更深的认识，而创新则是原创的精髓。尤其是今天，我们要服务于中央的"四个全面"的战略布局，着力打造对推进社会主义文化强国建设、提高国家文化软实力、实现"两个一百年"奋斗目标和中华民族伟大复兴具有重要意义的选题，要做好"十三五"规划的重要出版选题，充满创新精神的原创选题更是必不可少的。"鼓励创新，提倡开放，推动学术进步，并从中国走向世界的步伐中不断汲取动力。"这不仅是"三联·哈佛燕京学术丛书"的主旋律，也应该是全体三联人的主旋律。

（2016 年）

我道出版

好编辑是怎样炼成的

实事求是地说，编辑工作其实不是我的职业选择，我踏进编辑这个门槛，完全是被动的。大学毕业的时候，如果不是中国大百科全书出版社需要一个学考古的学生，我可能就在一个地方的文物局或博物馆里做个工作人员，或者考个研究生、在某个教师的岗位上终老此生了。而当我真正做起了编辑的时候，我就不可救药地爱上了这个行当。近40年下来，尽管是编而优则"仕"，或大或小地做了不少管理的事情，在我的心里却是始终把自己当作一个编辑的；在编辑事务上，由开始的初审，而后复审，至今天的终审，一刻也没有脱离看稿子的爱好。

那么，我为何这样喜爱编辑工作呢？

首先，我认为编辑可以不断地学到新东西。编辑这个职业，是每时每刻都需要学习、充实自己的。我做百科全书的编辑就不必说了，即使是编辑一般的图书，你也必须对所编辑的图书的相关知识有所了解，更不要说中国的文字和语言，简直就是知识和学问的汪洋大海。从踏入出版社的门槛之日起，我就在向书本学习、向老编辑学习，更在向作者学习。基于此，我认为，编辑是一个可以让人终身学习的职业，这个简直太吸引人了！

其次，编辑工作极符合我的兴趣。我自认是一个爱书的人，做编辑，可以让我每天都同书打交道，这可以给我带来很多乐趣。我还有一点不足为外人道的"缺点"，就是不喜欢重复同样的工作。比如要是让我当一名火车司机，每天跑那个线路，我大概几个月之后就会发疯。做编辑有一个好处，可以同不同的作者打交道，每编辑一本书都是一个新的开始，都和前一本书不一样；为了发行一本书，又可以到不同的城市去推广，这些对于我这样的"见异思迁"的人也是极合适的。

第三，编辑是一个非常富有创意的工作。编辑每编一本书，不管是工具书、辞书，还是学术图书、普及型图书，都考验编辑的创意能力，更不要说选题策划部分尤其需要体现编辑的创造性成果。不仅一个新的选题如何设计、如何定名、如何寻找合适的作者，在考验编辑的创意思维；把一本书做成什么样子，如何去设计这本书的内文版式、天头地角，如何选定装帧方案和材料，也无不体现每个编辑的审美能力。这些工作具有挑战性，也吸引一个好编辑去为之努力。

最后，编辑有成就感。试想一下，一位名家或不那么有名的作者的作品，经你之手，确定了纲目，理顺了关系，打磨掉毛刺，穿上了衣裳，成为摆放在书店里的图书，这种感觉是多么美好！而如果一本书是由你自己提出了选题，经过你的文字编辑和市场推广的工作，最后得到读者的肯定，甚或得到社会和国家的奖励，那就会更有成就感。

做编辑，通过出版物普及知识、传播文化、启蒙民众，促进社会进步，这是一个非常高尚的职业，也是一个能对社会作出特殊贡献的职业，更是我为之奉献一生的职业。

那么，怎样才能做一个"好"编辑呢？我觉得有以下五点就足够了。

首先，你要是一个爱书的人。所谓"爱书"，不是要做藏书家，而是要热爱读书。在我自己成长的年代，没有任何文化生活，爱读书似乎不难做到。在社会快速发展的今天，居于主导的是消费性的大众文化，日益兴起的互联网更是成为阻碍阅读的渊薮，电子游戏、娱乐节目铺天盖地，牵扯了人们太多的精力和时间，让人无法静心阅读。在这样的现实条件之下，克服浮躁，真正拿出时间来读书，把阅读当作一种生活方式，而不是为了解决一个问题、完成一门学业、考到一个文凭，这就太难了。但是，你如果要成为一个称职的编辑，这又是不可或缺的先决条件。就我多年来同各色人物的交往看，没有一个不爱读书的人最后会成为一个名编辑。

其次是要了解读者，了解市场。这方面的要求别人已经说得很多了，这里不再重复。

第三是要有激情。前面说过，编辑这个职业是一种创意性很强的工作，而创意是需要激情的。关于编辑的激情，我想说的是，激情是来源于你对这个事业的热爱。你真正热爱这个行当，你就会一天到晚地转着念头：当前的社会最需要的是什么书？这位先生是否能成为我的作者？这个话题是否可以成为一本书的素材？等等。而当你拿到一部好的书稿，你就会欣喜若狂，恨不得早一天把它变成图书，交给读者。而在怎样才能把一本书做得尽善尽美的方面，你也可能会茶饭不思、全情投入。

这样的辛勤耕耘，总有一天，你会成功的。

第四是要注重自我的提高。编辑工作门槛不高，但要做得好又很不容易，这就牵涉到编辑个人能力的提高问题。俗话说，打铁先要本身硬。编人家的东西，尤其是名家的学术著作，或者是重要的工具书，编辑本身必须要有一定的知识积累，"以其昏昏，使人昭昭"，这样的人不会成为好编辑。与此同时，你编辑的每一本书都是新的，你的知识也就需要不断更新，要达到对你所审读的内容"了于心而敏于手"的境界，则非读书不可。这种读书又可分为平日积累和急时查阅两种。平日积累得多，用时不必急就，自然是又快又好；而急时查阅也是好编辑的一项绝技，书稿中有史实、数据、引文需要核实，知道该找什么书，到哪里找这本书，找到书之后一翻即到，都是本领。当然，这也需要平日看得多，记得多。

第五，要能守得住寂寞。做编辑，当然都希望自己编出的书是畅销书，或长销书，或获奖书，但事实上畅销书往往是可遇不可求的，尤其对编辑新手而言，可能有一段时间，你编辑的图书是默默无闻、不温不火，但是这没有关系，只要你有为读者奉献出精品精神食粮的决心，再去认真研究市场、和作者交朋友，你就一定会编出好书的。

话是这么说，实际上在这方面，自己的造诣是远远没有达到，换句话也可以说，这方面的努力是没有止境的。

那么，在具体的工作中，怎样去努力锤炼自己呢？

我们说，编辑在出版中的作用，一是发现，二是发掘，三是创造。

发现，就是编辑寻找优秀作品的能力，寻找优秀作者的能力，寻找优秀选题的能力，是编辑的工作能力、实践能力、学识能力以及个人素养的集中体现，也是编辑的基本功、核心价值的基础。

发掘，一方面是编辑挖掘作品价值的能力，激发作者潜力的能力，实现选题意图的能力；另一方面是编辑整理、整合出版资源的能力。整理与整合出版资源的能力是编辑实现文化传承的集中体现。发掘能力是编辑的立身之本，也最能体现编辑本身的功力。拥有好的发掘能力的条件，是编辑要不局限于某一特定领域，而是要具备不同的领域、至少是较相近的某些领域的知识和技能，能横纵联系、左右互证。

创造，一方面是编辑的创新能力，包括内容的创新、出版形式的创新、表达与呈现方式的创新、不同组合方式的创新，等等。另一方面是编辑的创意能力，编辑通过个人的创意与宏观策划，去引领未来，引领学术的发展方向，引领理论、文化、艺术的方向，引领出版的方向。尤其在数字出版快速发展的今天，创新与创意已经成为编辑的必备能力和基本要求。

发现、发掘、创造都关乎文人的品位。但与此同时，我们又要求编辑具有市场意识，**要求编辑通过自己的工作实现作者、出版公司、读者的效益最大化，这就是商人的要求。做文化也要讲效益。**在这方面，才学固然重要，经营能力也不可或缺。应该说，成为具文人品位的商人也不是那么容易的。

编辑的角色，影响着出版两端的作者和读者，进而也影响社会的学术风气和市场动态。**成为一个成功的编辑，关键就在**

于能在精准的核算和高效的出版活动中发现文化创造的惊喜。

编辑的角色也是在变化中的。相对于有专业能力、善于同作者交朋友、认识很多作者的传统型的编辑，今天的编辑更重视整合能力、协调能力、参与能力。当代编辑的角色，已经由书稿编辑进而变为策划编辑、策划人，以至策划经理人；编辑的能力要求已由专业型转变为综合型；编辑同作者的关系已经由服从型、被动型转变为参谋型、主动型；编辑在图书生产中的作用已经由制作型、单兵式转变为经营型、协作式；编辑同市场的关系已经由适应型转变为推广引领型。这一连串的改变，乍看起来眼花缭乱，你细想一下，就会理清其相对的脉络。

可以这样认为，今天的编辑，**看稿是基本功，组稿是必修课，策划是大趋势。**能使自己处于何种阶段，是对一个编辑的编辑力的考验。

如果说传统出版基本属于作者主导的话，发展到今天，已经越来越强调编辑的整合、协调与参与，也就逐渐过渡到编辑主导。尤其是流行文学出版、图文书出版、工具书出版等大众出版领域，已经基本是编辑主导的局面。

在这些领域，编辑主导体现在哪些方面呢？主要体现在制定选题，寻找合适的作者；制定编写体例和要求；检查样稿和样图，确定基本内容；审定书稿内容，确保达到编写要求；制定设计方案、宣传文案和推广方案，以求得最好的市场效果。

要成为一个好编辑，一些事情是必须做的，包括对相关领域的知识有比较全面的了解；充分的市场调研，准确的读者把握；找对合适的作者；读不同的书，为自己的选题找对合适的切入点和印装；其他如坚持原则，保证质量等就不必提了。

有人归纳出成为好编辑的十个要素，我抄在这里，冀对大家有所启发。这十条是：必须是一个爱书的人；旺盛的求知欲和好奇心；将文化积累作为核心价值；创意第一；认真、认真、再认真的工作态度；广结善缘，广交朋友；心中永远有读者；注重个人修养，提高品位；研究竞争者，研究成功者；愿坐冷板凳，不求暴发。

最后给新加入编辑队伍的同事提一点忠告，你如果要想很快成为一个称职的编辑，那么你就要：a.清楚自己能做什么？b.选定一个或几个方向，熟悉市场。c.为选定的方向做些积累，包括知识的和人脉的。d.总结经验，走向成熟。

希望有更多的好编辑涌现，为我国的出版事业的繁荣贡献力量。

（2021 年）

三联书店的出版传统

——应《大学四年》杂志社采访

《大学四年》：从 20 世纪 30 年代到如今，三联书店历经八十年的不断发展和开拓。您认为是什么因素让三联书店一直坚持出好书？

翟德芳：从韬奋先生创办三联书店的前身之一——生活书店开始，它的出版就贯穿着深重的社会主题，其一是对革命和进步的热情和向往，其二是对民族前途和社会发展方向的深刻思考，以及由此而引致的开启启蒙道路和重任的远大使命感。对进步文化和科学理念的追求、对普通民众的启蒙和先导，在读书生活出版社和新知书店创立时也已存在。这种"追求真理、开启民智、支持进步事业"的理想和精神一直传承下来，形成了三联书店自己独特的精神传统和文化品格，那就是始终追求思想的新锐、一流，始终走在时代的前列，始终有极强的文化使命感和文化责任感。在我看来，这就是三联书店能够出版很多好书的基因。

令人高兴的是，三联书店在不同的时代都把追求真理、支持进步作为出版追求，这种基因始终贯穿下来。在建国以前的战争年代，三联书店的前身——生活书店、读书生活出版社、新知书店，一方面以红色出版为主，启蒙群众尤其是青年，去追求革命和进步事业，在中国传播马克思主义，起到了无可替代的作用，《资本论》这样重要的马列著作就是在读书生活出版社出版的；另一方面也出版文学名著、社会科学著作，来教育、培育青年进行文明思考。新中国成立后，三联书店秉承先辈们的精神传统和文化品格，始终坚持思想的新锐和一流，走在时代的前列，从进步出版到学术出版，再到人文出版，都是以自己的文化使命感和责任感做出版，故此，我们出版的图书也得到了广大读者的认可。

总结一下，谋求进步和启蒙是三联书店的文化基因。这种基因一代一代传承，在社会发展中一直扮演着推动的角色，不管各个时期是转型还是坚守、题材上变与不变，这种坚持始终不变，这也是三联书店几十年如一日、坚持出版好书的根本原因。

《大学四年》："我们绝不允许为了抢进度而牺牲质量。"对于书店长期坚守"选择力"树品牌，您认为什么样的书是真正做到了有质量？

翟德芳：还是从三联的角度来说明吧！韬奋先生在创立生活书店之时，便立下了"竭诚为读者服务"的店训。"为读者服务"，体现在出版工作中，就是要特别注重出版工作对各层次读者的引领和影响。在建国以前，三联书店前身的生活书店、读书出版社、新知书店在编辑方针上都是有意识地按照初级、中级划分，就是在学术出版上也注重启蒙和对现实的关注。当时还按着周恩来的指示，把出版机构分为一二三线，一线出版革命书籍，二线偏重于学术理论著作，三线则以出版文艺读物、知识性读物和工具书为主。新中国成立后，三联的出版从红色出版中心转到学术文化出版重镇，开始是作为人民出版社的副牌，主要做文化学术方面的东西。恢复建制后，沈昌文先生等第一批三联人，首先捡起学术译著，把学术出版作为首要方向，其中最被大家熟知的是"现代西方学术文库"，是20世纪学术出版最高水平的力作，对于推动社会进步起到了很大的作用。由此开始，三联又出版了很多学术著作，包括"学术前沿"丛书、"社会与思想"丛书、"三联·哈佛燕京学术丛书"以及陈寅恪、钱锺书、金克木、王世襄等重要学者的文集等，在这方面确立了一个学术图书的主体地位。与此同时，三联也推出了大量雅俗共赏的优秀文化读物，如"文化生活译丛"、《傅雷家书》《干校六记》等。

20世纪90年代后，随着时代的发展变化，在董秀玉总经理的领导下，三联书店启动了"一主两翼"的发展方针，以学术文化出版为主业，以期刊出版和发行渠道建设为两翼，学术出版更加专业、精准，文化出版佳作迭出。此时在"分层一流"原则指导下，又有了"蔡志忠中国古籍漫画系列""金庸作品集"等一流的大众读物的出版。要指出的是，不管出什么，三联都坚持做最好的出版，这一时期的出版物，包括"林达系列""黄仁宇系列""乡土中国系列""建筑二十讲系列"等，都是各类图书排行榜上的畅销书，引领着阅读潮流，成为经典。与此同时，三联书店出品的刊物《读书》《三联生活周刊》《爱乐》也紧扣现实脉搏的律动，成为最受读者喜爱的刊物。

进入21世纪以后，尤其是成为中国出版集团的一员后，三联书店保持自己的品牌特色，坚守自己的核心竞争力，同时也直面市场变化，重新梳理出版产品，优化选题、增强大众读物的出版能力成为改革的重要步骤。在延续"分层次新锐一流"策略的基础之上，确定三联的出版结构为学术、文化、大众、旅游四条产品线。其基本策略是，学术出版是三联的传统优势所在，对应高端读者，执行严格的学术标准，注重前沿性、思想性和探索性，以满足学术界的期待；文化类图书的定位是文化人写给文化人读、或专业人士写给非专业人士读，包括各种文化类读物和艺术类图书；大众类图书必须有文化含量、文化意趣，读者对象则定位于国内专业知识分子之外的广大知识群体，语言风格要清新活泼、好看易懂；旅行类图书包括旅行文化类图书和当时同澳大利亚方面合作的"Lonely Planet 旅行指南系列"等图书，是三联在继承人文关怀出版理念上的新开拓和新延伸。在此原则之下，三联在出版范围和产品线上做了更多开拓。学术类的，出版了李泽厚、余英时、汪晖、李零、陈来、茅海建等人的力作；文化类的，除了新版的"新知文库"，增加了名人传记、饮食文化、回忆录以及建筑、设计、考古、电影、音乐等方面的图书；大众类的图书，除了漫画系列之外，也开始向禅、生活、饮食等方面扩张。不管怎么扩张，三联书店都是从品牌出发，所做产品照顾到各方面的阅读，以最好的品位给读者提供最好的服务。其中的佼佼者如《我们仨》《目送》《七十年代》《巨流河》《1944：松山战役笔记》《王世襄集》《陈寅恪的最后 20 年（修订版）》《1944：腾冲之围》《图说中国绘画史》等。这些书是真正有质量的！

《大学四年》：在新媒体的冲击下，不少出版社和书店纷纷歇业，尝试转型。但也有一些仍在坚守，您怎么看待？

翟德芳：阅读的需要是始终存在的。新媒体的冲击，实际上包含了两个方面的问题，一是电子书的发展对于纸质书报刊的冲击；二是网络书店的发展对实体书店的冲击。

就前者而言，尽管传统纸介质的生产者，包括出版社、报社、杂志社遭遇了一定的困扰，但还没有到"纷纷歇业"的程度。这一方面是因为目前的电子阅读还难以取代纸质书的内容，另一方面传统的出版者也在加强电子媒介的开发，尝试进行多媒体的经营。可以肯定的是，纸质书的出版者，尤其是那些高质量的出版社，会坚持自己的内容建设，内容为王，一方面把纸质书做得更有阅读价值，更有收藏价值和阅读美感；另一方面通过多介质的开发，使之获得最大的社会效益和经济效益。

就后者而言，前两年确实有不少的实体书店结业，但需要说明的是，结业的大多是民营书店，新华书店系统的书店则是一方面营业网点有收缩，另一方面却是大书城的增加。至于结业的原因，除了网络书店的竞争，更大的原因其实是因以房租增加为主要成分的经营成本的增长。这方面的情况也在好转。其原因，一是国家推广全民阅读，建设书香社会，对于实体书店加大了扶持的力度，这使得一些有特色的书店正适当扩张，比如三联书店旗下的三联韬奋 24 小时书店，今年 4 月就在北京中关村开了第一家分店，此后还将在全国各地择址开办更多的分店。二是各省市新华书店系统也正在探索改革之路，加强书店的多样化经营建设，业务发展步伐也很快。前几天，我就在深圳参加了深圳市宝安书城的开业仪式，深圳市的群众性读书活动是开展得很好的。相对于网络书店的图书品种多、折扣大、送货上门的优点，实体书店的开拓服务内容、选择优质图书、增加阅读体验是自己的长处，在这方面有更多的文章好做。

一句话，要提高中华民族的文明程度，全民阅读是必经之路。在这方面，出版社、电商、书店的使命是共同的，大家要共同推动，使沉静的阅读成为一种生活方式。什么时候我们的人民开始享受阅读了，我们的社会就有希望了。

《大学四年》：三联书店始终以邹韬奋先生创办生活书店的宗旨——"竭诚为读者服务"为店训。作为一个拥有50多年阅读史的"老读者"，站在读者的角度，您认为一个什么样的出版社才是适合读者的？

翟德芳：对于不同层次的读者而言，适合他的"好出版社"会有不同。但无论如何，我觉得有几点是一样的，那就是：首先，这个出版社是把"为读者服务"放在第一位，而不是把赚钱放在第一位。其次，这个出版社应该着力于内容的选择，把最好的内容奉献给读者。第三，这个出版社在具体的编辑出版工作中，应该把质量放在第一位，不管是学术著作，还是儿童读物；不管是内容水准，还是纸张印刷，都应坚持最好的质量。2017年最响亮的一句口号，是"不忘初心，牢记使命"。三联出版人的"初心"，就是"人文精神，思想智慧"这一坚守85年的出版理念；我们的使命，就是坚持"新锐""一流"标准，为读者提供思想精深、内容精湛、制作精良的图书产品。刚刚闭幕不久的中共十九大，明确当前我国社会的主要矛盾，是"人民日益增长的美好生活需要和不平衡不充分的发展之间的矛盾"。在出版层面上，我们可以断言，人们永远需要好书，需要新的知识和思想。我们应该有充分的自信，"有生命力的书，即使经历千年，仍然会在我们的脑海中盘旋"。让我们不断同读者、作者、业界交流、印证和碰撞吧，这将会激励我们不断地审视、梳理我们的出版思路，进而出版更多的"有生命力的书"！

（2018 年）

关于三联书店的电子书出版

——应百道网采访

　　已经在"免费"的电子书环境中习惯做伸手党的读者，会为出版社提供的经过周密的编辑环节加工后的优质内容买单吗？很多人都有这样的疑问。在国内，电子书的销售价格标准，似乎已经被最早经营所谓原创电子书的盛大等互联网公司依据薄利多销的原则确立，传统图书的出版商或销售商按照图书的实际价值确定的电子书价格反而成了一种打破游戏规则的做法。这种惯性的电子书定价环境，造成优质图书被贱卖，这是国内大多数出版社所无法接受的。

　　三联同样如此。在接受百道网的采访中，翟德芳总编明确表示了三联的坚持：优质优价，好的内容总会有读者愿意为它付费。其实早在2012年，三联就做过一个实验，将三联书店的33本学术书放到京东网上，让读者付费下载。当时三联强调不降价，售价绝不低于纸质书的7折。结果半年过去，京东网向三联反馈销售报告，可以支付给三联的电子书销售收入总共人民币150元（其中还包括作者的收益）！近两年的时间过去了，我们的电子书市场环境可能有所变化，但定价问题上，三联真正做到了：哪怕我们的出版物在网上作为电子书一本都卖不出去，也绝对不贱卖。

三联的坚持得到了读者的积极回应，采访中，我们了解到，《邓小平时代》Kindle 版，现在每个月电子书的销量是 300 本左右，另外像《基督教要义》《去趟民国》《京华忆往》《中国现代哲学史》《城门开》《读毛泽东札记》等整体上的销量情况也很不错。

来自市场的正面的回应也给了三联继续深入电子书出版的信心。作为国内出版界响当当的品牌，三联始终坚持老一辈三联人传承下来的宗旨：竭诚为读者服务。三联书店也始终坚持为读者提供优质的内容和服务，所出版的图书已经形成了自己独有的气质和特色。当谈到电子书的未来发展时，三联总编翟德芳坦言，在电子书出版领域，三联目前做得还不够，下一步肯定会加大在电子书出版上的投入，在电子书出版领域也一如既往地贯彻"竭诚为读者服务"的宗旨，要做读者的好朋友。

其实，三联在数字版权运营上非常具有前瞻性。从 2006 年起，三联书店与作者商签出版合同时，都会加上信息网络传播权随同纸质书的复制传播权一并签署，并注明若使用或转让信息网络传播权时，作者享有所得 50％的收益。另外，三联发行的刊物《三联生活周刊》在数字化的尝试中已经相当成熟。目前《三联生活周刊》提供 iPhone、iPad、Android、Win8 多系统的移动端数字应用，同时还推出了与三大运营商合作的彩信手机报，另外还与第三方平台龙源期刊网、京东数字杂志商城、悦读网、读览天下等平台合作发行与纸质版同步的电子版《三联生活周刊》，多渠道多平台的尝试也使三联尝到了数字刊物带来的喜果。虽然目前来看三联在图书数字出版尝试方面比较谨慎，可能掌握数字版权的图书有 2500 种以上，却只拿出了不足 200 种去做数字出版尝试，所占比例不到 10％。但借鉴《三联生活周刊》的经验，整合了诸多优秀资源的三联，正是蓄势待发的时候，下一步的电子书出版三联会有怎样的布局？百道网为此专访了三联书店的总编翟德芳，请他从三联的数字产品发展策略的角度，和行业一起分享三联在电子书领域的想法与做法。

百道网：三联在数字版权运营上很有前瞻性。从 2006 年起，三联书店与作者商签出版合同时，都会加上信息网络传播权随同纸质书的复制传播权一并签署，但目前无论是在 Kindle 商城还是其他平台所见到的三联的电子书并不多，请问三联对开发成电子书的图书有什么标准吗？

翟德芳：当然，三联对电子书开发的选择是有一定的标准的。其实，在版权的这一块我们确实很早就在展开工作，目前拥有数字版权的作品也很多，但是市面上见到的三联的电子书并不多，因为三联始终坚持为读者提供最优质的内容，希望能给读者带来的是最好的阅读体验。目前三联在电子书开发上还有瓶颈，在技术上的投入也还不够，尤其是有些图画书，因为技术跟不上，我们也不会盲目地去开发。这也是我们虽然很早就注意电子书版权的问题，但目前却很少开发电子书的原因。

另外一点，因为三联是属于中国出版集团的，中国出版集团对旗下出版社的电子书发展战略是有整体要求的，三联在电子书领域的策略需要与整个集团的目标衔接。

三联书店秉承的宗旨是竭诚为读者服务，但目前在电子书出版这方面的确做得还不够，所以我们下一步肯定是会在电子书出版方面加大力度，争取在电子书领域也真正做到竭诚为读者服务。

百道网：我们发现三联有纸电同步的情况，但通常纸书出版到电子书发行中间有一个较长的周期，请问纸书与电子书相隔周期如何确定？这样做的好处是什么？会面临什么问题？

翟德芳：三联一般很少有纸电同步的书，《邓小平时代》可能算是一个特例。因为一开始担心同步发行电子书可能影响到纸质书的销量，对实体店销售产生一定的压力，故此很少有同时出版电子书的计划。后来发现这个影响还不是很大，《邓小平时代》就是个例子，Kindle 版《邓小平时代》延展了纸书的销售周期及效率，所以我们接下去也会考虑开发纸电同步的产品。

三联内部其实是有这样一个不成文的原则的，就是纸书与电子书之间的开发周期大概是一年，在纸书出版一年之后会考虑出版电子书。之所以确定这个一年的周期，是因为纸书一年的销售周期之后，差不多销售上的反馈就有了，重印的话也已经投放市场了，综合这些数据我们就可以考虑是否有必要开发电子书，开发了之后会不会有市场。

百道网：三联电子书的定价普遍较高，通常和纸书价格相差不大，这样的定价原则是否让三联的电子书本应更大的市场规模受到了制约？三联如何平衡定价与销量的关系？

翟德芳：三联的电子书定价在国内现有的市场环境来看，的确是比较高的。我们坚持的是优质优价的原则，因为三联的书，都是以最好的内容呈现给读者的，我们认为，好的内容应该是值得读者为之付费的。

三联目前电子书的定价是60％的纸书价格。其实比起欧美的还是低了一些的，他们一般是80％的纸书的价格，甚至还要更高一点。这个定价策略，我们希望是既能和国际接轨，又可以照顾国内市场的现状。对于国内读者来说，定价太高了，跟纸质书差不多，显然不成；太低了的话，对于出版者和版权持有者也是一个伤害。电子书的合理定价既是对于作者的尊重，也是对于知识产权的尊重。尽管从短期来说，高于市场定价会损失一些眼前的利益，但从长远来看，我们会培育出优质的忠实的三联的读者群，所以我想我们还是应该有所坚持的。

百道网：目前三联的电子书主要是在哪些渠道发行呢？在平台选择上三联有什么考虑？

翟德芳：目前我们已经和亚马逊、当当、京东、掌阅、小米移动、苏宁易购还有大佳网等平台建立了合作关系。三联对于阅读平台的选择还是有考虑的，第一个是这个平台的用户是否契合三联版图书的特色气质。第二个是这个平台在业内的口碑。再一个是合作平台的规模、用户数量。大体上三联是按照这几个原则来考虑合作伙伴的选择。这里我们最看重的，是合乎我们三联图书的特色和三联的气质，这样的考虑会多一点，有些阅读平台太零碎地使用我们的内容，我们是不大愿意的。

百道网：三联在 2014—2015 年之间在电子书市场的布局会有进一步的突破吗？

翟德芳：这个是一定的。我们在 2014—2015 年，从出版社的发展战略来看，最重要的一个战略就是数字化战略。目前我们正在深入地讨论和谋划，这是一个方面；另外一个方面是我们三联书店还有杂志《三联生活周刊》。《三联生活周刊》在数字化出版方面其实比图书做得更好一点。他们不仅和手机运营商有合作，也有自己的电子刊物。实际上，我们现在一方面在整合图书的资源，另一方面也在整合周刊的资源，在周刊的数字化和图书的立体开发方面希望能做得更好一点。因为在图书的电子出版领域以前做得不够，以后会在这个方面把力气投得更多一点。我们现在处于把很多的资源放在那，一个待开发的状态。当然等整体的战略确定以后，会有一个比较大的动作，具体开始的时间应该是第四季度以后吧。

百道网：如果请您推荐十本三联书店的电子书，您能为我们开出一个书单吗？

翟德芳：第一本肯定是《邓小平时代》。现在它每个月电子书的销量是 300 本左右。另外我们有《基督教要义》《去趟民国》《京华忆往》《中国现代哲学史》《车记：亲历·轿车中国

30 年》《拾年》《城门开》《语文闲谈》《读毛泽东札记》，整体上的销量情况都挺好的。

（2015 年）

三联书店的主题出版
——答百道网采访

百道网：近些年来，国家越来越重视主题出版。从选题把握、人员分配、发行推广到鼓励支持等，三联是怎么运作主题出版的？

翟德芳：对于主题出版，三联书店一直比较重视。2013年以来，我们出版了改革开放主题的《直面大转型时代》《邓小平时代》。2015年，出版了《中华文明的核心价值》《谢觉哉家书》，抗战主题的《何有此生：一个日本遗孤的回忆》，还有以长征、新疆维吾尔自治区成立60周年主题，策划出版的一些项目。目前正根据"一带一路"的国家战略，在策划一些出版项目。

近几年三联的主题出版做出了一些成绩，我认为主要有三个方面的原因：

第一，领导重视。三联书店的领导班子重视主题出版，把主题出版作为一项重要的工作去布置、去安排，领导班子成员和各个编辑部门、各个分社认真地讨论主题出版的项目，落实整个选题运作和出版，并且把它作为三联书店的重点图书去做推广。这就跟以前大不一样了，一些比较重点的项目就能够及时地出来。

第二，我们有意识地研究重大的主题，早做安排，早做布局。比如 2016 年是中国共产党成立 95 周年，我们从 2014 年开始就在做准备工作。今年会推出党史专家金冲及先生的一系列党史著作，其中的《生死关头：中国共产党人的道路抉择》是纪念中国共产党成立 95 周年主题中一本很有价值的著作。

第三，我们根据三联出版的特点，发掘选题当中的亮点，把它升华为主题出版的项目。比如说在纪念抗战胜利 70 周年的主题活动中，三联下属的生活书店有一本《何有此生》，是一个日本侵华遗孤回到日本之后，写的一本讲述他和他的中国养父母的书。我们觉得在纪念抗战 70 周年的大背景下，这本书有它自己的特点，从一个日本战争遗孤的角度讲抗战对日本人的影响，讲中国人的美好心灵，是很有特色的一个点。这本书出版之后，得到了有关部门的高度好评，中宣部部长刘奇葆同志高度赞扬了这本书，说在纪念抗战胜利 70 周年的出版活动中，这本书有价值。他指示要把这本书宣传好、发行好。在 2015 年的南国书香节和全国书博会上，我们邀请作者来演讲，感动了很多读者。

第四，是出版精品，强化责任制，提高出版质量。在去年新疆维吾尔自治区成立 60 周年之际，我们出版了一本书《光荣与梦想》，由新疆当地供稿，我们来出版制作。他们是要把这本书作为礼品赠送给自治区的客人。这本书原稿的文字、图片和我们期待的有一些差距，所以我们组织专门的编辑力量帮助他们打磨文字，提高图片质量，反复与他们交流整体的设计装帧思路，最后的成书在新疆当地很受好评。

我认为主题出版一般都具有一个主题特定的时段。在这种情况下，就要求出版社具备超前的意识和时效的意识，能够把主题出版物准时出版上市。如果出版不及时，相关的主题活动结束了，书才出版，那它的社会效益和经济效益实现起来就会有比较大的问题。

百道网：去年出版的《中华文明的核心价值》获得很多推荐，请介绍一下这本书策划出版前后的故事。

翟德芳：这个书其实是聊天聊出来的。我们三联书店有一个传统，就是每年年初要举办一次作者座谈会。2015年年初的座谈会，陈来先生来了。闲谈中我问他最近在研究什么，他说很忙，刚到韩国做了几个演讲，是给韩国大学生讲中华文明的核心价值和中国的国学是怎么演变的。以前陈来先生在三联书店出版的都是很厚的学术著作，这次他给国外大学生讲中华文明、中华文明的价值所在，我想内容一定是通俗易懂的，如果能以这个为主题做一本书，对国内读者应该也会有很大的启发和教育。我和他沟通，能否以这两个演讲为中心做成一本书。陈来先生愉快地答应了，回去就组织演讲稿，因为都是现成的，所以很快书稿就拿过来了，我们也快速安排，立刻出版了这本书。

中共十八大以来，中央提倡社会主义核心价值观，讲中国特色的社会主义，讲要有道路自信、理论自信，其实这些东西都来自中华文明的历史传统。历史传统的价值到底在哪里呢？

我们在中华文明的历史当中究竟应该吸取什么样的内容为今天所用呢？这些都是"讲好中国故事"的主题出版的一个很好的体现，所以我们就把这本不到10万字的小书作为主题出版的一个重要的抓手来做了，出版后在各方面引起了很好的反响。

虽然社会主义核心价值体系的相关出版物已经很多了，但我认为三联做这个事情，一定要是三联自己的，一定是跟人家不一样的。这其实是始终盘旋在我脑海里的一个问题，却始终找不到一个突破点，跟陈来先生的谈话，他的想法、他在做的事恰好跟我们所谋划的东西不谋而合，这个事情就做成了。所以有的时候真是踏破铁鞋无觅处，得来全不费工夫。这本《中华文明的核心价值》是很多大部头的出版物所代替不了的，它真正是从中华民族的角度、从中华文明的角度，把中国人真正的核心价值概括出来了，突出了中华民族的特点，这里面包含了所谓的普世价值，但又指出了中华文明核心价值的独特性。

因为这本书的原稿是陈来先生向国外的大学生演讲的内容，所以他是通俗易懂地把想法写出来，不是长篇大论的论证，所以不仅很适合国内的一般读者，也很适合国外的读者，不少外国的出版社看到这本书，都希望把它介绍到自己的国家去。

百道网：据了解，《中华文明的核心价值》版权已经输出到了很多个国家，"走出去"的路径是怎么样的？

翟德芳：目前已经签约的是9个文种，包括繁体中文、韩文、英文、俄文、希伯来文、西班牙文、哈萨克文、吉尔吉斯文，还有刚刚在印度书展上达成了印地语版的合作意向。

这本书最初我们是立足于国内市场的，但是实际上，越是中国的，越有世界的价值。所以，这本书出版之后，我们把它作为"走出去"的重点产品，做了专门的推荐，具体主要做了以下几个方面的工作。

第一，利用国际书展的机会，向外国的文化学术出版社做推荐。我们做了很有吸引力的英文说明，包括推荐理由、作者介绍、目录、精彩样张等，外方出版社看了之后，纷纷表示感兴趣，来跟我们洽谈版权。

第二，我们对这本书进行重点推荐。在书展之后，又向国外的文化和学术出版社发送这本书的相关信息，只要有国外出版社的经理人到三联来访问，我们就把这本书向他们重点推荐和介绍，也促成了相关的合作。

第三，结合国家的"一带一路"战略，向"一带一路"沿线国家做重点的推广，包括吉尔吉斯文、哈萨克文等，都是我们在这个方面做的工作。

但归根结底，我觉得还是在于这本书有它自己独特的价值所在，外国读者也好，出版社也好，他们要了解中国现代的观念，更想要知道你的历史，知道你的精神的根源，所以他们就很愿意把这本书介绍给他们国家的读者。

百道网：对于做好主题出版您有什么看法？

翟德芳：我觉得有几个方面要注意。一是主题出版或者做主题出版一定要坚持正确的出版导向。这个很关键。主题出版的导向必须正确，这是一个基本的前提，不能片面求新、求奇，偏离了基本的方向。

二是一定要分析好主题的中心。围绕中心主题做好相应的工作，才能提高主题出版的成效。比如说，今年是建党 95 周年，对于中国共产党的认识，总结她 95 年的历程，怎样去选好自己出版的切入点？我觉得这个很关键。再比如长征，今年是长征胜利 80 周年，我估计肯定要有一个纪念活动，那么这个纪念活动大概会在什么时候做，会是一个什么样的形式，会是一个什么样的规模，这些我们都要分析好。根据分析，预先把工作做好、做到位，包括书的出版形式、出版时间、推广力度等，这样才能够提高主题出版的成效。

三是做主题出版一定要立足于大众的阅读，要做好两个市场的开发，要实现两个效益。而不是说上边有要求，我就跟着喊口号，策划了一大堆东西，然后找到了经费来做，做完之后读者不认可，这样的主题出版就是失败的。所谓的主题出版是什么呢？主题出版不是做给领导看的，而应该是做给社会看的，要对广大读者起到一个更好的引导和教育作用，因此，立足点很关键。我认为做主题出版切忌跟风重复，一下子出版好几十种主题出版物，内容都差不多，这样就没什么意思了。如果内容空洞、脱离市场，搞个首发式、座谈会，热闹之后，书都放在库房里卖不出去，这实际上是一种浪费，也是一种不负责任。

百道网：在很多人的印象里，尤其是年轻人的印象里，三联代表着人文、自由，但其实三联是"根正苗红"的出版社。三联是怎样把这两者结合起来并达到平衡的？

翟德芳：三联的前身是生活书店，生活书店脱胎于《生活》周刊。《生活》周刊宣传进步文化和科学的理念，就是追求真理、开启民智。而三联另外的两家——读书生活出版社和新知书店，与生活书店一样，都成立于 20 世纪 30 年代，在抗战时期宣传进步、宣传抗日救亡，引进马克思主义的原著，揭露国民党政权的腐败等。几个出版社另外一方面的重要出版内容，是启蒙，包括引进西方的学术著作，给中国的读者介绍一些新知识，包括经济学、法学等。这两条主线的发展，从抗战一直到中华人民共和国成立之前，以追求进步的出版为主，更为大家所知。

　　中华人民共和国成立以后，三联的传统并没有断，就是三联的两个基因：一个是追求真理，一个是开启民智，或者说一个是追求进步，一个是提倡启蒙，仍在继承着。1985 年三联书店从人民出版社独立出来以后，这两个传统得到更好的弘扬。比方说，《读书》杂志 1978 年提出"读书无禁区"，那就是解放思想。但是另一方面，根据改革开放以后的形势，三联书店出版了很多翻译的学术名著，引进和出版了很多的文化学术著作，比方说"现代西方学术文库""文化生活译丛"和中国的一批著名文化人的散文书评等，实际上它也是在做文化普及和学术研究的工作，所以这两个方面始终都是在兼顾的。

　　几代三联人涵泳人文、弘扬学术，希望推动社会的进步。所以即使在今天，对于我们的三联书店来讲，仍然还是要以我们的学术出版和文化出版为根基。三联提倡人文精神，思想智慧，追求一流和新锐。我们肯定要坚持学术出版和文化出版，但是另一方面，我们也要去加强主题出版的力度，根据当前国家的需要，在宣传人文、宣传学术的同时，把主题出版的需要、"走出去"的需要，同我们的学术和文化的出版结合起来，做好选题策划，在保证"一流、新锐"的基础上，做好我们的出版工作。

三联出版好书的基因是，不管出什么，我们希望一定是出最好的。但是，另一方面我们也不能沉浸到都去追求个人趣味，我们还是要关注现实、关注社会，在主题出版的统率下，把我们的出版工作协调起来。

百道网：三联最近会有哪些书推出？

翟德芳：最近我们出了几本书，一本是《一百年漂泊：台湾的故事》，讲一个客家人的家庭在台湾的百年经历，反映台湾发展的历史。这本书反响很好，是台湾中华文化总会的秘书长杨渡写的，他也是一位著名作家。另一本是齐邦媛先生的《回澜：相逢巨流河》，叙述《巨流河》出版之后，作者同各方面读者的交流，感人至深。还有一本《无悔——陈明忠回忆录》也是跟台湾有关的。陈明忠是台湾著名的左派人物，他是蒋介石时期被判死刑的"政治犯"，在台湾坐了国民党二十几年的牢，台湾解禁之后才被释放。这本书近期会出版。

另外是金冲及先生的《生死关头：中国共产党人的道路抉择》和《向开国领袖学习工作方法》等。这两本书会是我们的出版重点。

从1月到3月，我们还会有一些很好的书出版，比如《人歌人哭大旗前：毛泽东时代的旧体诗》、冯象先生翻译的《智慧书》、萨孟武的《中国社会政治史》，以及《由凡至圣：阳明心学工夫散论》《慎独与诚意：刘蕺山哲学思想研究》等。还要值得提出的，是一套系列丛书"观念读本"，介绍大家耳熟能详的一些观念的历史、内涵，很值得一读。

（2016 年）

三联书店 80 年传承不变的文化基因
——接受百道网专访

作为"知识分子的精神家园"，三联书店成立 80 多年来，从红色出版到学术出版、再到文化及大众出版，不断开拓出版业务；然而无论转型还是坚守，题材变与不变，每一代的三联人都秉承着"追求真理、开启民智、支持进步"的出版理想和出版责任，由此在各方面的出版都保持了三联图书一贯的品质。

百道网： 三联书店有着 80 多年历史，出版了大批满足知识分子精神追求的好书。在您看来，三联书店能出版这么多好书的基因是什么？

翟德芳： 从韬奋先生创办生活书店开始，它的出版就贯穿着深重的社会主题，其一是对革命和进步的热情和向往，其二是对民族前途和社会发展方向的深刻思考而引致的开启启蒙道路和重任的远大使命感。对进步文化和科学理念的追求、对普通民众的启蒙和先导，在读书生活出版社和新知书店创立时也已存在。这种"追求真理、开启民智、支持进步事业"的理想和精神一直传承下来，形成了三联书店自己独特的精神传统和文化品格，那就是始终追求思想的新锐、一流，始终走在时代的前列，始终有极强的文化使命感和文化责任感。在我看来，这就是三联书店能够出版很多好书的基因。令人高兴的是，三联书店在不同的时代都把追求真理、支持进步作为出版追求，这种基因始终贯穿下来。在建国以前的战争年代，三联书店的前身——生活书店、读书生活出版社、新知书店，一方面以红色出版为主，启蒙群众尤其是青年，去追求革命和进步事业，在中国传播马克思主义，起到了无可替代的作用，《资本论》这样重要的马克思的著作就是在读书生活出版社出版的；另一方面也出版文学名著、社会科学著作，来教育、培育青年进行文明思考。新中国成立后，三联书店秉承先辈们的精神传统和文化品格，始终坚持思想的新锐和一流，走在时代的前列，从进步出版到学术出版，再到人文出版，都是以自己的文化使命感和责任感做出版，故此，我们出版的图书也得到了广大读者的认可。

总结一下，谋求进步和启蒙是三联书店的文化基因。这种基因一代一代传承，在社会发展中一直扮演着推动的角色，不管各个时期是转型还是坚守、题材上变与不变，这种坚持始终不变。

百道网：三联书店2014年上半年有35本好书入选中国好书榜，涉及人文、社科、文艺、生活、财经等各个类别。从精英学术出版到大众生活出版，三联的品牌如何兼顾从精英到大众的不同品位？

瞿德芳：韬奋先生在创立生活书店之时，便立下了"竭诚为读者服务"的店训。"为读者服务"，体现在出版工作中，就是要特别注重出版工作对各层次读者的引领和影响。在建国以前，三联书店前身的生活书店、读书出版社、新知书店在编辑方针上都是有意识地按照初级、中级划分，就是在学术出版上也注重启蒙和对现实的关注。当时还按着周恩来的指示，把出版机构分为一二三线，一线出版革命书籍，二线偏重于学术理论著作，三线则以出版文艺读物、知识性读物和工具书为主。新中国成立后，三联的出版从红色出版中心转到学术文化出版重镇，开始是作为人民出版社的副牌，主要做文化学术方面的东西。恢复建制后，沈昌文先生等第一批三联人，首先恢复学术译著，把学术出版作为首要方向，其中最被大家熟知的是"现代西方学术文库"，是20世纪学术出版最高水平的力作，对于推动社会进步起到了很大的作用。由此开始，三联又出版了很多学术著作，包括"学术前沿"丛书、"社会与思想"丛书、"三联·哈佛燕京学术丛书"以及陈寅恪、钱锺书等重要学者的文集等，在这方面确立了一个学术图书的主体地位。与此同时，三联也推出了大量雅俗共赏的优秀文化读物，如"文化生活译丛"、《傅雷家书》《干校六记》等。

20世纪90年代后，随着时代的发展变化，在董秀玉总经理的领导下，三联书店启动了"一主两翼"的发展方针，以学术文化出版为主业，以期刊出版和发行渠道建设为两翼，学术出版更加专业、精准，文化出版佳作迭出。此时在"分层一流"原则指导下，又有了"蔡志忠中国古籍漫画系列""金庸作品集"等一流的大众读物的出版。要指出的是，不管出什么，三联都坚持做最好的出版，这一时期的出版物，包括"林达系列"

"黄仁宇系列""乡土中国系列""建筑二十讲系列"等，都是各类图书排行榜上的畅销书，引领着阅读潮流，成为经典。与此同时，三联书店出品的刊物《读书》《三联生活周刊》《爱乐》也紧扣现实脉搏的律动，成为最受读者喜爱的刊物。

进入 21 世纪以后，尤其是成为中国出版集团的一员后，三联书店保持自己的品牌特色，坚守自己的核心竞争力，同时也直面市场变化，重新梳理出版产品，优化选题、增强大众读物的出版能力成为改革的重要步骤。在延续"分层次新锐一流"策略的基础之上，确定三联的出版结构为学术、文化、大众、旅游四条产品线。其基本策略是，学术出版是三联的传统优势所在，对应高端读者，执行严格的学术标准，注重前沿性、思想性和探索性，以满足学术界的期待；文化类图书的定位是文化人写给文化人读、或专业人士写给非专业人士读，包括各种文化类读物和艺术类图书；大众类图书必须有文化含量、文化意趣，读者对象则定位于国内专业知识分子之外的广大知识群体，语言风格要清新活泼、好看易懂；旅行类图书包括旅行文化类图书和当时同澳大利亚方面合作的"lonely planet 旅行指南系列"等图书，是三联在继承人文关怀出版理念上的新开拓和新延伸。在此原则之下，三联在出版范围和产品线上做了更多开拓。学术上出版了李泽厚、余英时、汪晖、李零、陈来、茅海建等人的力作；文化上除了新版的新知文库，增加了名人传记、饮食文化、回忆录以及建筑、设计、考古、电影、音乐等方面的图书；大众类的图书除了漫画系列之外，也开始向禅、生活、饮食等方面扩张。不管怎么扩张，三联书店都是从品牌出发，所做产品照顾到各方面的阅读，以最好的品位给读者提供最好的服务。其中的佼佼者如《我们仨》《目送》《七十年代》《巨流河》《1944：松山战役笔记》《王世襄集》《陈寅恪的最后二十年（修订版）》等。

百道网：三联书店在机构整合和机构合作方面是怎么做的？

翟德芳：1985 年恢复建制后，三联书店一直是大编辑部制，只有一个编辑部。2002 年，为适应市场的变化，三联的编辑部门分拆为读书、生活、新知三个编辑室，意图是在出版方向上分别做学术、大众和文化，同时还成立了综合编辑部，以负责对外合作。也就是在这时，开始对编辑提出利润指标，鼓励编辑面对市场，提升单本图书效益。2009 年，在樊希安总经理的领导下，三联书店启动了新一轮的内部机构调整与改革，撤销原来的生活、读书、新知三个编辑室，取而代之的是成立学术、文化、大众、旅行四个出版中心和一个审读室，原综合编辑室不变。各出版中心承担社会效益和经济效益指标，同时拥有一定的人事权、财务权、选题决策权，责、权、利相对统一，以调动员工的积极性。这一体制实行几年后，到 2012 年，为进一步激发出版活力，三联书店陆续撤销了现有的几个出版中心，成立了学术出版分社、文化出版分社、大众出版分社、综合出版分社以及稍后的专题出版分社，在全店编辑部门实行分社制管理，各分社在生产经营管理、人事管理、财务管理以及考核与奖惩方面上都有创新，从而进一步优化了图书选题和出书结构，增强了三联图书的社会影响力和市场竞争力，两个效益有了很大提升。

　　这些是三联内部的调整，与此同时三联也在向外发展。生活书店最早在上海成立，所以我们在上海建立起三联书店上海分店，另外还和香港三联、上海三联联合成立合资公司——三联国际，希望借助大中华文化圈让资源更加丰富和多样化。去年国家出版管理机构对三联的发展很关注，又批准恢复成立了生活书店。这样从整个出版机构上来看，三联就有了很强大的阵容。通过这些整合，三联在制度和管理上都进行了改革和突破，建立起兼顾两个效益、出版好书的机制，充分发挥各个下属机构的活力。从新书出版品种来看，近两年的出版比以前有了更大飞跃，2011 年，三联的新书品种是 235 种，到 2013 年已接近 400 种，预计 2014 年会达到 450 种以上。

　　百道网：作为三联书店最新一届编辑工作的掌门人，在继续挖掘好选题、出好书方面，未来您有什么考虑？

　　翟德芳：今年 7 月 11 日，三联书店新一届领导班子上任，路英勇同志担任总经理，我本人出任总编辑。如何保持三联特色，多出好书，多出精品，是我们首先要谋划的事情。应该说，在挖掘选题、出版好书方面，由于三联有光荣的历史传统，三联的编辑部、分社实行内部竞争机制，编辑们的素质都比较高，因此在选题的选择和优化上是做得比较好的。在整个书店的层面上，我考虑接下来会有以下几方面的工作要做。

　　一是加强选题的长期规划工作。根据国家出版广电总局和中宣部的要求，我们要做好当前的主题出版规划，规划未来两三年的重要选题。其中比较重要的如：与丝绸之路经济带相关的系列选题，这将是长期的工作和庞大的工程；"中国经验"系列图书，计划从中国历史、文化和现实的角度，探讨中国能提供给世界什么样的经验、思想等；"现代中国学术文库"拟以三联在学术出版上的地位，组织当代中国学术界的名家、名作，按计划出版，将中国最优秀的学术作品融入进来。

二是关注重点选题和重要作者。我认为，只有抓好重点图书和重要作者，才能使整个图书出版工作形成有亮点、有突破的局面，不仅在学术出版上有建树，在畅销书和长销书上也要有突破。

三是加强原创书的出版。三联书店过去的图书出版已经做得很优秀了，但这么多年下来，有一个稍显不足的地方，就是翻译引进版权的书偏多，当前的形势下，我们会进一步加强原创图书的出版，制定政策、措施来促进工作的开展。

四是做好三联历史上的出版资源的整合和出版。过去几年我们出版了两百多种的"三联经典文库"，今后我们还将在这方面继续努力。

最后，要做好以上的工作，还要求我们进一步强化出版社的体制机制改革，进一步解放思想，改革创新，对影响分社、编辑发挥积极性的某些不尽完善的规定加以改革，创造条件，多出版为广大读者喜爱的好书。

百道网：图书获奖或上榜都有助于好书被更多读者发现，三联书店在营销方面怎么运用类似的媒体因素？

翟德芳：三联书店很重视图书营销工作，除直接同书店合作外，还利用各种媒体做推广，比如纸媒、门户网站、微博微信营销等。各种形式的好书榜评选很关键，对销售很有用，不少好书因为上了好书榜而被更多的读者认知，2013年出版的《邓小平时代》入选了各种好书榜，反过来进一步拉动了销售。比如《陈寅恪的最后20年》出版不到1年，就登上了各大好书榜单，对销售产生了非常强劲的促进，销售超过10万册。

在收到各种榜单后我们会在内部进行公布，营销部和市场部的人会把这些信息告诉销售人员，销售人员再跟书店进行沟通、推荐。另外三联的总编辑、副总编辑每年会去各大书城宣讲三联的好书，其中上榜的书是重要内容，对销售也有促进。百道网的好书榜评选越来越有特色，也越来越有权威度，我祝福这个评选越办越好！

百道网：入选中国好书榜的35本书中，哪一本最打动您？

翟德芳：这里面的很多书我都喜欢，但由于我自己大学时的专业是考古学，所以感觉其中两本书写得特别好。其中的一本是《中国龙的发明：16—20世纪的龙政治与中国形象》，我把它叫作文献考古学，这本书把龙的形象在文献和图像上的表现形式一层一层地分析、排队，最终得出结论：中国龙不是很美妙的形容，开始其实是一种很消极丑陋的形象，后来被西方人用来丑化中国，再后来又被西方人当作东方的象征，后来有人把中国人叫作龙的传人，这其实是不妥当的。

另一本是《1944：腾冲之围》，我把它称作战场考古学。这本书是写抗战后期滇西战役中腾冲包围战的。作者对腾冲包围战按作战顺序进行一个层次一个层次的还原，还原到每一天甚至每一个小时，从而把几万国民党军队对几千日本人的惨烈攻坚过程很完整地呈现给读者，写得相当精彩。

百道网：您现在阅读的枕边书是什么？

翟德芳：我现在在读吴敬琏先生的《直面大转型时代——吴敬琏谈全面深化改革》。这是一本很重要的书，现在我国各方面都在进行深化改革。对于普通读者来说，下一步改革的很多方面还看不清楚，这本书提供了很多很坚实的观点、理论和根据。

百道网：请给考古专业学生推荐5～10本好书。

翟德芳：考古学专业的学生一方面需要专业化的阅读，另一方面也需要综合的文化积累和文化训练。在这方面，三联的许多出版物可以提供给大家参考。重要的几本包括：

李零先生的《我们的经典》，对《论语》《老子》《孙子》《周易》四部中华文化的元典的文化意义做了很通俗的讲解。

高居翰先生的《图说中国绘画史》，这本书从艺术角度介绍中国古代文化的发展。

许宏先生的《何以中国》，这是一本相对文化一点的读物，介绍了文明、城市在中国是怎么出现的，作者许宏担任过二里头等遗址的考古队长，从丰富的实际经验和田野观察入手，写得引人入胜。

张光直先生的系列著作。张光直是祖籍台湾的考古学家,对中国的考古学有深厚造诣,他的著作,包括《古代中国考古学》《中国考古学论文集(新版)》《考古学》《商文明》《中国青铜时代(新版)》《考古人类学随笔(新版)》《考古学专题六讲(增订本)(新版)》《美术、神话与祭祀》等是考古学专业的学习者必读之书。

今明年我们还将出版一些考古学相关的书籍,比如著名考古学家苏秉琦先生的传记等等,值得大家期待!

(2014 年)

后　记

2014 年，我曾经在中国大百科全书出版社出过一本书，名字叫《书业寻道》。在那本书里，收进去了我 2012 年以前的一些文字。本以为那本书就是我三十几年从业生涯的总结了，没想到，三年大疫，逼使我枯坐家中，回望自己的职业生涯，以此为契机，翻腾电脑里的旧文，发现在那本书出版以后，还是写了不少文字的。认真挑选，便有了收入本书的内容。其中主要是 2011 年以后的文字，也有几篇早先的文章。之所以仍收入这几篇早期的文章，是希望这本书能比较全面地反映自己的成长经历，说明本书的观点。为使本书的线索更清晰，把这些文字分成了六束。

"编辑实务"是关于编辑养成的必要知识，以及编辑工作中会碰到的一些具体问题的处理方法。这一部分的最后一篇，严格说不算文章。《故宫百科全书》是我在香港中华书局期间提出的选题，并同故宫达成合作出版的协议，我为此进行了周密的策划，起草了全书的编写体例和要求。由于种种原因，此书最终未能成功出版，把这篇文字放到这里，是要以实例说明，编辑之事是十分不易的，很多事情需要在开始的阶段就关注到。

个人认为，一个出版社是否能实现两个效益、一个编辑是否成功，关键在于其选题的规划和运作的能力，故此把"选题琐谈"作为本书的第二部分。这一问题是我始终关注的，尤其是在担负了一定的领导责任之后，无论是在知识出版社，还是在香港中华书局，更是时时把这个问题挂在嘴边。担任三联书店总编辑之后，每年的选题论证会，我都要从选题角度出发，苦口婆心一番。这一部分的主体，就是我在2013—2017年三联书店选题会上的发言或总结，年复一年，所论的要点其实差不多，这也是名为"琐谈"的由来。这几篇文章，在有些人看来，是"自曝家短"，我却觉得，它们恰恰反映了十多年中三联书店的选题工作走过的道路。尤其是2013年前后，国家、社会对出版社的要求不同了，市场的竞争更激烈了，出版社必须适应这种变化，才不至于掉队。另一方面，三联书店自己也处于体制机制的转型阶段，在这方面，我只是认识得比较清楚、也考虑得比较早而已。三联书店是优秀的出版社，三联的编辑都有很高的水准，但响鼓需要重锤，越是这样，越需要看到不足，找出差距。应该说，这个转变是成功的，本书中《做"有生命力的书"》这篇总结2017年出版成绩的文章已经很好地说明了这一点。

"书业之思"涉及的问题主要是有关出版社管理以及出版宏观认识等问题。长期沉潜于编辑之事，这方面自己的思考不够深入，只有寥寥几篇小文，1998年的《出版业应立足于做强》已经基本反映了个人在这方面的想法。把几次参加国际书展的体会放在这里，既是聊补不足，也是为此文做些补足。个人感到安慰的是，这些年自己的想法和坚持是始终如一的，结合本人 28 年前写作的《当前世界出版业的发展趋势》（收入《书业寻道》），就可以清楚地看出这一点。

在任香港中华书局总经理时，我便介入了门市销售这一块业务，回到内地后，初入三联书店，我又被安排主抓三联韬奋书店的管理。从 2010 年起，我顶住压力，力推了多方面的改革措施，用了两年的时间，使这家累计亏损 2000 余万元的书店改制后实现盈利。2012 年前后，是独立实体书店日子最困难的时期，当时我在微博和有关文章上的相关呼吁，融入社会上越来越大的要求政府重视书店建设的呼声，促使政府以真金白银来支持书店发展。此后尽管我担任三联书店总编辑，但仍然重视书店建设，重视三联的品牌推广，推动书香社会建设。阴差阳错的是，2016 年底，由于三联书店分管韬奋书店的同志调出，书店业务没有合适的人分管，我又回来分管书店。此时由于韬奋书店美术馆总店开始装修、五道口分店经营不善，书店发展又进入困难时期。我介入书店业务后，力主停止了五道口分店的 24 小时销售业务，以减少亏损，又取得北京市和朝阳区的支持，在三里屯酒吧街开了一家新的 24 小时营业的分店，从而使韬奋书店有了新的业务增长点。三里屯书店开业后，以其别具特色的风格吸引了不少读者和网红在此打卡，当时的中宣部长黄坤明和北京市委书记蔡奇先后来此视察，有力地支持了三联业务的发展。这些年里有关的文章和记者访谈，集成"鬻书人语"，算是立此存照吧！

收入"问道前贤"中的文字，本来是我写给三联编辑的一组文章，总标题是"向三联前辈学出版"，发在三联书店的《店务通讯》上，后来被同事投到《北京新闻出版》杂志，全都发了出来。这一组文章，加上谈韬奋先生做出版和回顾《资本论》出版经过（发表于《新闻出版报》，因同收入本书的一篇大同小异，故未收入本书）的两篇，算是我三联十年，对三联前辈的追慕之情，同时试图从三联前辈的出版实践中总结出指导当下工作的"道"。从业 37 年，追随过的出版前辈当然不止于此，尤其是百科时代和香港时代，都有不少令我敬仰的出版界前辈，指引我不断进步与前行，期待在将来会有专文加以追记。

"我道出版"的一组，除了《好编辑是怎样炼成的》那篇是为中组部《党建杂志》所做的讲座以外，主要是接受媒体访谈的文章，基本内容是回顾三联书店的光荣历史和出版传统，并对相关的主题加以明确和回答，如三联书店的出版传统、主题出版、电子出版、新书出版等，一个基本的出发点，还是希望可以遵循韬奋先生的愿望，"竭诚为读者服务"，做好各个方面的规划，以更多的精品回报读者。

人生不满百，作嫁三十七。编辑出版事业占去了我人生最好的 37 年，也是自己最感快慰的 37 年。作为一个从小爱读书的人，很高兴能用自己的全部职业人生，为社会、为读者奉献最好的精神食粮。这种快慰，就深深地印在书中的文字里。

感谢上海三联书店，感谢黄韬总编辑，让这些文字由电脑里的文件变成一本书，如果这本书中所讲的方法和主张能对读者诸君有所启迪，那我就更是欣快莫名了！

瞿德芳

2023 年 6 月 8 日

图书在版编目(CIP)数据

习艺与求道:一个老编辑的出版探索与思考/翟德
芳著.—上海:上海三联书店,2024.2
ISBN 978 - 7 - 5426 - 8287 - 1

Ⅰ.①习… Ⅱ.①翟… Ⅲ.①编辑工作-出版工作-
中国-文集 Ⅳ.①G232 - 53

中国国家版本馆 CIP 数据核字(2023)第 212726 号

习艺与求道:一个老编辑的出版探索与思考

著　者 / 翟德芳

责任编辑 / 匡志宏
装帧设计 / 徐　徐
监　制 / 姚　军
责任校对 / 王凌霄

出版发行 / 上海三联书店
　　　　　(200030)中国上海市漕溪北路 331 号 A 座 6 楼
邮　箱 / sdxsanlian@sina.com
邮购电话 / 021 - 22895540
印　刷 / 上海展强印刷有限公司

版　次 / 2024 年 2 月第 1 版
印　次 / 2024 年 2 月第 1 次印刷
开　本 / 890mm×1240mm　1/32
字　数 / 230 千字
印　张 / 10.875
书　号 / ISBN 978 - 7 - 5426 - 8287 - 1/G・1697
定　价 / 68.00 元

敬启读者,如发现本书有印装质量问题,请与印刷厂联系 021 - 66366565